AUTOMOBILE

高等职业教育“互联网+”新形态一体化系列教材
高职高专汽车类专业技术技能型人才培养教材

汽车钣金与涂装技术

主　编◎徐小剑　段　伟　许　强
副主编◎闫　杰

華中科技大学出版社
http://press.hust.edu.cn
中国·武汉

图书在版编目(CIP)数据

汽车钣金与涂装技术/徐小剑，段伟，许强主编.—武汉：华中科技大学出版社，2023.6

ISBN 978-7-5680-9727-7

Ⅰ.①汽…　Ⅱ.①徐…　②段…　③许…　Ⅲ.①汽车-钣金工　②汽车-涂漆　Ⅳ.①U472.4

中国国家版本馆 CIP 数据核字(2023)第 117876 号

汽车钣金与涂装技术

Qiche Banjin yu Tuzhuang Jishu

徐小剑　段　伟　许　强　主编

策划编辑：张　毅

责任编辑：刘　静

责任监印：朱　玢

出版发行：华中科技大学出版社(中国·武汉)　　电话：(027)81321913

武汉市东湖新技术开发区华工科技园　　邮编：430223

录　　排：武汉正风天下文化发展有限公司

印　　刷：武汉市洪林印务有限公司

开　　本：787mm×1092mm　1/16

印　　张：12.75

字　　数：293 千字

版　　次：2023 年 6 月第 1 版第 1 次印刷

定　　价：59.00 元

华中出版

本书若有印装质量问题，请向出版社营销中心调换

全国免费服务热线：400-6679-118　竭诚为您服务

前言 QIANYAN

随着汽车行业的不断发展进步，人们对汽车的观念也在转变，汽车的保有量不断增加，家用车已进入千家万户。因此，汽车维修店大量涌现。汽车维修是一个迅速发展起来的行业，相对来说从业人员较少，而真正专业的高素质汽车钣喷人才更为稀缺。本书主要面对中高职院校汽车专业的学生和刚走上工作岗位的汽车车身维修从业人员，选取基础的维修操作项目，在项目的讲述上基本按照项目任务—项目分析—理论知识—技能训练的叙述形式，每个项目都有相对应的实车操作的工艺流程，有很强的实践性和针对性，使他们对汽车钣喷有一定的了解和认识，能很快入行入门，缩短过渡时间，从而能尽快适应工作岗位。

本书由安徽水利水电职业技术学院徐小剑、段伟、许强任主编，安徽水利水电职业技术学院闫杰任副主编，在编写过程中得到了合肥云生汽车服务有限公司的大力支持和协助，借此表示衷心的感谢和敬意。

由于编者水平有限，加之经验不足，书中难免还有谬误和疏漏之处，恳请广大读者批评指正。

目录 MULU

项目 1

汽车车身钣金维修基础知识

项目任务

汽车车身钣金修复是在指定的维修区间进行修复工作，事故车进入维修车间，在指定的区间进行损伤诊断、拆件、维修。为了保证维修顺利进行，必须在保护好自己的情况下，在正确的维修区间安全、高质量地进行车身钣金修复。

项目分析

汽车车身钣金修复过程是在一个有严格分区的空间进行的，因此正确合理地布置这个空间是非常重要的。在这个空间内进行车身钣金修复的前提是掌握车身维修工具和设备的正确使用方法，并使自身安全得到保护。

1.1 车身钣金修复车间的认识

一、车身钣金修复工作区布置

车身钣金修复车间（见图 1-1）工作区域分为车身钣金修复工作区和涂装工作区，主要在这两个工作区完成车身钣金修复和涂装两项工作。

车身钣金修复工作区一般分为钣金加工检查工位、钣金加工校正工位、车身校正工位和材料存放工位等。在车身钣金修复工作区要完成事故车检查、车辆零部件拆卸、板件修理、车身测量校正、车身板件更换和车身板件装配调整等工作。

车身测量校正、车身焊接、车身板件装配调整一般在一个固定的工位，即车身校正区进行。车身校正区中的车身校正仪平台一般长 5～6 m、宽 2～2.5 m。为了满足安全操作要求，车身校正仪外围要有 1.5～2 m 的操作空间。车身校正区一般长 8～10 m、宽 5～6.5 m，如图 1-2 所示。

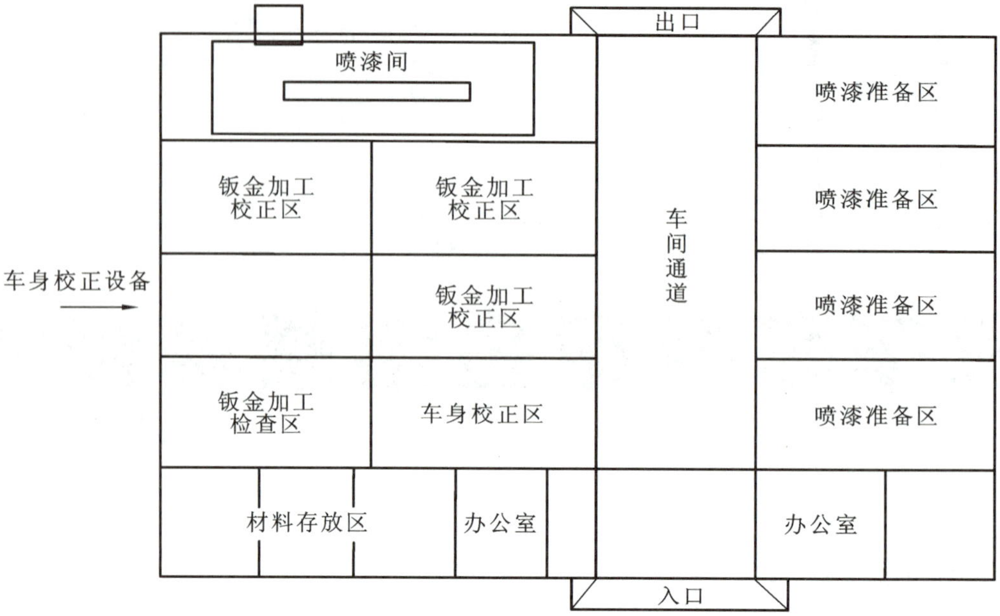

图 1-1　车身钣金修复车间区域划分

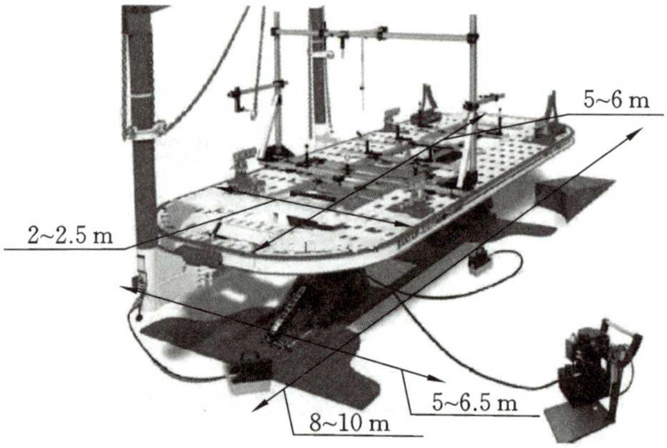

图 1-2　车身校正区的空间要求

二、气路、电路布置

车身钣金修复工作区主要使用压缩空气和电，所以气路、电路要布置合理。车身钣金修复车间内压缩空气的压强一般为 0.5～0.8 MPa。一般车身钣金修复车间要有 1 个压缩空气站，各个工位要有压缩空气接口，管路要沿墙壁布置，也可布置在靠近车间顶板的位置。每个工位至少要留出 2 个接口，用以安装开关，并采用快速接头。车身钣金修复车间气路布置如图 1-3 所示。

车身钣金修复车间的用电量很大，电流一般都不小于 15 A，且大功率的电阻点焊焊接电流不小于 30 A，所以要在车身校正工位附近设置一个专用的配电箱供车身钣金修复焊接用，且配电箱的位置距离车身校正系统不能超过 10 m，以防止过长导致线路过热。

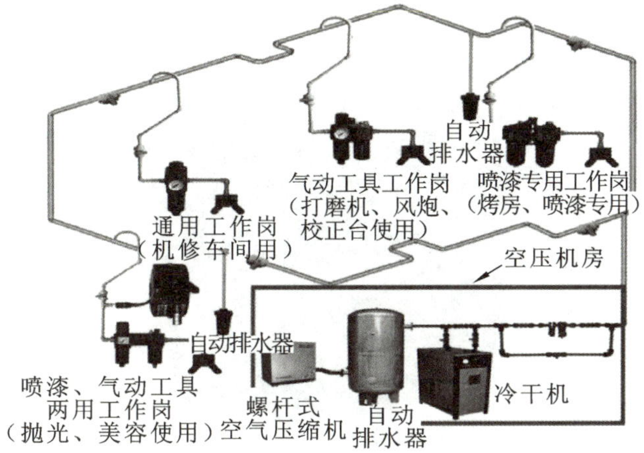

图 1-3　车身钣金修复车间气路布置

三、工作岗

工作岗(见图 1-4)是整个供气系统最末端部分,一端与主管道连接,另一端借助供气软管与气动工具相连。主要的工作岗类型有通用工作岗、气动工具工作岗、喷漆专用工作岗。工作岗主要用于用气量较大的打磨机、风炮、校正台等工具,岗位配置压力调节器、快速接头座、隔水油雾器等。

1. 快速接头、快速插头

快速接头(见图 1-5)以及快速插头是汽修厂较常用的连接件。一般对快速接头、快速插头的质量要求很高,不光要求耐用、不漏气,而且要求使用安全方便。

图 1-4　工作岗的布置

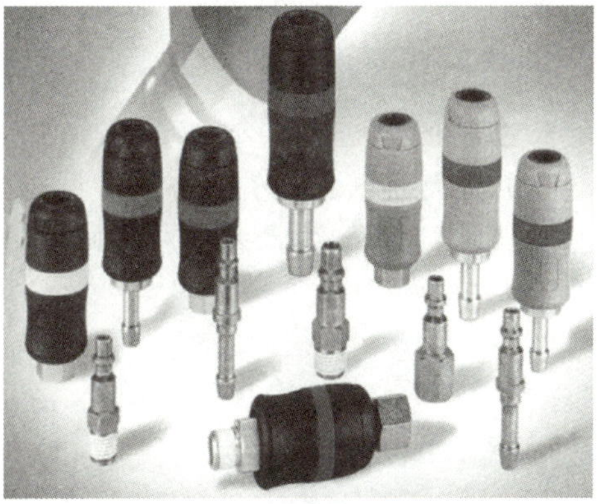

图 1-5　快速接头

2. 气鼓、软管

通常车身钣金修复车间的工作不只是在固定的工作岗位完成,还需要将软管接在固定的工作岗位上,从而将气源送到工作地点。如果输气管道安放不好或直接置于地上,则既容易弄脏损坏输气管道,又容易造成不必要的事故。使用气鼓能够有效地解决问题。气鼓所用软管,除了要有足够大的内径外,还应具备耐压、防静电、不含硅、结构坚固等一系列特点。气鼓和软管如图 1-6 所示。

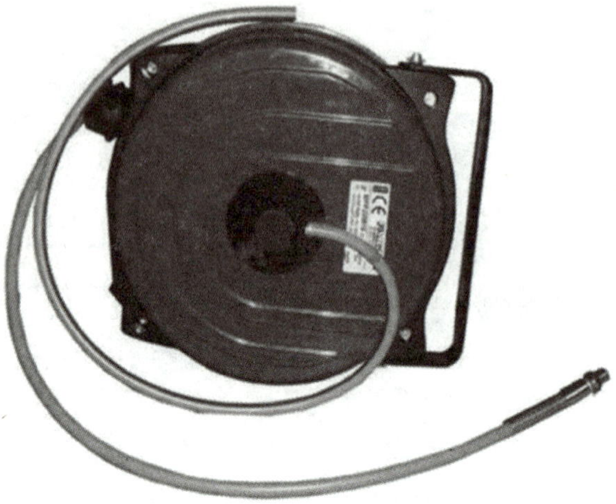

图 1-6　气鼓和软管

1.2　车身钣金修复安全知识

一、车身钣金修复人员的安全防护

1. 个人安全准则

使用设备前认真阅读说明书，掌握设备的特点、操作方法等；穿戴个人防护用品，如工作服和头罩、防尘口罩（见图 1-7）、安全防护眼镜、防尘面具；禁止打闹；正确运用工具。

2. 身体防护

(1) 呼吸面罩。汽车维修经常在有毒化学气体环境中进行，不论是暴露在有毒气体中还是暴露在过量尘埃中，都要戴上呼吸面罩。

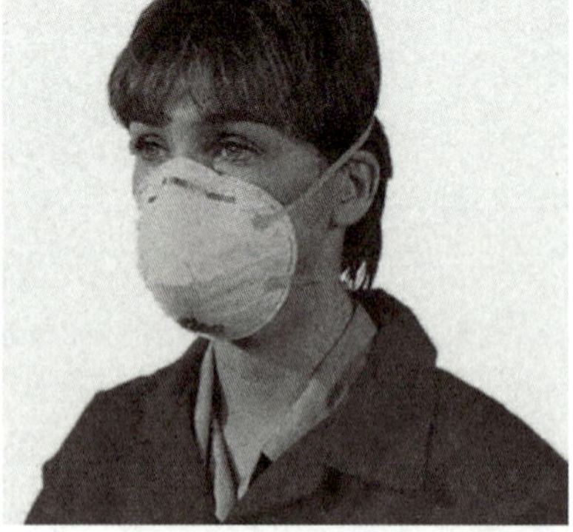

图 1-7　防尘口罩

(2) 安全防护眼镜（见图 1-8）。当工作环境存在损伤眼睛的风险时，就要戴上安全防护眼镜。为了很好地保护眼睛，安全防护眼镜的镜片要用安全玻璃制成，并要对眼部侧面进行防护。普通眼镜不能作为安全防护眼镜使用，佩带安全防护眼镜可以防止金属颗粒进入眼睛。

(3) 焊接面罩（见图 1-9）。焊接面罩的特点如下：材料为防火 PP，视窗尺寸为 90 mm×40 mm，灵敏度和恢复时间可调节；响应速度为 1/20 000～1/30 000 s（从明态到暗态），恢复时间为 0.1～1 s（从暗态到明态）；常用不同焊接方式的遮光号选用标准为亮态时选用

DIN4，为暗态时选用DIN9～DIN13(可调遮光号，以适应在不同环境条件中作业)。

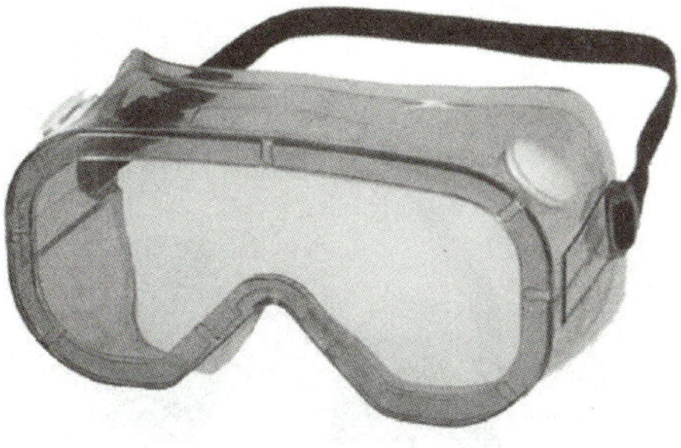

图1-8 安全防护眼镜

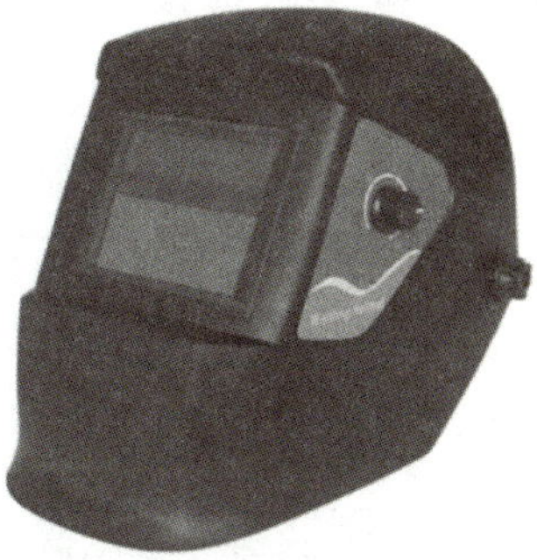

图1-9 焊接面罩

(4) 工作服(见图1-10)。工作时穿着的服装不但要合适舒适，还要结实。还需提请注意的是：不要穿过于宽松的衣服，因为过于宽松的服装很容易被运动的零件和机器挂住，从而引发事故；也不要系领带，不要将工作服套在自己的衣服外面。

(5) 工作帽。蓬松的长发和悬挂的饰物很容易被运动的机器挂住，从而引发事故。如果头发很长，则工作时应该将其扎在脑后，或者塞到帽子里。头发的防护如图1-11所示。

图1-10 工作服

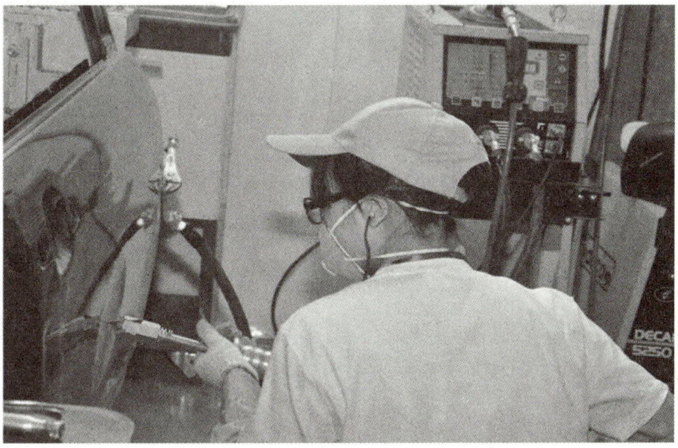

图1-11 头发的防护

(6) 安全鞋(见图1-12)。维修汽车时，重物有可能意外掉落砸到脚上，所以要穿用皮革或类似材料做成的并具有防滑底的鞋或靴子。铁头安全鞋可以增强对脚的保护，运动鞋、休闲鞋和凉拖鞋都不适合在车间穿。

图1-12 安全鞋

(7) 手套。维修人员常常忽视对手的保护，戴手套不仅可以保护手，避免损伤手，防止通过手染上疾病，还可以使手保持干净。有多种不同的手套可供选戴。进行磨削、焊接作业或拿高温物件时，应该戴上厚手套。在处理强腐蚀性或危险性化学物品时，应该戴上聚亚安酯或维尼纶手套。戴上乳胶手套和丁腈橡胶手套可以防止油污沾到指甲上，以预防疾病。焊接用手套如图1-13所示。

(8) 耳罩(见图 1-14)、耳塞。在噪声级很高的场合停留时间过长,会导致听力丧失。在经常有噪声的环境中,应该戴上耳罩或耳塞。

图 1-13 焊接用手套

图 1-14 耳罩

二、车身钣金修复工具的操作安全

1. 手动工具的安全使用规则

(1) 使用工具人员必须熟知工具的性能、特点、使用方法、保管方法和维修保养方法。

(2) 工作前必须对工具进行检查,严禁使用腐蚀、变形、松动、有故障、破损等不合格的工具。

(3) 带有牙口、刃口尖锐的工具及转动部分应有防护装置。

(4) 使用特殊工具时应采取相应安全措施。

(5) 小型工器具应放在工具袋中妥善保管。

2. 动力工具的安全操作规则

(1) 使用气动工具时,气源应装气水分离器,以免混浊空气进入气动工具,从而磨损机件。

(2) 供气的软管应进行吹洗,且不得对人,与套口的连接应牢固。

(3) 气管不得弯成锐角,且遭受挤压或受到损坏时应立即停止使用。

(4) 在气动工具使用过程中沿气管方向不得站人,以防风管脱口伤人。

(5) 更换工具附件须待气体全部排出、压力下降后方可进行。

(6) 使用冲击性气动工具(风锤、风镐、风铲、风枪等)时,必须把工具置于工作状态后方可通气。

(7) 不准用压缩空气清洁衣物。

3. 砂轮机的安全使用规则

使用砂轮机前应检查砂轮有无损伤、裂纹,然后进行空转试验,无问题方可使用。由于砂轮机转速高且有一定的重量,工作时与物件的接触要求比较严格,因此砂轮机的稳定性较差。使用时,操作者要集中精力,并戴安全防护眼镜。磨削时应避免撞击,应用砂轮正面进行磨削,禁止使用砂轮侧面进行磨削,防止砂轮破碎伤人。安装砂轮时,砂轮与两侧板之间应加柔软垫片,严禁猛击螺帽。使用时操作者应站在砂轮机侧面,不得两人同时使用一个砂轮，砂轮有效半径磨损达2/3时必须更换。

4. 汽车举升机的安全使用规则

（1）使用前应清除举升机附近妨碍作业的器具及杂物，并检查操作手柄是否正常。

（2）机器操作机构应灵敏有效，液压系统不允许有爬行现象。

（3）支车时，四个支脚应在同一平面上，并调整支脚胶垫高度使其接触车辆底盘支撑部位。支车时，车辆不可支得过高，支起车辆后四个托架要锁止。

（4）待举升车辆驶入后，应调整移动举升机支撑块至正对该车型规定的举升点。

（5）举升车辆时人员应离开车辆，将车辆举升到需要高度时必须插入保险锁销，在确保安全可靠后才可开始车底作业。

（6）除低保及小修项目外，其他烦琐笨重作业不得在举升机上进行。

（7）使用举升机时不得频繁起落，支车时举升要稳、降落要慢，有人作业时严禁升降举升机。

（8）发现操作机构不灵、电机不同步、托架不平或液压部分漏油，应及时报修，不得使举升机带“病”工作。

（9）完成作业后应清除杂物，打扫举升机周围，以保持场地整洁。

（10）应定期排除举升机油缸积水，并检查油量，油量不足应及时加注相同牌号的压力油。同时应检查润滑情况及举升机传动齿轮和链条。

5. 焊接安全技术及触电防护

（1）做好个人防护。工作前要戴好手套，穿好安全鞋和工作服。

（2）工作前要检查设备、工具的绝缘层是否有破损现象，焊机接地、接零及焊机各接点接触是否良好。

（3）推、拉电源闸刀时，要戴绝缘手套，并且站在侧面，以防止电弧火花灼伤面部。

（4）身体出汗、衣服潮湿时切勿靠在带电的工件上。

（5）在狭小的舱室或容器内焊接时，要设有监护人员。

（6）焊接前，应先检查焊机、设备和工具是否安全，如焊机外壳保护接地及各接线点接触是否良好、焊接电缆的绝缘外层有无损坏等。

（7）焊机发生故障需检修时，必须先切断电源。

（8）更换焊条时，焊工必须使用焊接用手套，且焊接用手套应保持干燥、绝缘可靠。

（9）加强个人防护。个人防护用具包括完好的工作服、焊接用手套、绝缘套鞋及绝缘垫板等。

（10）遇有人触电时，不得赤手去拉触电人，应迅速切断电源。

技能训练　安全防护用品的穿戴

一、设备准备

完成本任务，需要使用的主要设备工具有工作帽、安全防护眼镜、防尘口罩、耳塞、工作服、棉纱手套、安全鞋。

二、个人安全防护用品的穿戴步骤

（1）佩戴工作帽（见图1-15），并把头发盘在工作帽中。

（2）佩戴安全防护眼镜（见图1-16）。在佩戴安全防护眼镜前应仔细检查安全防护眼镜，确认安全防护眼镜无变形和构件松动情况。

图1-15　佩戴工作帽

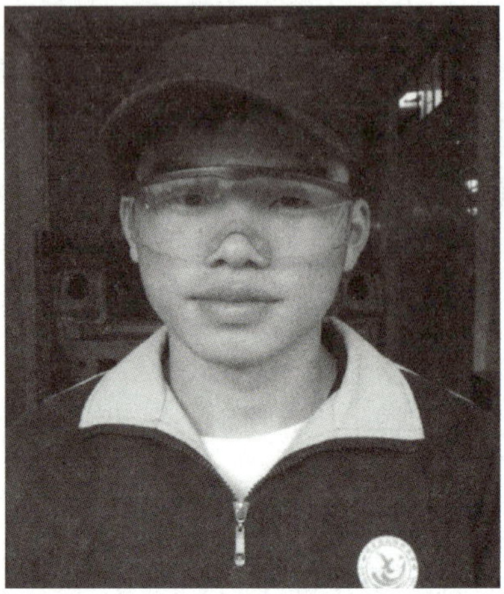

图1-16　佩戴安全防护眼镜

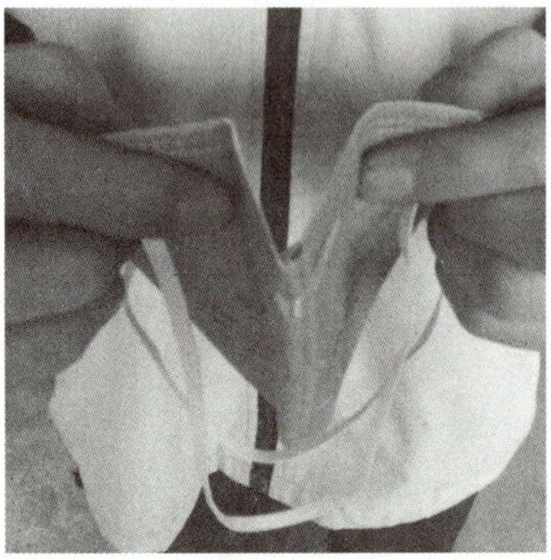

图1-17　打开金属鼻夹

（3）佩戴防尘口罩。

① 将防尘口罩从塑料袋中取出。

② 把有金属鼻夹的一面打开一定的角度（见图1-17），面向防尘口罩有金属鼻夹的一面，使金属鼻夹位于口罩上方。

③ 左手将防尘口罩抵住下巴，右手将下方头带拉过头顶（见图1-18），置于颈后耳朵下方。

④ 右手将防尘口罩抵住下巴，左手将上方头带置于颈后耳朵上方；将手指置于金属鼻夹中部，从中间向两侧按照鼻梁形状向内按压金属鼻夹（见图1-19），直到将其完全按压成鼻梁形状为止。

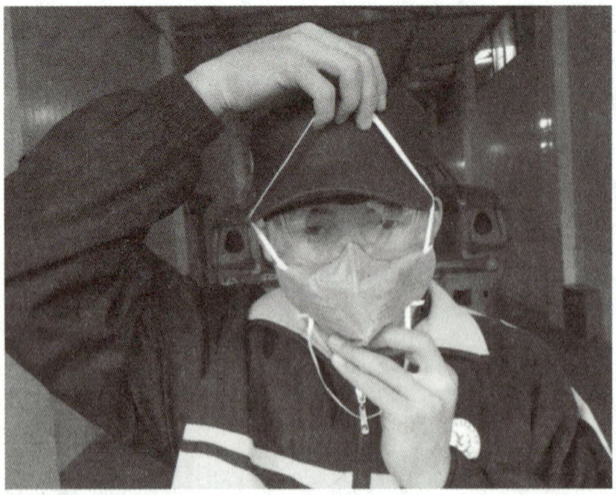

图1-18　防尘口罩佩戴

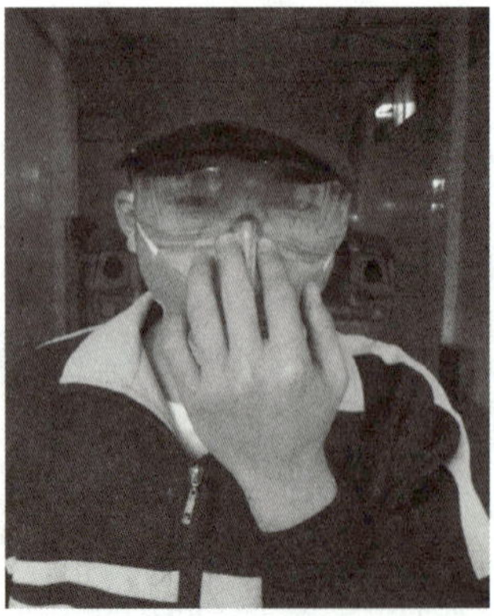

图1-19　按压金属鼻夹

(4) 佩戴耳塞。把手洗净，将耳塞的圆头部分搓细，一只手从头后部绕过，将外耳向后上方提起，另一只手将搓细的耳塞的圆头部分缓慢旋转塞入耳中。

(5) 穿好工作服。工作服应该合适舒适且结实，系好袖口。

(6) 佩戴棉纱手套。

(7) 穿好安全鞋。安全鞋的前尖留有一定的余量，鞋后跟与脚后跟不紧不松正好吻合，鞋面不能挤压脚背，腰窝与脚弓吻合。

【课程思政】

随着人们生活水平的提高，汽车保有量在不断增多，这无疑对我们的环境造成极大的威胁。在汽车钣金与涂装工作岗位上，我们要时刻遵循“绿水青山就是金山银山”这一发展理念，处理好生产发展与环境保护之间的关系，大力倡导学生从自身出发，尽己所能保护环境。

必须树立和践行习近平生态文明思想，坚持人与自然和谐共生；坚持节约资源和保护环境的基本国策，像对待生命一样对待生态环境，统筹山水林田湖草沙系统治理，实施好山水林田湖草沙生态保护修复工程，加大生态系统保护力度，提升生态系统稳定性和可持续性；实行最严格的生态环境保护制度，形成绿色发展方式和生活方式，坚定走生产发展、生活富裕、生态良好的文明发展道路，建设美丽中国，为人民创造良好生产生活环境，为全球生态安全作出贡献。

【课后习题】

一、判断题

1. 车身钣金修复工作区一般分为钣金加工检查工位、钣金加工校正工位、车身校正工位和材料存放工位等。(　　)

2. 轿车车身校正工位的安全操作空间是：长度一般为 8～10 m，宽度一般为 5～6.5 m。(　　)

3. 在车身钣金修复操作中不要穿过于宽松的衣服。(　　)

4. 车身钣金修复操作时，地面要保持干净、无水。(　　)

5. 车身钣金修复操作时，所用电动工具和设备的电源线应该正确搭铁。(　　)

二、选择题

1. 焊接时戴焊接面罩的主要目的是(　　)。

A.防止紫外线伤害眼睛　　B.看清楚焊接位置　　C.保护脸部皮肤

2. (　　)操作时要戴耳罩。

A.焊接　　B.拧螺栓　　C.打磨

3. 用压缩空气进行清洁时，压缩空气的压强应在(　　)MPa 以下。

A.0.8　　B.0.3　　C.0.5

4. 在使用液压举升机时，操作者应该站在(　　)。

A.液压举升机的正面　　B.液压举升机的侧面　　C.液压举升机的下面

5. 焊接时佩戴的焊接面罩的防护镜片呈(　　)。

A.茶色　　B.深色　　C.咖啡色

项目 2

汽车车身结构与材料

项目任务

某 4S 店接待了一辆事故车，该车前部及车门经碰撞后皆已变形。现对变形的板件进行修复。在修复之前须拆卸车身板件，修复完成后再将车身板件安装到车身上。为保证车身板件位置正确，还应对修理好的板件进行间隙调整。

项目分析

车身钣金修复人员在进行车身凹陷变形修复时，要按照要求拆卸损伤的板件，修复完成后按照要求安装调整车身板件，这是作为一名车身钣金修复人员应有的基本技能。作为车身钣金修复人员，必须掌握车身结构的特点、板件的装配工艺、车身材料等知识。

2.1 汽车车身结构

一、车身结构分类

车身壳体是一切车身部件的安装基础，通常指由纵梁、横梁和立柱等主要承力元件，以及与它们连接的板件共同组成的刚性空间结构。它的作用是隔绝振动和噪声，保证驾驶人在不受任何影响的条件下进行驾驶，为乘客提供安全舒适的乘坐环境。车身结构按受力情况可分为非承载式车身和承载式车身。

汽车车身构造技术

1. 非承载式车身

非承载式车身(见图 2-1)也称车架式车身，车架是安装汽车各个总成和承受各种载荷的基体。非承载式车身的特点是：车身与车架通过弹性元件连接，汽车车身仅承受本身的重力及轿车行驶时所引起的惯性力和空气阻力，而发动机、底盘各部件的重力和这些部件工作时的作用力，以及汽车行驶时道路对

汽车车身结构分析

汽车的外加载荷等，都由车架承受。

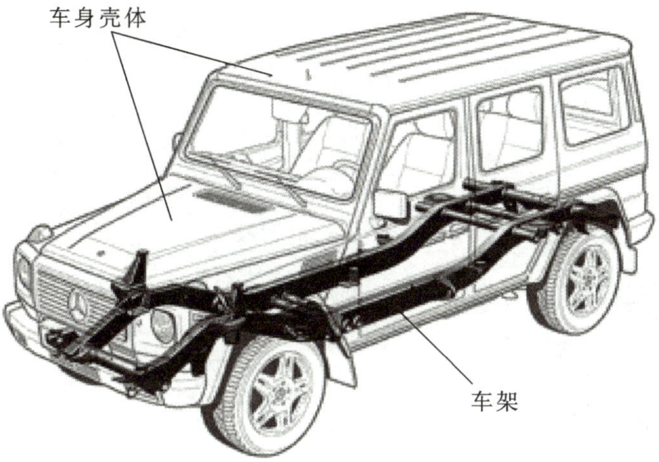

图 2-1 非承载式车身结构

对于非承载式车身来说，车架是车身的基础。车架是一个高强度、独立的构架部件，车身和发动机、变速器、悬架、转向总成都固定在车架上，因此要求车架有足够的刚性，在发生碰撞时能保持汽车其他部件的正常位置。车身通常用螺栓固定在车架上，为减少乘客室内的噪声和振动，车身与车架之间除放置了特种橡胶块外，还安装了减振器，力求将振动、噪声降至最小。

现代汽车高强度钢车架的纵梁截面通常是 U 形槽截面或箱形截面，用来加强车架和发生碰撞时吸收大量的能量。为了便于转弯及提供较好的支撑，车架都做成前窄后宽的形状。

非承载式车身的框式车架如图 2-2 所示。

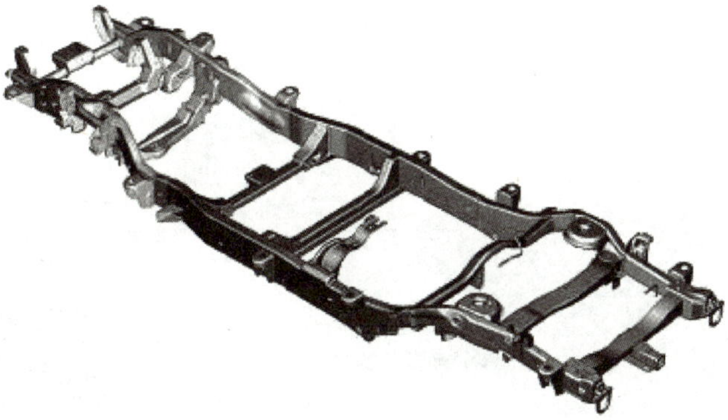

图 2-2 非承载式车身的框式车架

2. 承载式车身

承载式车身(见图 2-3)也称无车架式车身，它取消了车架，全部载荷由车身承受，底盘各部件直接与车身相连。按承载部位的不同，承载式车身又分为底架承载式车身和整体承载式车身两种：前者底架部分强度较大，承受大部分载荷；后者则是整个车身形成一个参与承载的整体。承载式车身的制造是将薄钢板压制成形状各异的板件，然后再点焊，从而形成一个整体。轿车多采用这种车身结构。

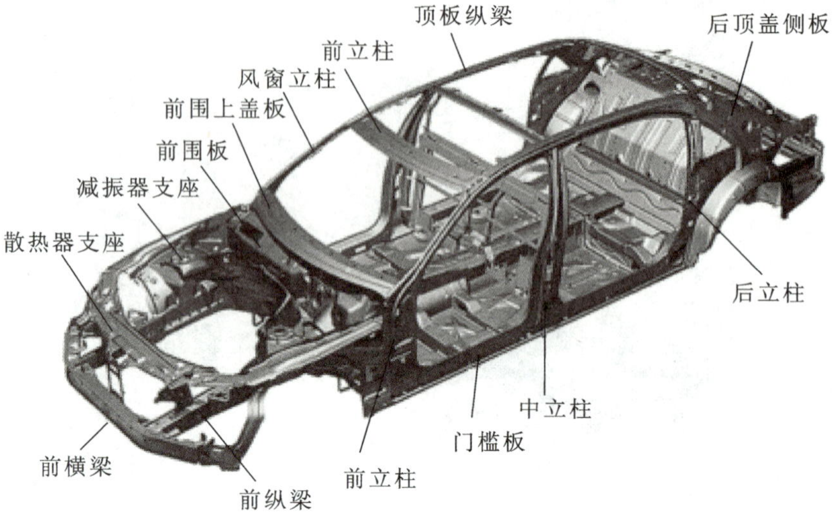

图 2-3 承载式车身结构

承载式车身的特点是：由于无车架，因此可以减轻整车质量，可以使地板高度降低，使上下车更方便；车身刚性较大，冲击能量可以向整个车身分散；与非承载式车身相比，碰撞程度相同时，车身损伤更复杂，修复前要做好彻底的损伤分析；车身变形后，需要采用特殊程序恢复至原来的形状。

承载式车身的覆盖件（见图 2-4）是覆盖在车身表面的部件，我们从车外看到的部分都属于覆盖件，如车门板件、车顶板、翼子板等，它们起到装饰美观和遮风挡雨的作用，一般都用厚度不超过 1 mm 的钢板冲压而成。

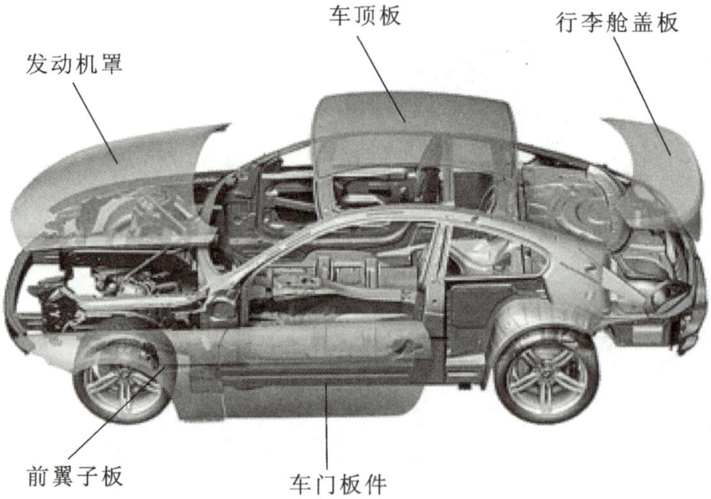

图 2-4 承载式车身的覆盖件

二、轿车车身结构

按强度等级不同，可将车身分为前部、中部、后部三段，并用 A、B、C 分别代表车身的前部、中部及后部，如图 2-5 所示。车身设计时，应使乘客室尽可能具有最大的刚度，而车身的前部、后部则应具有较大的韧性。

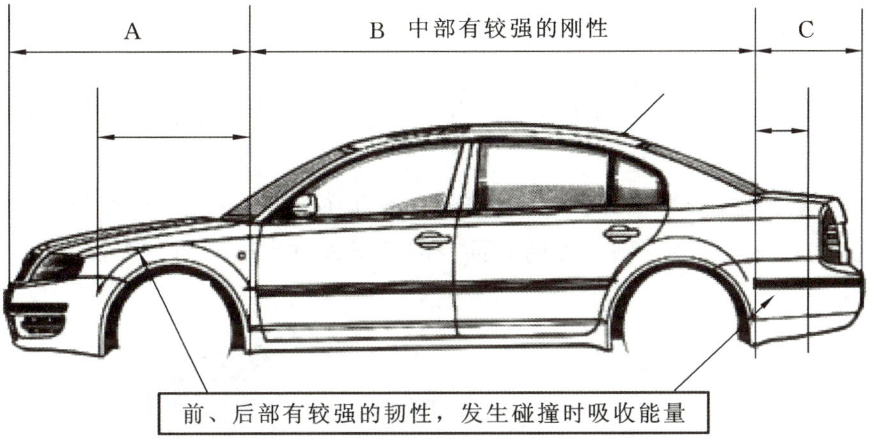

图 2-5 车身分段

1. 前车身

前车身(见图 2-6)主要由前翼子板、前纵梁、前围板、发动机罩、前挡泥板、发动机安装支撑架(又称副车架、元宝梁)以及前保险杠等构件组成。

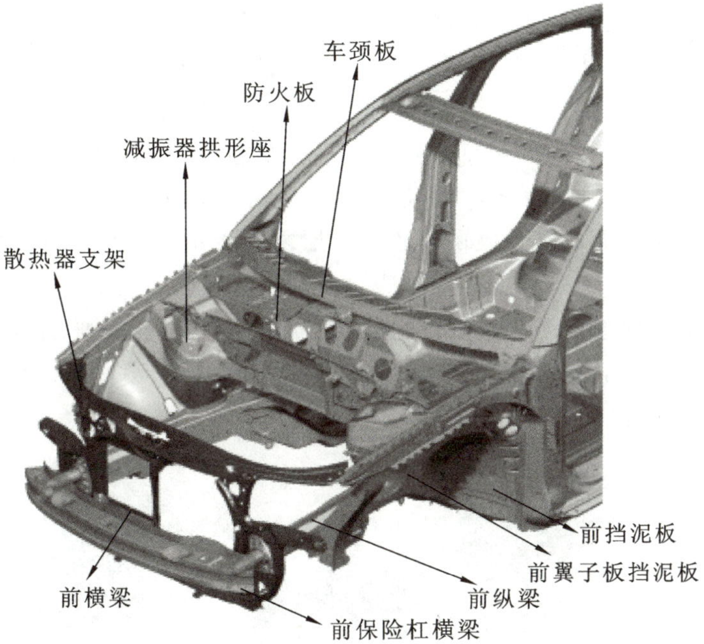

图 2-6 前车身结构

(1) 前保险杠。

前保险杠位于车辆的最前端，是车身外部装饰体，一般由非金属面罩与金属加强筋相连而成，起到装饰、防护作用。目前轿车的前后保险杠都采用塑料保险杠，由外板、缓冲材料和横梁三个部分组成。外板和缓冲材料用塑料制成，横梁用厚度在 1.5 mm 左右的冷轧薄板冲压而成。外板和缓冲材料附着在保险杠横梁上，保险杠横梁与车架纵梁用螺钉连接，可以随时拆卸。

(2) 前翼子板。

翼子板是遮盖车轮的车身外板，位于发动机罩侧下部、前轮上部，因形状及位置似鸟翼而得名。普通轿车的前翼子板(见图 2-7)主要由外板、内板、衬板及防擦装饰条等组成，部分轿车还装有翼子板轮口装饰条。

翼子板是重要的车身装饰件，一般采用薄钢板冲压制造，作用是在汽车行驶过程中，防止被车轮卷起的砂石、泥浆溅到车厢的底部。前翼子板发生碰撞的概率较大，独立装配，整件更换方便。

图 2-7　前翼子板

(3) 发动机罩。

发动机罩(见图 2-8)位于车辆前上部，是发动机舱的维护盖板，主要由罩身、隔热垫、铰链、支撑杆、发动机罩锁、开启拉索、密封条等零件组成。发动机罩多由用高强度钢板冲压成的网状骨架和蒙皮组焊而成。多数轿车还在夹层之间使用点焊胶，以确保刚度并形成良好的消声隔层。

发动机罩开启时向后翻转，不应与前挡风玻璃接触，与前挡风玻璃应有约为 10 mm 的最小间距。为防止在行驶时自行开启，发动机罩前端要有保险锁钩锁止装置，锁止装置开关设置在车厢仪表板下面。

图 2-8　发动机罩

(4) 前围板。

前围板(见图 2-9)是指发动机舱与车厢之间的主要隔离板件。它和地板、前立柱连接,安装在前围上盖板之下。前围板上有许多孔口,作为操纵用的拉线、拉杆、管路和电线线束通过之用。前围板应配合制动踏板、离合器踏板、转向柱等机件安装。为防止发动机舱里的废气、高温、噪声窜入车厢,前围板上还要采取密封措施,并安装隔热装置。

前围板的两端与壳体前立柱和前纵梁组焊成一体,一般采用双重式结构。前围板靠近发动机室一侧主要起辅助加强作用,靠近乘客一侧用高强度钢板冲压成型。前围板两侧覆有沥青、毛毡、胶棉等材料,以确保乘客室振动小、噪声低、热影响小。

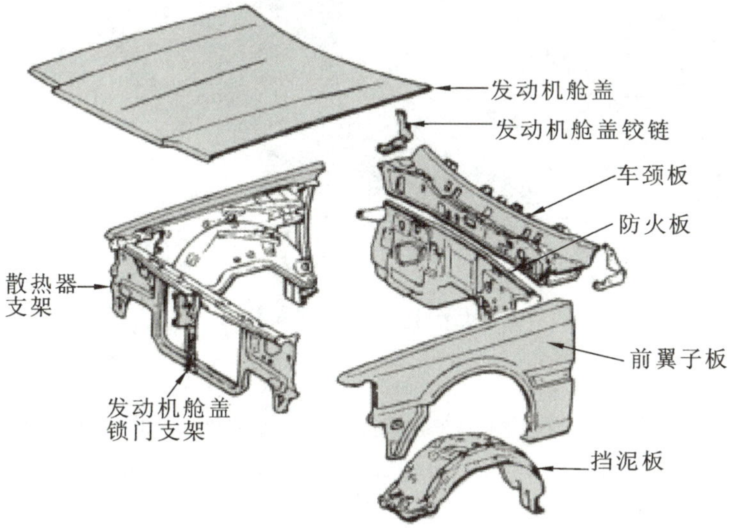

图 2-9 前围板(防火墙)

(5) 前纵梁。

前纵梁(见图 2-10)是前车身的主要强度件,直接焊接在车身下部,然后与轮罩等构件焊接在一起。为了使载荷分布均匀,前纵梁制成前细后粗截面不等的形状,截面变化较为明显。

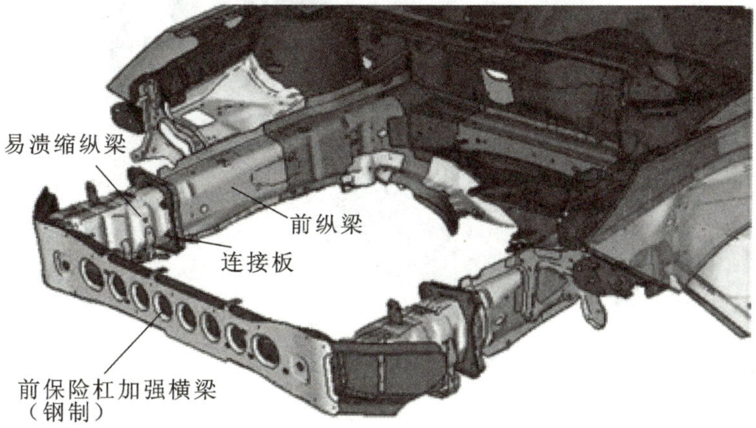

图 2-10 前纵梁

2. 中间车身

中间车身(见图 2-11)包括车门、门框、门槛、中立柱、车顶边梁等结构件。立柱、门槛板、车顶纵梁、车顶板和地板等共同构成乘客室。

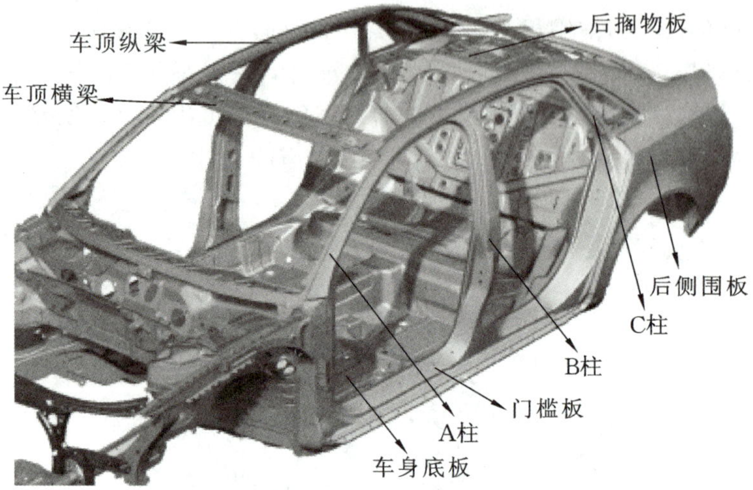

图 2-11 中间车身结构

(1) 立柱和门槛板。

立柱和门槛板(见图 2-12)是构成车身侧框架的结构件,是非常重要的支撑件。立柱一般下部做得粗大,上部的截面尺寸因考虑到驾驶视野而缩小。立柱包括前立柱(A 柱)、中立柱(B 柱)与后立柱(C 柱)。

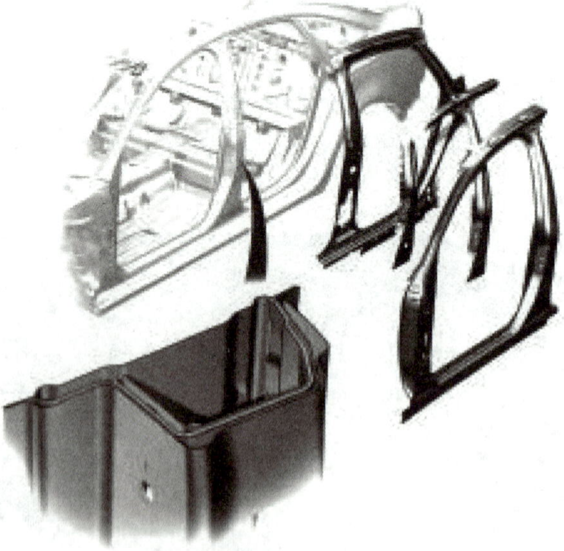

图 2-12 立柱和门槛板

(2) 地板。

地板(见图 2-13)是车辆用来承载乘客和货物的基础件,几乎所有的组件都直接或间接安装在地板上,如座椅直接安装在地板上,仪表台通过仪表台框架间接安装在地板上。

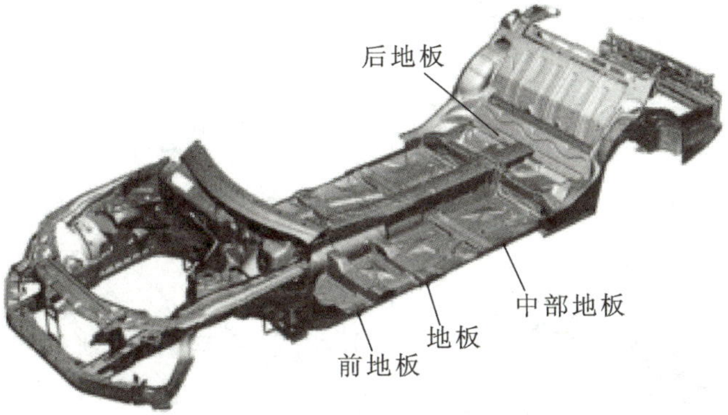

图 2-13　地板

(3) 车顶。

车顶(见图 2-14)是指车厢顶部的盖板,其上可能装备有天窗、天线等。车顶主要由车顶板、车顶内衬、横梁等构成,有的车型还备有行李架。

图 2-14　车顶

(4) 车门。

车门(见图 2-15)是乘员上下的通道。轿车车门由外板、内板、窗框、玻璃导槽、铰链、门锁及门窗附件等组成。为了装配牢固,内板局部还要加强,外板内侧一般安装了防撞杆。内板与外板一般通过折边方式连接,要求外板质量轻而内板刚性强、能够承受较大的冲击力。

车门要求密封性好、防尘、防水、隔音。除了车门与车身之间尺寸配合要合理外,重点要关注的还有镶嵌或黏贴在车框与车门上的密封条。密封条是一种截面呈中空形状的橡胶制品,它具有填塞间隙大小不一的空间的作用。当间隙大时对密封条的挤压小,当间隙小时对密封条的挤压大,密封条的质量直接影响车门的密封性。

3. 后车身

后车身一般是用于放置行李的部分,是中间车身的延长部分。三厢车的乘客室与行李厢是相互独立的,而两厢车的乘客室与行李厢合二为一。

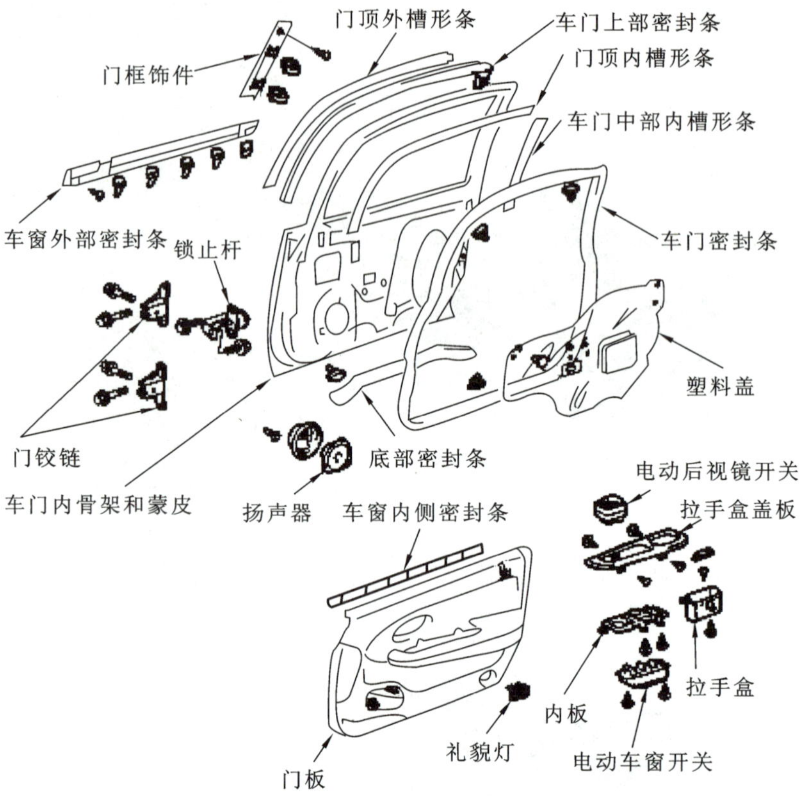

图 2-15　车门结构

（1）行李厢和行李厢盖。

行李厢、行李厢盖如图 2-16 所示。行李厢是装载行李的空间，由行李厢组件与地板钣金件构成。行李厢位于车身的后部，因此又称为后备厢。行李厢盖要求有良好的刚性，在结构上基本与发动机盖类似，也包含内板和外板，内板有加强筋。

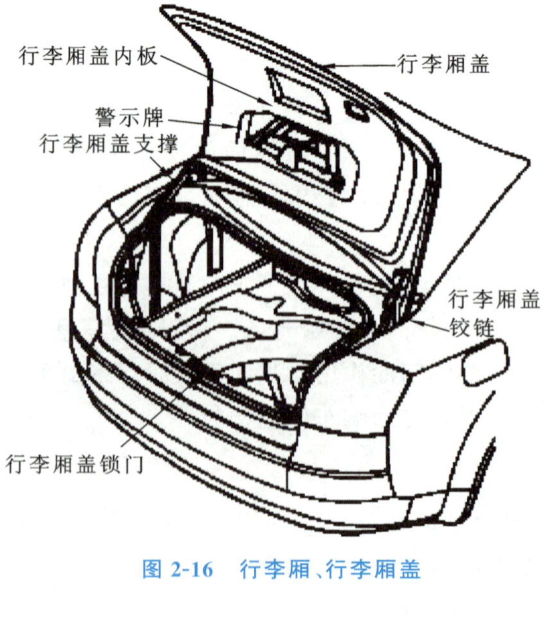

图 2-16　行李厢、行李厢盖

(2) 后侧板和后保险杠。

后侧板、后保险杠如图 2-17 所示。后侧板是指后门框以后的、遮盖后车轮及后侧车身的车身钣金件。后保险杠位于车身的尾部，起到装饰、防护车身后部零件的作用。

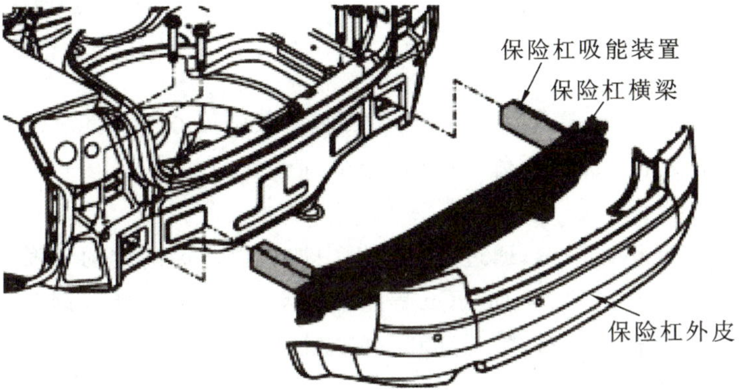

图 2-17 后侧板、后保险杠

2.2 汽车车身材料

一、汽车车身材料概述

车身材料既要满足车身设计、生产制造、装配、维护方面的要求，又要满足使用、安全等方面的要求，即满足强度、刚度、耐腐蚀性、拉延性以及焊接性、易加工成型性等方面的要求。车身材料种类较多，车身本体一般用钢板或者铝合金。

车身材料运用技术

1. 热轧钢板

热轧钢板是在 800 ℃以上高温下轧制而成的，厚度在 1.6～8 mm 之间，主要用来制造车架、骨架、梁。热轧钢板的运用如图 2-18 所示。

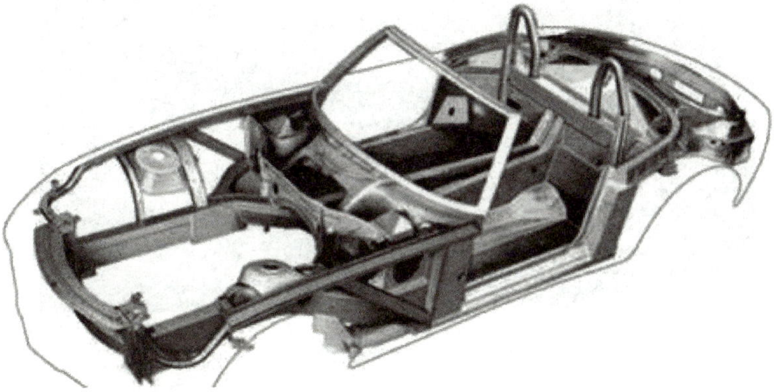

图 2-18 热轧钢板的运用

2. 冷轧钢板

冷轧钢板是由热轧钢板经过酸洗后冷轧变薄，并经过退火处理而制成的。冷轧钢板是在较低的温度下轧制的，厚度精度高，表面质量好。冷轧钢板的厚度在 0.4～1.4 mm 之间。大多数整体式车身都采用冷轧钢板制成，有良好的可压缩性。

3. 高强度钢

高强度钢指强度高于低碳钢的各种类型的钢，一般强度在 200 N/mm^2 以上。强度相同时，高强度钢板的厚度比一般钢板薄，可以减轻车身重量。

(1) 高强度低合金钢。

高强度低合金钢又称回磷钢，通过在低碳钢中加入磷来提高钢的强度，以低碳和低硫为主要特征，含有 Mn、Si、Al、Cr、Ni、Mo、Cu 等金属元素，具有类似低碳钢的加工特性，用于制造前纵梁、后纵梁、门槛板、保险杠加强筋和车门立柱等。

(2) 高抗拉强度钢。

高抗拉强度钢又称沉淀淬硬钢，增加了 Si、Mn、C 的含量，使抗拉强度得到提高，具有优异的加工性能和冲压性能，用于制造车门边护板等。

(3) 超高强度钢。

超高强度钢不含合金元素，但它的抗拉强度可达普通低碳钢的 10 倍。它的高强度来源于在成型和加工过程中产生的特殊微粒，有些超高强度钢强度可达 1350～1400 N/mm^2。

4. 铝合金

铝合金经常被用来制造车身覆盖件，如发动机罩、车顶盖、车门等。有的制造厂把铝合金引入车身结构件的生产中，甚至完全用铝合金来制造整个车身。例如，奥迪 A8、捷豹 XJ 为全铝车身，宝马 5 系用铝合金来制造车身前部的结构件和外部板件。全铝车身如图 2-19 所示。

铝合金材料最大的优势就是质量轻，铝的比重大约是钢铁的三分之一。在车身制造中，铝的应用可以使车辆减少 20%～30%的质量，降低 10%的燃油消耗。铝合金车身制造成本比较高，一是因为铝本身比较贵，二是因为铝合金车身生产、维修工艺复杂。因此，全铝车身目前基本都是在豪华高端车辆上应用。

图 2-19　全铝车身

二、汽车车身材料性质

1. 弹性变形

金属材料在载荷作用下发生变形，当卸除载荷后，变形也完全消失。这种随载荷的卸除而消失的变形称为弹性变形，它是金属材料的一种特性。

2. 塑性变形

当作用在金属材料上的载荷超过某一限度时，若卸除载荷，一部分弹性变形随之消失，还有一部分弹性变形不能消失。这种不能随载荷的卸除而消失的变形称为塑性变形，材料无法回复到原始形状的特性称为塑性。

具有良好塑性的金属材料，有利于进行压力加工。例如，汽车驾驶室外壳、油箱、翼子板、发动机盖、车顶板等金属制品，都是用塑性较好的薄钢板经冷冲压成型加工而成的。冲压制成后，若无外力作用，它们的形状就不再改变。

3. 加工硬化

加工硬化指随着冷变形程度的增加，金属材料的强度和硬度都有所提高，但塑性、韧性都有所下降的现象，又称冷作硬化。汽车在受到外力作用如碰撞或维修时，就会发生冷作硬化现象。

金属材料的加工硬化如图 2-20 所示。

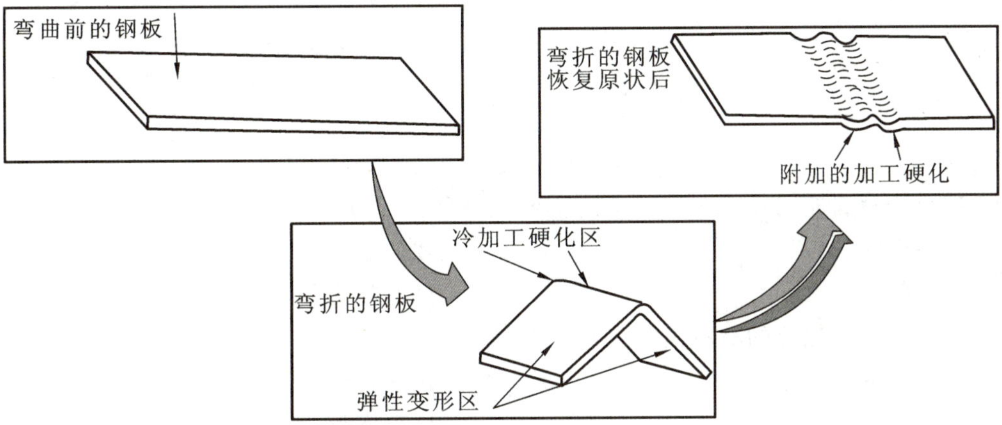

图 2-20　金属材料的加工硬化

【课程思政】

了解近几年国家汽车行业的发展，掌握汽车车身结构与材料知识，对于汽车钣喷作业来说是有必要的。改革开放四十多年来，在中国共产党的领导下，全国人民发奋图强，国民经济飞速发展，现代化建设规模越来越大。仅用短短的几十年，我国就赶上并超过绝大多数西方资本主义国家，成为世界第二大经济体，成为世界上独一无二的具备所有工业门类的大国。在中华民族崛起的过程中，离不开众多工程技术人员和技术工人的无私贡献。如今，现代化生产对一线技术工人的工程素养、文化水平、专业知识等要求越来越高。在校生一定要抓住宝贵的学习机会，尽可能多地掌握专业基础知识，为成为一名合格的技术工人打好基础。

【课后习题】

选择题

1. 按车身受力情况分，汽车车身结构可分为（　　）。

A.承载式车身　　B.非承载式车身

C.半承载式车身　　D.以上都对

2. 在所有的碰撞中，超过70%的碰撞发生在汽车的（　　）。

A.前部　　B.左侧部　　C.后部　　D.右侧部

3. 现代的整体式车身，除了少数板件为了日常维护、维修方便可进行拆卸外，其余的主要通过（　　）的方式连接。

A.螺钉连接　　B.胶黏连接

C.卡扣连接　　D.焊接

4. 通常车身上的连接方式可以分为可拆卸连接和（　　）。

A.不可拆卸连接　　B.半拆卸连接

C.铰链连接　　D.铆接

5. 汽车车身构件的碳素钢一般可分为（　　）和高强度钢两类。

A.高碳钢　　B.中碳钢　　C.低碳钢　　D.铝合金

6. 汽车车身前部最坚固的部件是（　　）。

A.发动机　　B.前纵梁　　C.保险杠骨架　　D.水箱框架

7. 整体式车身的（　　）刚性最大。

A.前车身　　B.中车身　　C.后车身　　D.所有部位

8. 铝合金材料应用在汽车车身上的主要优势是（　　）。

A.价格低廉　　B.质量轻

C.加工容易　　D.维修方便

9. 维修中不能加热的材料是（　　）。

A.高强度钢　　B.热轧钢

C.冷轧钢　　D.低碳钢

项目 3

汽车车身钣金维修工具

项目任务

某车主早上开车上班时，不小心在小区拐弯处把翼子板蹭伤，需要到汽车修理厂进行修理。经分析，损伤程度为轻微级，用基本工具就能快速修复。请你熟练地使用钣金维修工具对此车的轻微凹陷进行快速修复。

项目分析

对于车身板件的轻微变形，手工校正仍然是主要的校正方法。手工校正简便灵活，一般用于薄钢板的局部变形校正。这种校正方法通过手工操作钣金锤、顶铁、撬镐等工具，对变形的钢材施加外力，来达到校正变形的目的。

车身钣金维修中常用的工具分为两类：手动工具和动力工具。本项目主要对这些工具进行认知，了解各种工具的使用方法。

3.1 车身钣金维修工具认识

一、手动工具

1. 钣金锤(镐)

车身钣金维修中使用的锤子有多种规格和样式，每一种规格的锤子都有其专门的用途。例如：敲击锤用来敲击撞伤的部位，使其重新复位、变光滑，用手触摸应接近原形状和轮廓；风镐用来进行金属表面的精加工，敲平粗加工遗留的小凹坑，从而使金属表面变平整。

锤子质量的均衡性会影响操作方便程度和控制的准确性。锤头应经常保持清洁和光滑，以保证捶击的表面质量。

（1）重头锤。

重头锤（见图 3-1）的锤头一头为圆头，另一头为方头。粗加工金属板时，重头锤用来平整金属表面，敲平焊点和焊缝，粗平非常皱的金属表面，以及初步校直较重的金属板。方头锤面的角可以当作镐使用，把损伤板件上的凹陷区域压平。必须把某处做出一个小的皱折，而顶铁又不能使用时，可以将重头锤的一个锤面当作顶铁使用，放入挡泥板、车门或板件的内侧，在外侧用另外一个锤子去敲击来完成工作。

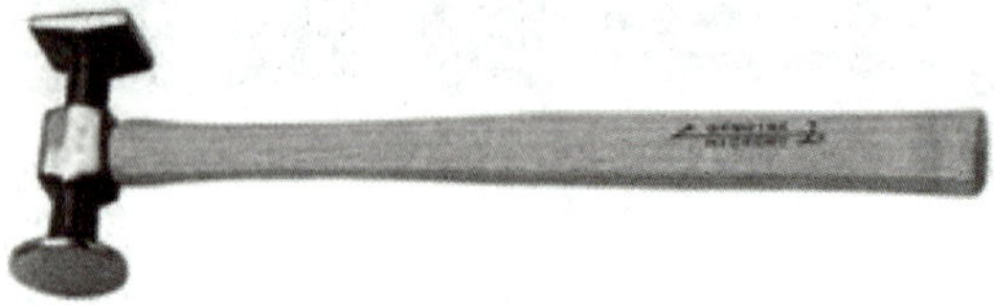

图 3-1　重头锤

（2）轻头锤。

轻头锤（见图 3-2）的尺寸和形状与重头锤一样，但质量比重头锤轻。轻头锤一般用来进行金属表面的精加工、车门处的折边等。

图 3-2　轻头锤

（3）曲面轻击锤。

曲面轻击锤（见图 3-3）的一侧锤头锤面隆起，另一侧锤头锤面为平面。它一般用于粗校正，或专门用来校正某些曲面凹陷，如挡泥板、车门板和后顶盖侧板等的凹陷。

（4）挡泥板专用锤。

挡泥板专用锤（见图 3-4）专门用来粗加工某些高隆起的金属表面，如挡泥板。挡泥板专用锤还可以用来加工只有长锤头才能到达的加强件，也可以与重型斧锤和大铁锤配合使用，粗加工门槛板、轮罩、围板、后顶盖侧板和保险杠横梁等。

（5）短头风镐。

短头风镐（见图 3-5）的锤头一头为圆形，另一头为尖形。它用在前挡泥板等这些操作不方便的部位，进行轻度的凿和金属加工以及收缩金属表面。

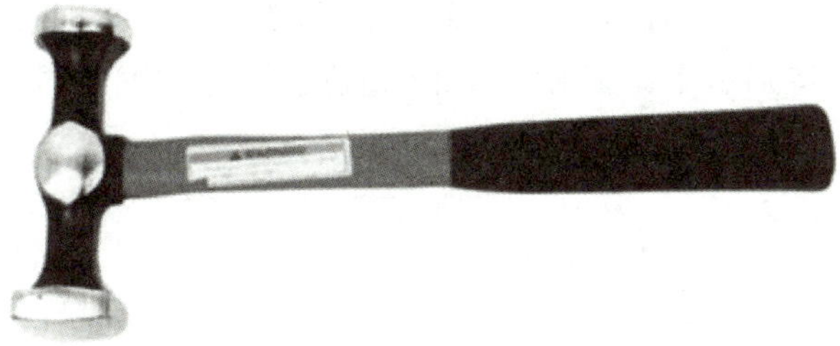

图 3-3 曲面轻击锤

图 3-4 挡泥板专用锤

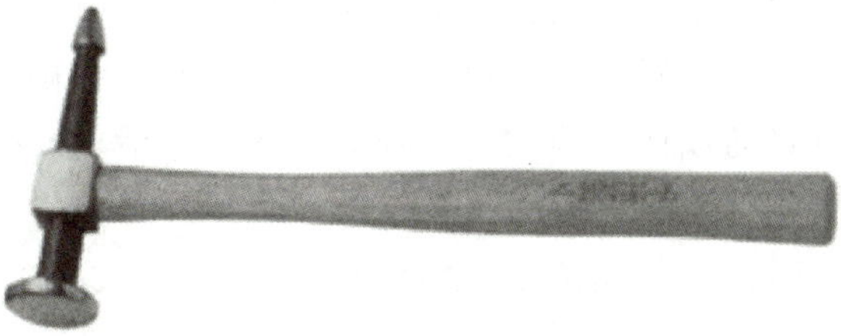

图 3-5 短头风镐

(6) 长头风镐。

长头风镐(见图 3-6)一头为长的圆形尖头,另一头为圆形平头,是一种非常理想的金属精加工工具,用来进行薄钢板粗加工后的校直和精加工,凿平板件上小的凹凸点。

图 3-6 长头风镐

（7）直凿风镐。

直凿风镐（见图 3-7）一头为圆形，另一头为凿形，用来修理挡泥板，复原轮缘、装饰条、大灯内框和发动机罩等，特别是车身板件上线条、边缘和凸缘的整形，常用到该工具。

图 3-7　直凿风镐

2. 顶铁

顶铁由高强度钢制成，像铁砧一样，主要用在板件变形的粗加工和锤击加工中，用手握持贴在车身板件的背面。当从板件正面用钣金锤敲击时，顶铁会产生一个反弹力。每次敲击后要重新定位，通过钣金锤和顶铁的配合使板件凸起的部位下降，使凹陷的部位隆起，从而使变形的板件得到修复。

由于板件的结构和形状不同，为了有效完成车身板件的修复工作，需要采用各种形状的顶铁，每一种形状的顶铁只适用于某些特定形状的板件。工作时，所采用顶铁隆起的曲率应比加工件的隆起曲率略小。顶铁的质量应均衡，以方便握持和精确控制，且应在保证工作质量的情况下，尽量选用较轻的顶铁。顶铁的工作面应保持光滑、干净，不应有油污、涂料以及毛刺，否则会降低加工质量。

常用的顶铁有通用顶铁、低隆起顶铁、足跟形顶铁。

（1）通用顶铁。

通用顶铁（见图 3-8）有多种隆起，可以用来粗加工挡泥板的隆起部分和车身的不同曲面，收缩平的金属表面和隆起的金属表面，修整焊接区等。

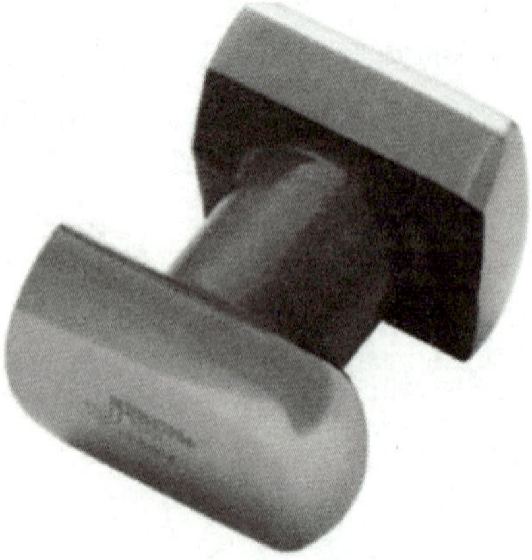

图 3-8　通用顶铁

(2) 低隆起顶铁。

低隆起顶铁(见图 3-9)质量大,常用来使金属板减薄和使薄的金属板收缩。这种顶铁可以用来对车门内侧、发动机罩、挡泥板的平面和隆起面以及柱杆顶部进行钣金加工。

图 3-9　低隆起顶铁

(3) 足跟形顶铁。

足跟形顶铁(见图 3-10)因形状像足跟而得名,用来在板件上形成较大形状的凸起,校直高隆起或低隆起的金属板、长形结构件和平面板件。

图 3-10　足跟形顶铁

3. 撬镐

当损伤的车身板件经过校正、拉直等粗加工,表面仍存在一些不规则的麻点或凹点,用常规的手动工具不能去除时,就应该选用撬镐进行精加工。撬镐有不同的长度和形状,都带有 U 形把手。

(1) 小弧度撬镐。

小弧度撬镐(见图 3-11)为中等长度,端部为一个小弧度的镐头,U 形端为把手,用在车门、门槛板和后顶盖侧板等处。使用时,通过板件上的孔穿入结构内部,使镐头对准板件上的小凹点,在手把上施力撬即可。

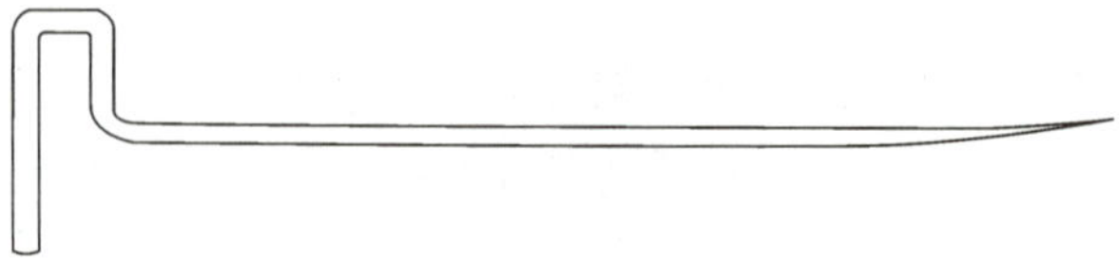

图 3-11　小弧度撬镐

(2) 大弧度撬镐。

大弧度撬镐(见图 3-12)与小弧度撬镐形状相似,但镐头更长,用在需要镐头较长才能到达凹痕部位的情况下。

图 3-12　大弧度撬镐

(3) 长 T 形凿头撬镐。

长 T 形凿头撬镐(见图 3-13)长的镐头可以塞入内、外板件之间有限的空间内,也可以在内、外板件非常靠近时作为顶铁使用。

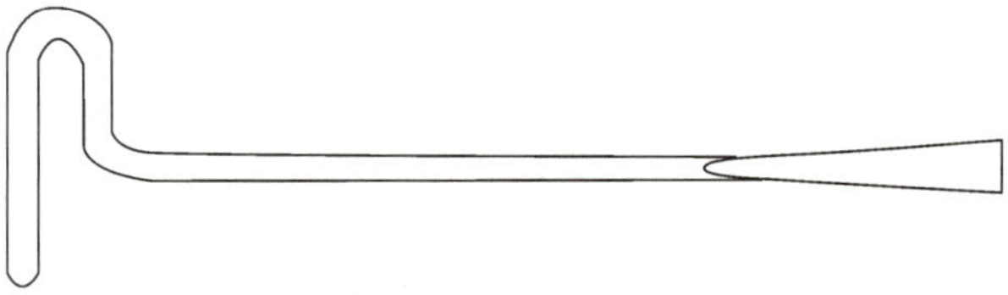

图 3-13　长 T 形凿头撬镐

4. 车身锉刀

车身锉刀(见图 3-14)是用来修整钣金锤、顶铁等钣金维修工具作业留下来的凹凸不平痕迹的钣金专用维修工具。车身锉刀只与凸起的金属材料接触,适用于对加工后较粗糙的表面进行光洁处理,还可以用来检验板件平面是否平整。

在受损板件被粗加工后,可以使用车身锉刀通过锉痕找出不平处,显露出板件上需要再加工或敲击的凹凸点,直至去除所有的不平点。经车身锉刀加工后,再进行砂轮的打磨,就可以完成金属表面精加工的全部工作。

图 3-14　车身锉刀

二、动力工具

为了减轻劳动强度、提高工作效率，在现代车身维修作业中，对于加工量较大的部位，用动力工具替代手动工具的机会逐渐增多。合理选择和使用动力工具，是保证维修质量、提高维修效率、确保安全生产的重要手段。

根据动力源不同，动力工具分为气动工具和电动工具。气动工具是将压缩空气的压力能转换成机械能的工具；电动工具是利用电动机将电能转换成机械能的工具。现在用于车身钣金维修的动力工具有很多，下面介绍常用的动力工具。

1. 风錾

风錾(见图 3-15)以压缩空气为动力，击打频率可达 1800 次/min，质量仅为 1～2 kg。风錾配备不同的錾头，可以实现錾割、铲平、敲击等多项功能。风錾的特点是：体积小、质量轻、效率高、切割性能好，在不受限制的情况下，可进行直线、曲线和型线的切割。与锯割或砂轮切割相比，錾割无粉尘危害，缺点是振动和噪声较大。

使用风錾时要根据需要和结构特点，合理选择不同的錾头，并检查安装是否可靠。手握风錾要保持平稳，身体尽量避开錾出金属屑的方向。使用风錾时要佩戴护目镜和耳塞。

图 3-15 风錾

2. 气动锯

气动锯(见图 3-16)以压缩空气为动力，主要作用是下料、切断、修整、剪切外形等。气动锯可以剪切玻璃钢、塑料、白铁皮、薄钢板、铝板及其他金属材料。气动锯锯条只有一端装在锯身上实现锯割作业，由于没有锯弓的限制，锯割缝可以无限延长。

气动锯具有锯割效率高、使用方便、对构件损伤小等优点。气动锯的锯条外露，而且锯割速度相当快，所以使用时，一定要将锯割部位周围清理干净。另外，锯割用力要适当，避免锯割到不需要锯割的部位，避免伤到人；锯割线最好预先画好，防止锯割偏。

3. 砂轮机

砂轮机又称角磨机，是车身钣金维修中应用最为广泛的一种打磨工具。根据驱动方式，

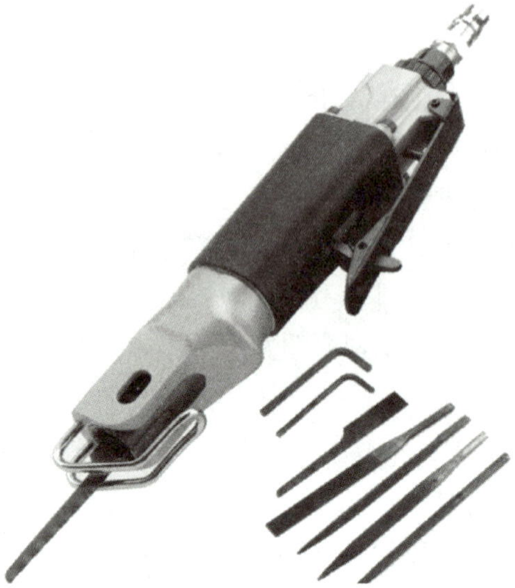

图 3-16　气动锯及锯条

它可分为气动砂轮机(见图 3-17)和电动砂轮机(见图 3-18)两大类。使用不同的打磨片,它可用于板件的打磨、切割等。常用的打磨片有百叶片、黑金刚磨片、切割片等。

图 3-17　气动砂轮机

图 3-18　电动砂轮机

砂轮机的打磨作用是指利用砂轮盘的平面磨削工件的不平部位,多为对焊接后焊缝的凸起进行打磨,使其表面平整;砂轮机的切割作用是指在拆解车身构件时,利用砂轮的端面切割焊缝,使焊缝断开。

对于只拆解不更换的构件,应选好切割角度,而不要损坏零件本身;对于切割后更换的构件,可以直接割断构件,但是要注意不要割伤完好的构件。

在切割焊缝的过程中,要注意控制切割深度,不要过度切割,避免切割到需要保留的构件。对于砂轮机的砂轮,在装上砂轮机前要进行检查,看是否有裂纹,防止工作时砂轮破碎伤人。砂轮机要先开机运转后,再使砂轮接触到工作表面进行作业。

4. 手电钻

手电钻(见图 3-19)的主要作用是进行钻削作业。它一般用于钻除焊点分离构件和在钣金构件上进行打孔作业。钻削所应用的刃具以麻花钻和钻孔器为主。为了便于钻削车身构件的焊点，一般要将普通钻头根据需要进行磨削，或者使用钻孔器作为专门的切具。

钻削前应用中心冲冲出定位孔。当钻孔的直径超过 12 mm 时，应先用小直径钻头将定位孔钻出，然后再用合适的钻头进行钻削加工。

在钻削过程中会产生热量，而过热会使钻头失去应有的硬度，因此在钻深孔或连续作业时，应进行必要的冷却。由于车身构件多为薄板件，因此应注意钻削用力不宜过大。另外，应注意防止钻削过度，避免钻削不该钻削的板件。

图 3-19 手电钻

5. 打磨机

在进行钣金及喷涂作业的过程中，经常要进行涂层的打磨。打磨机是由动力驱动的工具，根据打磨片或打磨砂纸的不同，可用于除锈及打磨油漆涂层表层、腻子、二道底漆等。打磨机根据驱动方式分为电动打磨机和气动打磨机。

（1）电动打磨机。

电动打磨机主要用于去除板件旧漆膜或修复后残留的焊渣等，以便得到更接近原来状态的车身外形尺寸和表面质量，使修复后的车辆美观，并减少涂装工序的材料消耗量。

（2）气动打磨机。

由于打磨机一般用于喷涂车间，而喷涂车间内有大量的易燃物品，要尽量减少电动工具的使用，因此在喷涂车间内工作时主要采用由压缩空气驱动的气动打磨机。

气动打磨机主要有单作用打磨机、轨道式打磨机、双作用打磨机和带式打磨机四种类型。

① 单作用打磨机。

单作用打磨机（见图 3-20）由机身、打磨盘、打磨片三部分组成。单作用打磨机的打磨盘绕一个固定的点转动，打磨片只做单一的圆周运动。单作用打磨机使用范围广泛，特别适合用于处理车身锉刀留下的锉痕及各种划痕。

② 轨道式打磨机。

轨道式打磨机（见图 3-21）的打磨盘外形呈矩形，便于在工件表面上沿直线轨迹移动，整个打磨垫做小圆周运动。这种打磨机主要用于打磨原子灰。

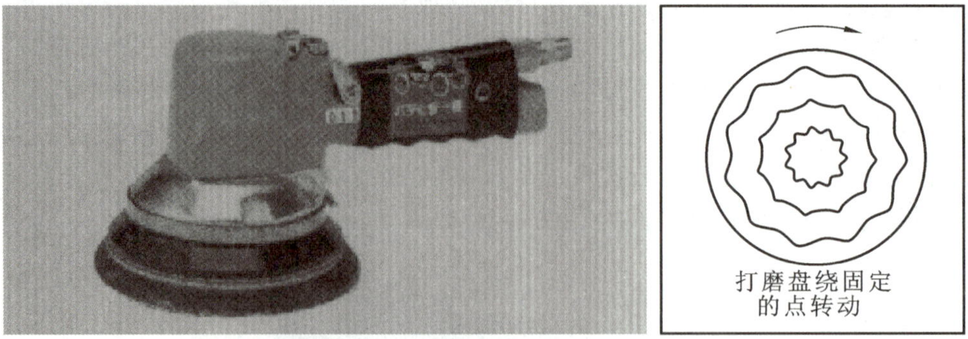

图 3-20　单作用打磨机及打磨盘的运动轨迹

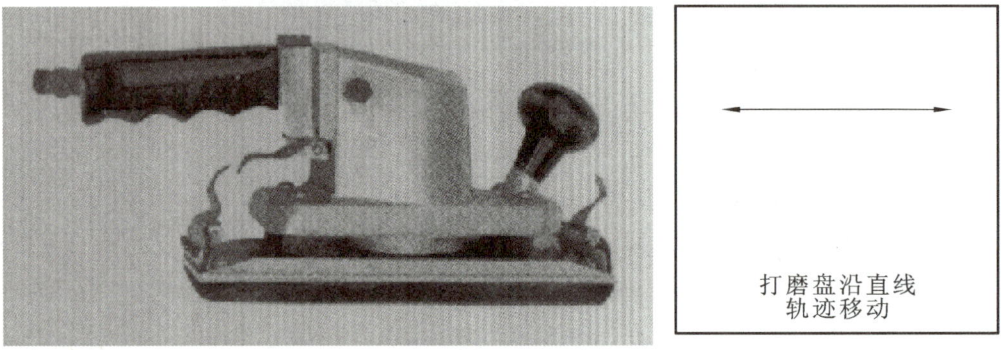

图 3-21　轨道式打磨机及打磨盘的运动轨迹

③ 双作用打磨机。

双作用打磨机(见图 3-22)也称偏心打磨机,由机身、偏心转动轴和打磨盘组成。打磨盘上可以根据需要粘贴各种型号的打磨片。

双作用打磨机通过压紧开关来调节气体的流量,这样能控制偏心的转速,满足不同磨痕和细小划伤的处理要求。双作用打磨机多应用于处理电动打磨机打磨后产生的磨痕或车身锉刀锉削产生的细小锉痕。这种打磨属于精细打磨,打磨效果较为匀称,打磨后能够满足油漆喷涂要求。

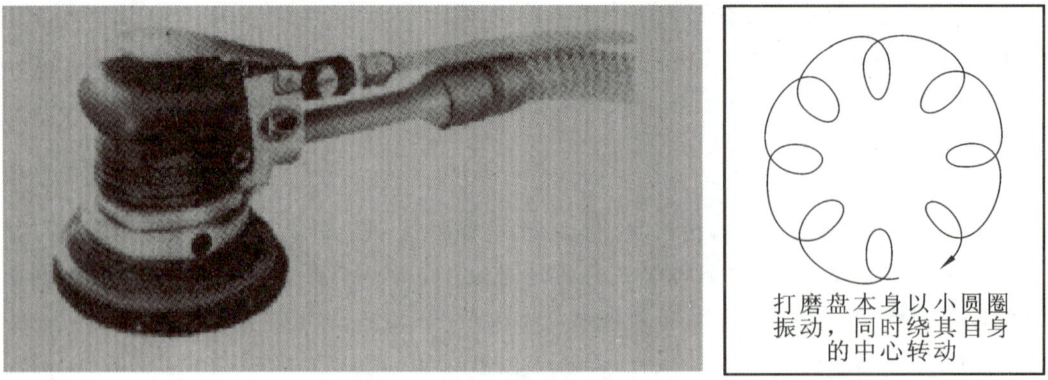

图 3-22　双作用打磨机及打磨盘的运动轨迹

④ 带式打磨机。

带式打磨机(见图 3-23)也称气动砂带机,它的砂纸带做往复式直线运动。带式打磨机主要用于打磨车身上的特征线和凹陷部位的漆膜,也可用来去除铁锈及车身板件接缝间的密封胶。

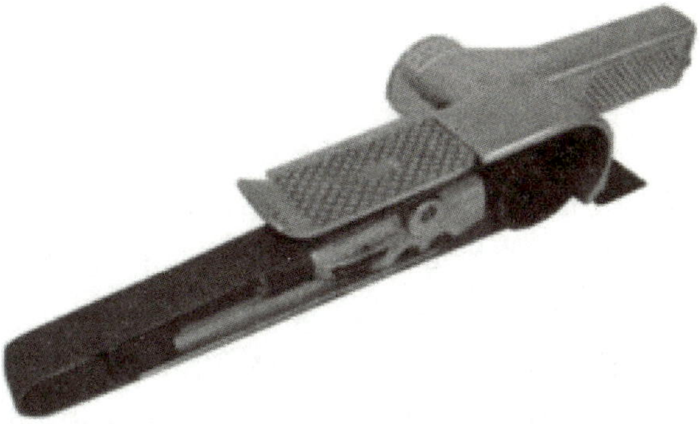

图 3-23 带式打磨机

6. 车身修复机

车身修复机(见图 3-24)又叫介子机,属于电阻焊设备,是近年来普遍采用的一种用于修复车身外形凹陷损伤的设备。它的工作原理是:使电极头上夹持的各种附件与钢板接触,通过大电流,使接触部位产生电阻热,以获取与需求相对应的各种功能。

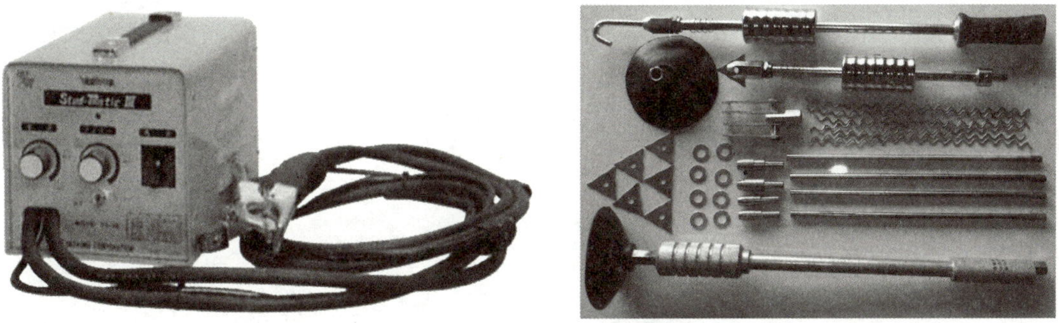

图 3-24 车身修复机及其附件

车身修复机具有投入成本低、操作简单、使用方便、维修效率高等优点,可在车身的变形部位进行直接点焊、滑锤整平、垫片焊接、碳棒收火、铜触头收火、钩锤整平和两板点焊等多种操作。

在使用车身修复机对车身的变形部位进行修复时,可以在不拆除变形区域周围零部件和易燃物品的情况下对变形进行修复。这样操作步骤少,修复时间短,不易破坏材料的金属结构,不易降低车身的牢固性,也不会大面积地破坏车辆的原有涂层,节省了涂装过程中原子灰及涂料的消耗量。

7. 气动圆盘除漆除锈机

气动圆盘除漆除锈机适用于板件旧漆、铁锈的刷除,可以不损伤板件表面。它配有黑金刚磨片、砂纸或砂碟。它的最大转速为 12 000 r/min,工作气压为 6～7 bar(1 bar＝0.1 MPa),进气口径为 0.25 in(1 in＝25.4 mm)。

3.2 车身钣金维修工具使用

一、手动工具的使用

1. 钣金锤与顶铁配合使用

用钣金锤和顶铁修复车身板件表面变形，是钣金维修作业最为流行的一种修复方法。对于车身板件表面发生的凹凸变形，凡是便于放入顶铁的部位，均可用钣金锤与顶铁予以修复。

按照钣金维修作业时顶铁与钣金锤的相对作用位置，钣金锤与顶铁配合使用修复车身板件的操作可以分为钣金锤偏对着顶铁敲击和钣金锤正对着顶铁敲击两种。

（1）偏托法。

偏托法（见图 3-25）也称为错位敲击法，是用顶铁抵住最大凹陷的最低处，用钣金锤敲击凹陷周围的隆起变形，使板件凹陷得到粗平的一种方法。

在使用偏托法的过程中，用钣金锤敲击板件凹陷周围产生的隆起变形时，应“深入浅出”地从最大变形处开始敲平。用偏托法修整平面，一般不会造成板件伸展，因为顶铁托起的是板件背面的凹陷处，而钣金锤击打的是板件正面的凸起部位。当局部变形被修平至一定程度时，再运用正托法进一步敲平。

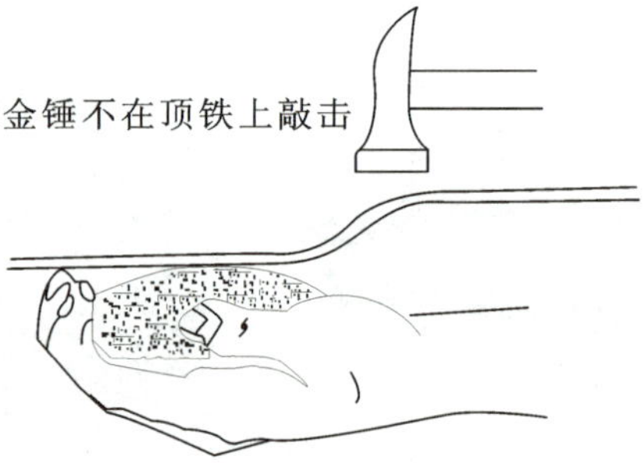

图 3-25　偏托法

（2）正托法。

正托法（见图 3-26）也称为对位敲击法，是将顶铁置于金属板件背面变形部位，正面用钣金锤在顶铁上轻轻锤击变形部位，使采用偏托法修复后留下的局部变形得到平整的修复方法。

在使用正托法的过程中，钣金锤的敲击力通过金属板件作用在顶铁的工作面上，每一次锤击都会使顶铁产生一定的反弹力，反弹力受到托力、顶铁尺寸、顶铁表面形状和板件形状的影响。

正托法容易造成板件延展变形，当金属板件在敲平过程中过分承受锤击作用时，受锤击部位会变薄、面积增大。由于周围未受锤击区域是固定的，限制了受锤击区域金属向四周的伸展，因此受锤击区域金属只能离开水平位置而向上或向下隆起，这是钣金操作中应尽量抑制的变形，必要时还要使用收缩锤进行处理。

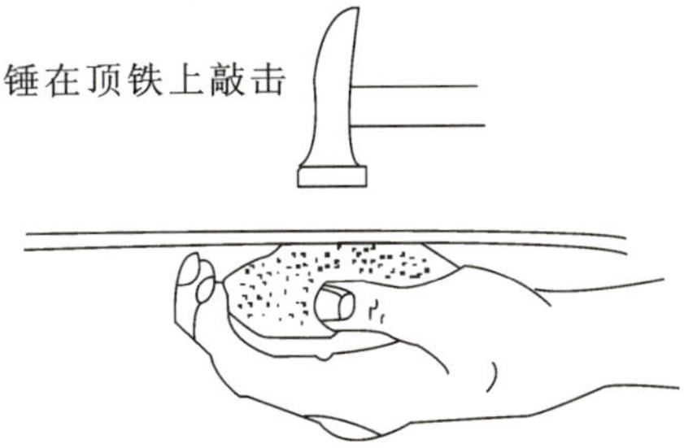

图 3-26　正托法

2. 撬镐的使用

撬镐可用来校正顶铁或匙形板伸不进去的部位，一般用来撬平车门凹陷、后翼子板凹陷和其他的封闭式车身板件的凹陷。以车门为例，撬镐可以从排污孔穿进去，这样就不必拆下内侧板或为了拉拔凹坑而在面板上钻孔。用撬镐撑顶凹痕时，不要施加过大的压力，以避免板件产生拉伸变形。从撞击点或最低点开始，缓慢地将凹陷部位撑起。对于面积较大的凹坑，应采用平头端，不能使用尖头端。

撬镐的使用如图 3-27 所示。

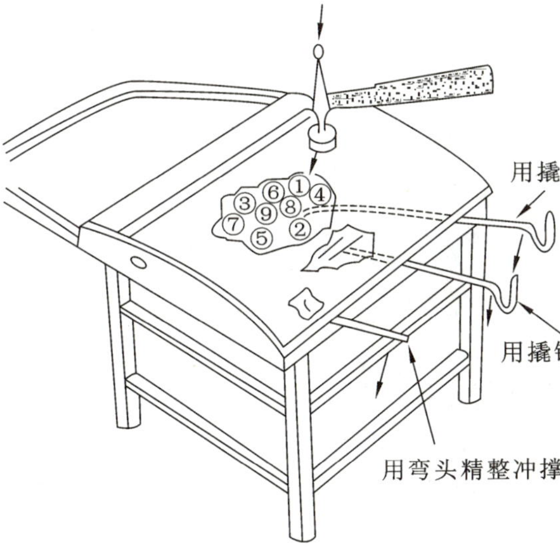

图 3-27　撬镐的使用

3. 车身锉刀的使用

用左手握住车身锉刀的头部以控制方向，右手握住手柄往前推，从未受损区域的一边开始锉，穿过受损区域到达未受损区域的另一侧。开始时，车身锉刀的前端起作用，然后使锉齿的锉削作用移到中间或尾端，形成一个连续的工作行程。行程要长而有规律，不可短而杂乱。

在工作行程中，应握住手柄把车身锉刀向前推，通过握住车身锉刀的前端来控制向下的压力及方向。当所锉部位比较平时，以 30°角握车身锉刀直推，也可直握车身锉刀偏 30°角斜推；对于凸起的表面，沿曲率最小的弧面的母线方向握住车身锉刀直推，或者以等于或小于 30°角进行侧推；在返回的行程中，用手柄将车身锉刀从金属板件上拉回。

车身锉刀的使用如图 3-28 所示。

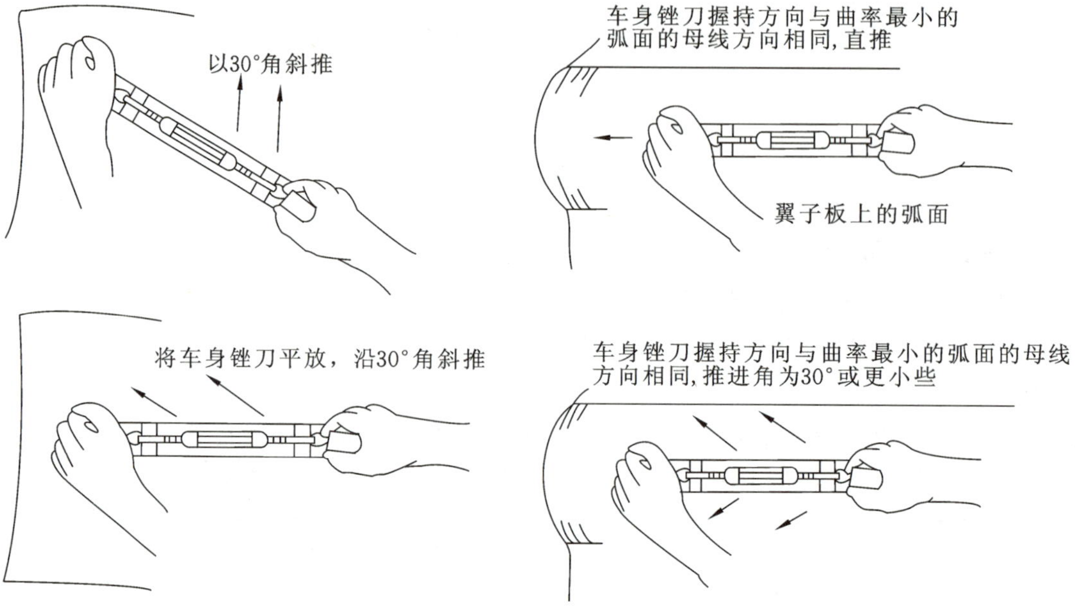

（a）所锉部位比较平时的两种使用方法　　（b）凸起表面的两种修复方法

图 3-28　车身锉刀的使用

二、动力工具的使用

1. 气动打磨机的使用

在使用气动打磨机时，按以下操作程序进行。

（1）开机前，确认打磨机的构件都已正确地安装和连接，并检查气管有无破损，检查打磨片是否已上紧、转动是否平顺、是否安装在中心。

（2）佩戴好护目镜、手套、口罩、耳塞。

（3）使用时，先把打磨片在打磨盘上粘贴牢固，右手握稳打磨机把柄，用拇指控制开关，左手握紧打磨机上部的圆形头。

（4）移至打磨处，使打磨片与待修复面（也即打磨面）紧密贴合，然后左手用适当的力压紧。力主要作用在打磨盘外沿上。

（5）按下开关，使打磨机在打磨区域内移动，打磨片始终要与打磨面贴合。

（6）打磨完毕，先关闭打磨机开关，待打磨片停止转动后，将打磨片与打磨面脱离开。

（7）关机后，必须清理干净，并定期检查与维护打磨机。

2. 车身修复机的使用

车身修复机使用前，应确认所连接电源工作正常，然后开启电源开关。首先打磨油漆除锈，然后在修复部位附近选择一个适合搭铁的位置，电流挡位与时间挡位根据板件厚度来调节。如果熔核过大，可减小焊接电流、缩短通电时间；反之，则增大焊接电流、延长通电时间。

焊接时把三角形焊片(或其他形状的焊片)插入焊头内，对准轻压在车身凹陷变形处，按动开关。此点焊接完毕，再用同样的方法把焊片焊接在下一个位置。所有焊片焊接完毕，再用惯性拉力锤把凹陷不平的地方拉出来。在通电期间，焊枪不要乱放，以免与地线相碰而烧坏。

对车身凹陷变形进行修复后，车身局部可能会被过度拉伸，凸出部位可用炭棒加热。加热到一定温度时，用湿抹布覆在该凸出部位使之冷却，该凸出部位随即收缩。

3. 气动圆盘除漆除锈机的使用

在使用气动圆盘除漆除锈机时，按以下操作程序进行。

(1) 穿戴个人防护用品。

(2) 安装气动圆盘除漆除锈机，检查气动圆盘除漆除锈机杯轮是否已安装紧固，将气动圆盘除漆除锈机与气源连接，慢慢打开气源开关，看气动圆盘除漆除锈机杯轮的转动是否正常可靠。

(3) 确认无误后，轻轻地摸一遍待打磨表面(注意戴好手套)，以便决定如何进行打磨。

(4) 握紧气动圆盘除漆除锈机，打开开关，将气动圆盘除漆除锈机以5°～10°的角度移向待打磨表面。

(5) 使气动圆盘除漆除锈机向右移动，让打磨头左上方1/4部分对准待打磨表面进行打磨。

(6) 打磨完毕，先关闭气动圆盘除漆除锈机开关，待打磨片停止转动后，将打磨片与打磨面脱离开。

(7) 关机后，将气源与气动圆盘除漆除锈机脱离开，然后将气动圆盘除漆除锈机清理干净，并定期检查与维护气动圆盘除漆除锈机。

技能训练　车身钣金维修工具的使用

一、设备工具准备

完成本任务，需要使用的主要设备工具有个人防护用品、手动钣金工具套装、吹尘枪、气动圆盘除漆除锈机、气动打磨机、各种变形板件。

二、钣金锤等的使用步骤

(1) 穿戴个人防护用品。

(2) 钣金锤的准备(见图3-29、图3-30)。擦净锤面及手柄上的油污，检查手柄是否松动。有必要时，打磨钣金锤表面。

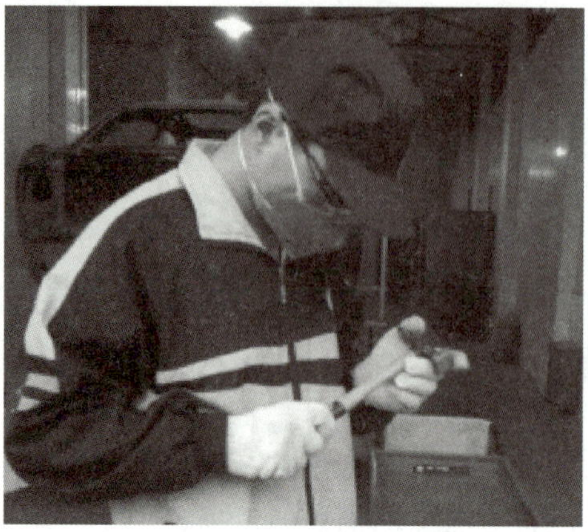
图 3-29　检查钣金锤

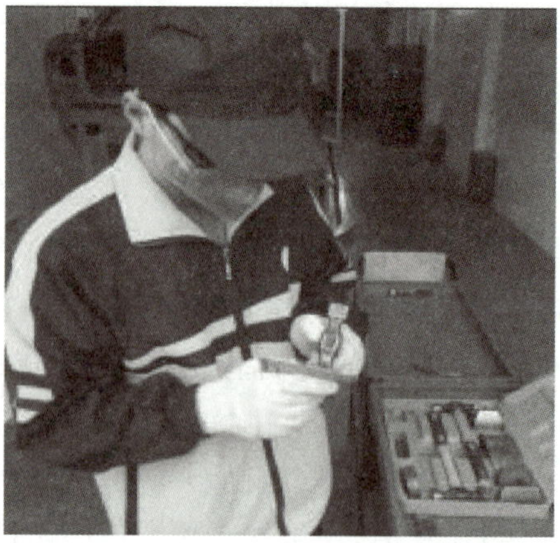
图 3-30　打磨钣金锤表面

(3) 顶铁的准备。检查顶铁的工作面是否光滑，是否存在油污、涂料以及毛刺。如有必要，对顶铁的工作面进行打磨抛光。

(4) 将板件用抹布抹干净，用直尺或直角尺判断出板件变形的位置和范围(见图 3-31)，用油性笔做出标记。

(5) 选择合适的顶铁(见图 3-32)，将顶铁放在稍偏于锤击点处，锤击点为凹凸不平表面的较高部位，顶铁位于凹凸不平表面的较低部位。

(6) 用手轻松握住钣金锤手柄的端部(手柄全长的 1/4 位置)，握锤时位于锤柄下面的食指和中指应适当地放松，小指和无名指应相对紧一些，以形成一个比较灵活的转轴。用手腕摇动的方法轻轻锤击车身构件表面，并利用钣金锤锤击板件时产生的回弹力做圆圈运动。

(7) 锤击板件时，眼睛注视板件，找准锤击落点，遵循“先大后小、先强后弱”的原则，从变形较大处开始锤打，保证锤头以平面落在金属表面上(见图 3-33)，并注意板件的结构强度，有序排列钣金锤的落点。

图 3-31　检查板件凹陷程度

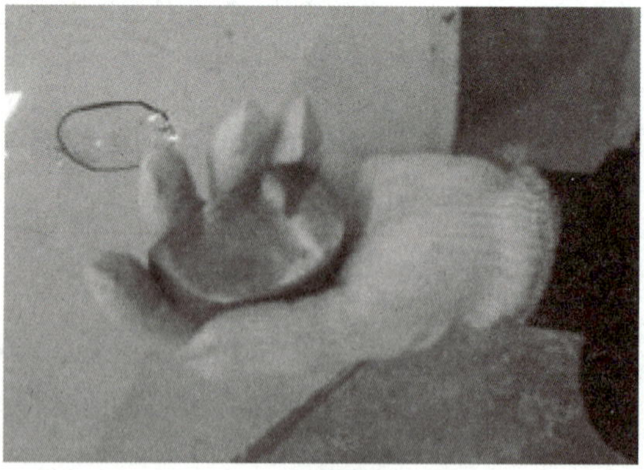
图 3-32　选择合适的顶铁

(8) 利用偏托法进行粗校正(见图 3-34)。钣金锤的锤击逐渐将凸起部分向下压，顶铁的压力使凹陷部分趋于平整。钣金锤与板件的锤击角度为 90°，锤击点为钣金锤锤面的中央区域，以上下垂直的方向进行锤击，锤击后板件表面要留下均匀的锤击记号。

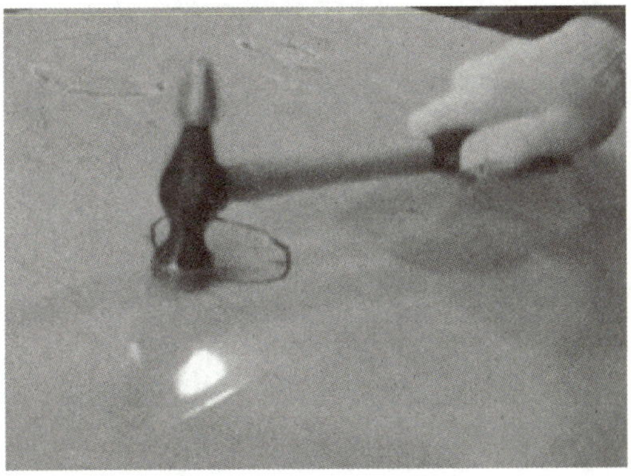

图 3-33 钣金锤的使用

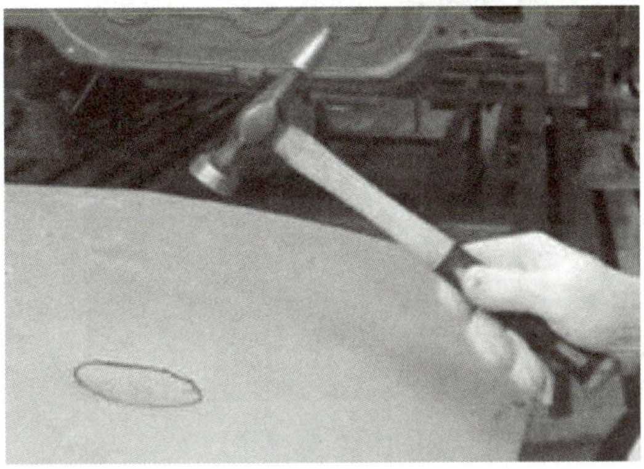

图 3-34 利用偏托法进行粗校正

(9) 完成粗校正后，利用正托法进行进一步的校正(见图 3-35)。使钣金锤与顶铁中心对正，然后进行锤击修整，握锤不宜过紧，以手腕的力量锤击，锤击的速度宜为 80～100 次/分。

(10) 敲平后用撬镐对小凹坑进行修复，然后用钢尺测量，与原板件轮廓误差应不大于 1 mm。

(11) 用车身锉刀检查敲平的板件(见图 3-36)，如果修复达不到要求，则继续运用正托法进行修整，直到板件修复质量达到要求。

(12) 修复完成后，收拾工具，清洁场地。

图 3-35 精修板件

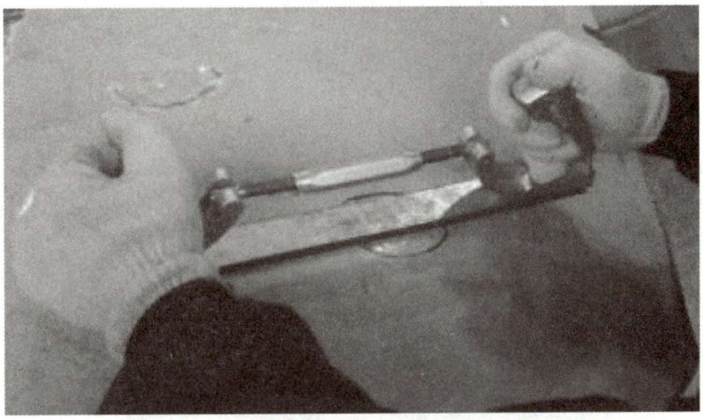

图 3-36 用车身锉刀检查修复情况

三、使用气动工具对板件进行打磨

(1) 穿戴个人防护用品。

(2) 进行板件损伤范围评估(见图 3-37)。从各个方向用手触摸板件需要修复的表面。大范围触摸未损伤区域和损伤区域，可以更容易感觉到不平的表面。

(3) 评估板件损伤程度(见图 3-38)。将直尺或直角尺置于板件需要修复的表面，比较未损伤部位和损伤部位与直尺或直角尺之间的间隙。

(4) 用油性笔画出损伤区域(见图 3-39)。

图 3-37 评估板件损伤范围

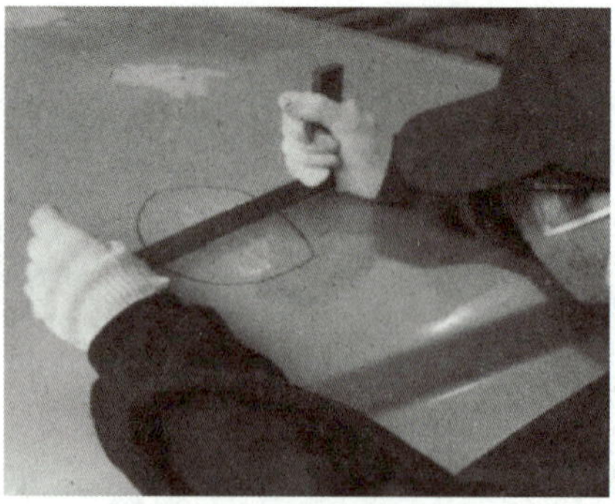

图 3-38 评估板件损伤程度

(5) 安装气动圆盘除漆除锈机。

(6) 检查气动圆盘除漆除锈机杯轮是否已安装紧固,将气动圆盘除漆除锈机与气源连接,慢慢打开气源开关,看气动圆盘除漆除锈机杯轮的转动是否正常可靠(见图 3-40)。

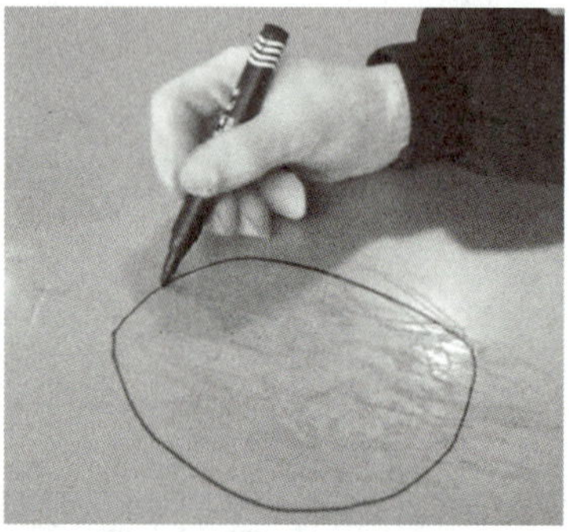

图 3-39 标记损伤区域

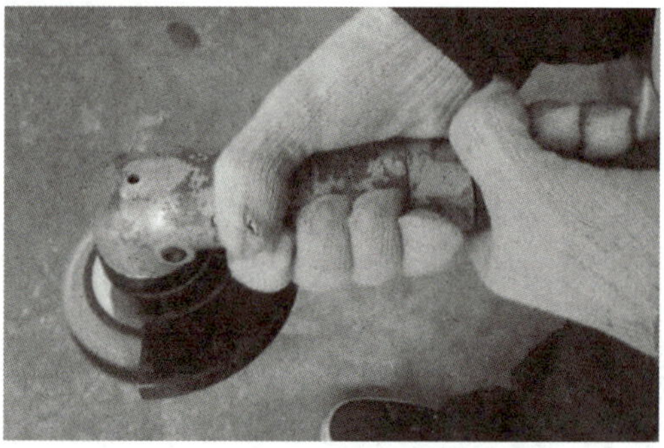

图 3-40 检查气动圆盘除漆除锈机

(7) 将损伤区域的旧漆膜去除(见图 3-41)。打磨时杯轮与板件的接触角度控制在 5°~10°范围内,按压力不能太大,否则会损伤镀锌层。根据画线指示,先将临界边缘的旧漆膜去除,再将中间的旧漆膜去除。

(8) 用吹尘枪吹去打磨微粒。使用前先检查吹尘枪,再按下快速接头,安装吹尘枪(见图 3-42)。

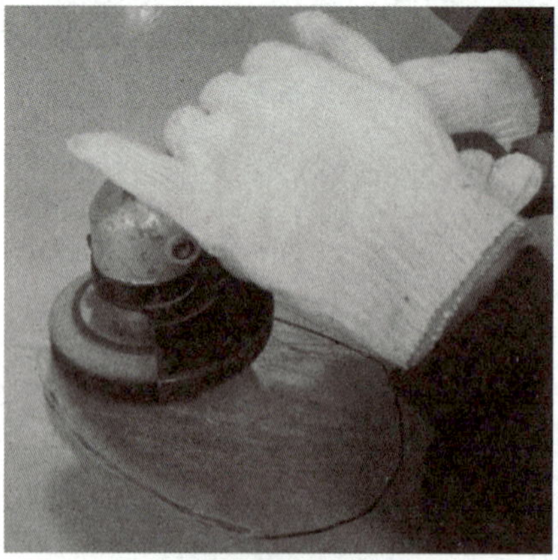

图 3-41 打磨旧漆膜

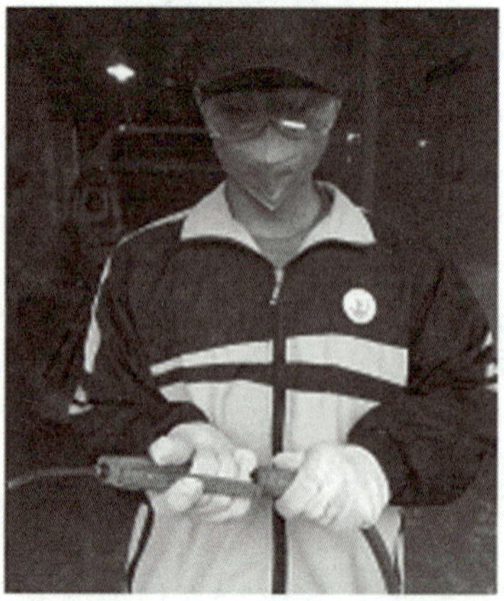

图 3-42 安装吹尘枪

(9) 使用气动打磨机进行羽状边的打磨。选用80号、120号、180号、240号砂纸进行打磨。安装砂纸时要把砂纸贴在打磨头的托盘上，砂纸的孔要与打磨头托盘上的吸尘孔对齐(见图3-43)。

(10) 打磨过程中，时刻控制打磨头与板件的角度，且用力要均匀，沿着边缘(见图3-44)从一边打磨到另一边。

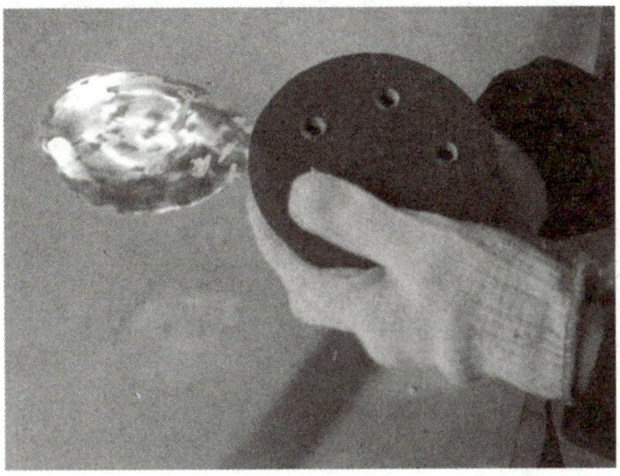

图3-43 安装打磨砂纸

图3-44 羽状边打磨

(11) 检查打磨效果(见图3-45)。打磨后用手从各个方向检查过渡是否平滑，如果过渡不平滑，要继续打磨。

(12) 棱线或边角等不好打磨时，选用带式打磨机对板件进行打磨(见图3-46)。

(13) 打磨完成后，进行吹尘(见图3-47)，收拾工具设备，进行场地清洁。

图3-45 检查打磨效果

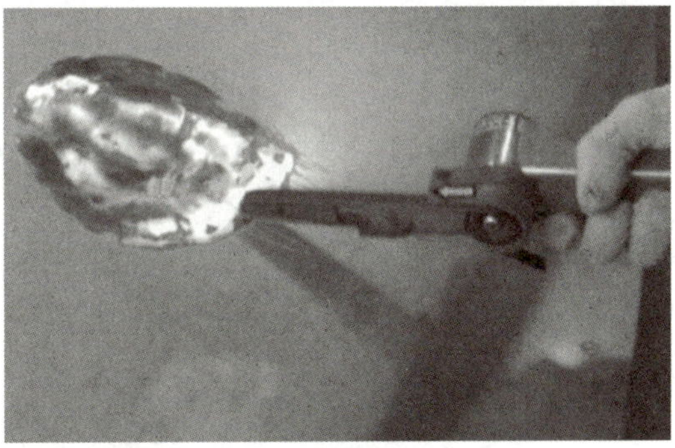

图3-46 使用带式打磨机进行打磨

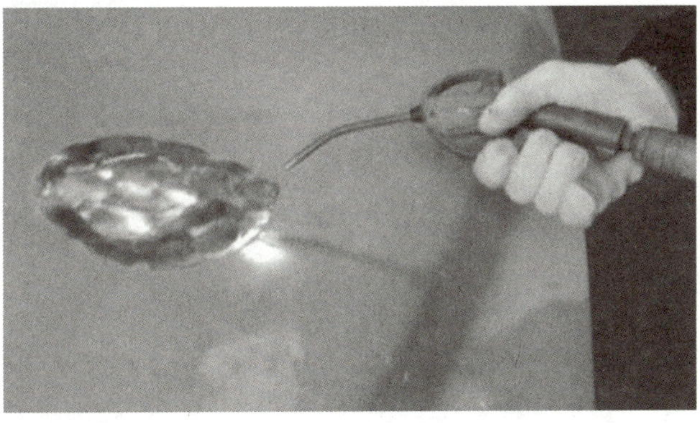

图3-47 吹尘

【课程思政】

通过对汽车车身钣金维修工具和设备的介绍，联想到中国制造装备业的发展。制造业是国民经济的主体，是立国之本、兴国之器、强国之基。18 世纪中叶开启工业文明以后，世界强国的兴衰史和奋斗史充分证明，没有强大的制造业，就没有国家和民族的强盛。打造具有世界竞争力的制造业，是我国提升综合国力、保障国家安全、建设世界强国的必由之路。

【课后习题】

选择题

1. 操作电动砂轮机打磨焊点时，不适合佩戴的安全防护用具是(　　)。

A.口罩　　B.耳塞　　C.透明防护面罩　　D.棉手套

2. 板件修复时使用车身锉刀的主要目的是(　　)。

A.整平钣金面　　B.确认凹陷处　　C.锉平板件　　D.收缩板件

3. 钣金修复时撬镐适用于(　　)。

A.板件外侧宽阔而顶铁容易伸入的部分

B.板件外侧狭窄而顶铁不易伸入的部分

C.板件内侧宽阔而顶铁容易伸入的部分

D.板件内侧狭窄而顶铁不易伸入的部分

4. 影响车身修复机点焊焊接强度的因素有(　　)。

A.压力　　B.焊接电流　　C.通电时间　　D.以上皆是

5. 双作用打磨机可用于(　　)。

A.打磨原子灰　　B.切割板件　　C.去除漆膜　　D.打磨羽状边

6. 带式打磨机可用于(　　)。

A.打磨原子灰　　B.切割板件　　C.去除漆膜　　D.打磨羽状边

7. 车身锉刀在使用时应(　　)。

A.拉动　　B.推进

C.拉动或推进均可　　D.都不对

8. 车身修复机是通过(　　)把垫圈焊接在钢板上的。

A.电弧加热　　B.电阻热　　C.火焰加热　　D.蒸汽加热

9.使用砂轮机进行打磨时所必需的劳保用品是(　　)。

A.安全绳　　B.护目镜　　C.大力钳　　D.气动锯

10.顶铁使用前应保证工作面(　　)。

A.平滑　　B.有凸起　　C.有凹坑　　D.凸凹不平

项目4 汽车车身局部变形的诊断与修复

项目任务

某车主在国庆放假当天开车回家，在高速公路匝道与另一辆并道车发生擦刮，造成车门凹陷变形。国庆后，该车主到4S店修理车门。请你熟练地使用钣金维修工具对此车门进行凹陷修复。

项目分析

车身板件使用薄钢板冲压而成，在受到外力的作用时极易发生凹陷。车身板件凹陷不仅影响美观，而且使汽车的安全性得不到保障。在修复车身板件之前，维修技术人员应该对车身板件的材料及其性质进行了解，并掌握车身板件损伤的分析方法，然后针对车身板件的损伤类型，选用合适的修复方法进行高质量的修复。

4.1 车身板件损伤分析

一、车门板件损伤类型

车身板件损伤分析

车身钣金修理的第一步是对损伤的部位进行损伤分析，修理人员必须能识别损伤的金属板件的变形形态。金属板件的损伤一般分两种，即直接损伤和间接损伤(见图4-1)。

1. 直接损伤

直接损伤是指引起碰撞的物体与金属板件直接接触而造成的损伤，通常以断裂、擦伤或划痕的形式出现，用眼睛可以看到。在所有损伤中，直接损伤占10%～20%。在维修中一般不对直接损伤的部位进行修理，对直接损伤部位的修复通常使用塑料填充剂，且在填充过程中间接损伤也得到修理。

2. 间接损伤

碰撞除导致直接损伤外还导致间接损伤。在所有损伤中，间接损伤占 80%～90%。各构件所受到的间接损伤基本相同，如产生弯曲、受到压缩等。间接损伤又分为单纯铰折、凹陷铰折、凹陷卷曲、单纯卷曲。车身板件以卷曲损伤较多见。

(1) 单纯铰折(见图 4-2)。单纯铰折是指金属板件沿着一条线均匀弯曲，金属板件上部受拉而产生拉伸变形，下部受压而产生压缩变形，中间层不发生变形。

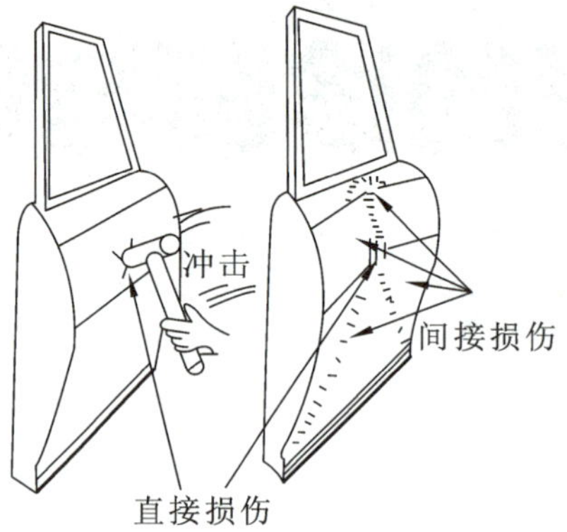

图 4-1　车门板件的损伤类型

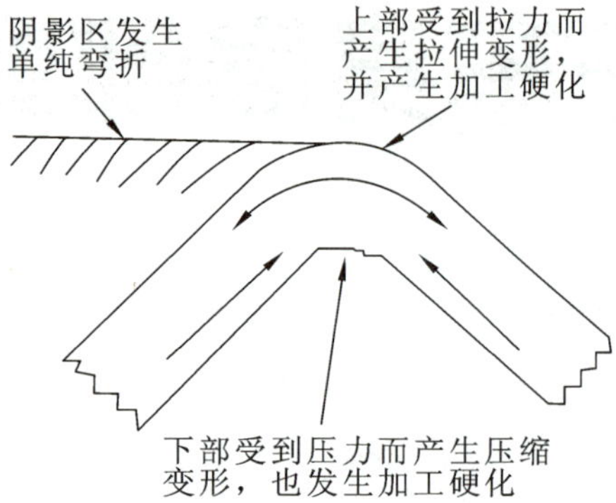

图 4-2　单纯铰折

(2) 凹陷铰折(见图 4-3)。凹陷铰折是指箱形截面弯曲，中心线处没有强度，顶部凹陷，底部铰折，侧面产生折皱(结构梁、门槛板、风窗支柱、中立柱、车顶梁等)。

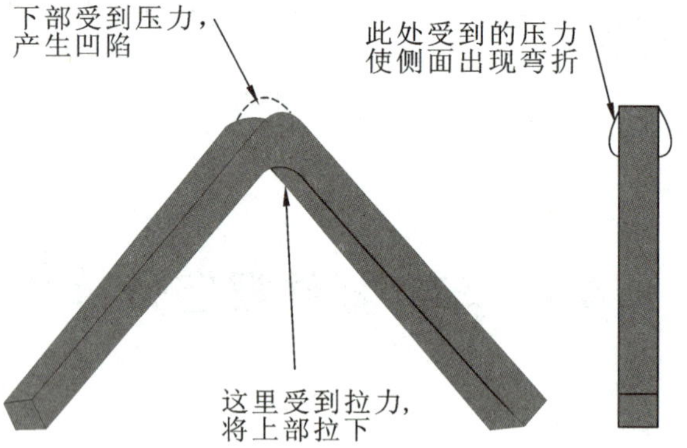

图 4-3　凹陷铰折

铰折部位存在很严重的加工硬化，校正时首先对铰折部位进行加热以消除应力，然后拉伸板件，直到凹陷铰折消除，板件恢复原状。

(3) 凹陷卷曲(见图 4-4)。凹陷卷曲是指金属板件的内部向外翻卷，使折损部分长度增加。

(4) 单纯卷曲(见图 4-4)。单纯卷曲是指发生凹陷卷曲时，在凹陷部位旁发生的折损。它与凹陷卷曲形成箭头形。

车身修理人员应该掌握间接损伤的四种类型，能够快速分辨车身板件发生了哪种间接损伤，根据实际损伤情况制定出合理的修复方案。

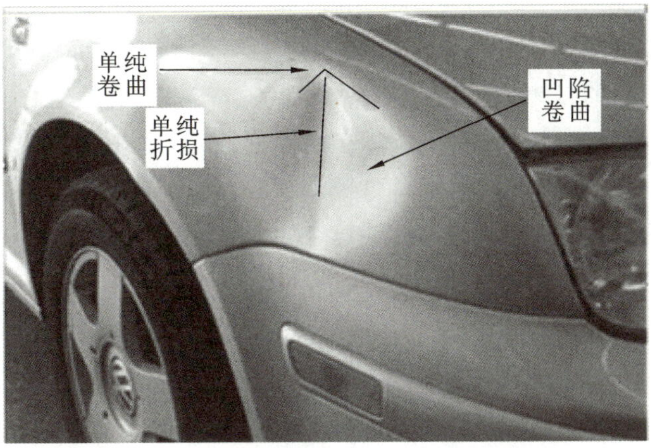

图 4-4 凹陷卷曲和单纯卷曲

3. 拉伸区和压缩区

各种金属板件拱起程度不同，拱形高的金属板件称为高拱形金属板件，拱形接近平坦的金属板件称为低拱形金属板件。当低拱形金属板件受损时，金属板件被拉入损伤的中心部位。这个拉力使金属板件低于它原来的高度，低于原来高度的损伤区域称为拉伸区，金属板件上任何超出原来高度的损伤区域都称为压缩区，如图 4-5 所示。

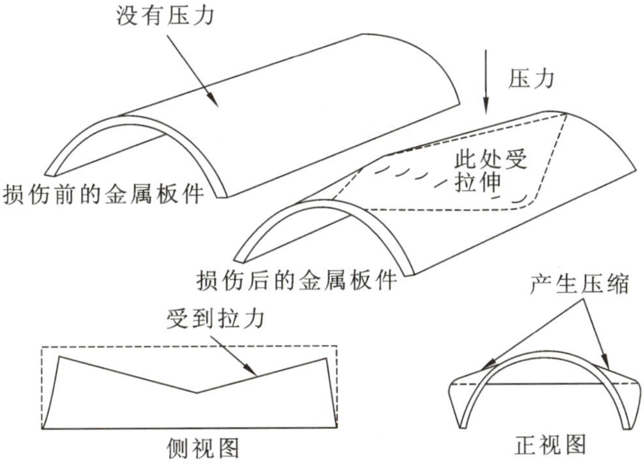

图 4-5 拉伸区和压缩区

判断金属板件产生的变化时，应考虑金属板件在损伤前压缩或拉伸的状况。校正时，先要确定受损部位受到的是拉力还是压力，然后才可确定修理的方法和使用的工具。不能用锤子敲打拉伸区，也不能用顶铁敲打压缩区的内侧，要根据受力的性质来决定需要施加的力。另外，当受损部位存在压缩区时，不能在此部位使用塑料填充剂。

二、板件凹陷修复程序

车身板件发生卷曲进行修复时，首先要找到损伤的方向，碰撞引起的损伤的方向和碰撞方向相反，通过目测检查就可以找出碰撞引起的损伤的方向，但在金属板件重叠的情况下，问题变得复杂。

卷曲总是从最先发生接触的位置向外传播。当有两到三个部位出现这种损伤时，情况变得更加简单——它们的汇聚点就是最初的碰撞点。

在修理时，基本的原则是：最后的损伤要最先修复，最先的损伤要最后修复。在图 4-6 中，离直接损伤点最远的位置 1 要最先进行修理，然后修复离直接损伤点最远的位置 2，以此类推，把损伤全部修理好。对于直接损伤部位 10，要用塑料填充剂修理。

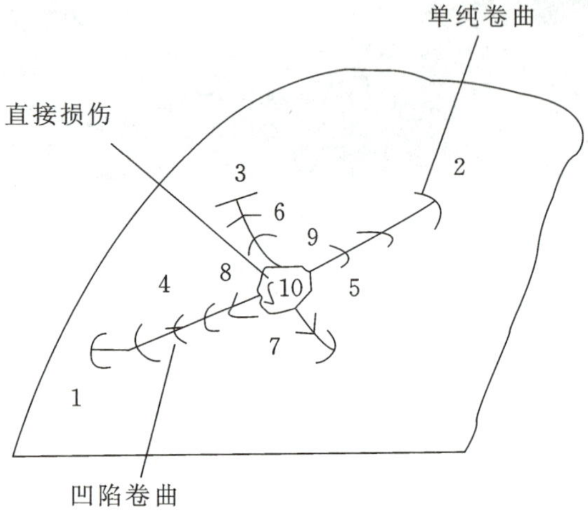

图 4-6　凹陷修复过程

4.2　车身板件损伤修复

一、车身板件的修复方法

车身板件损伤修复

金属板件在碰撞中严重受损时，因厚度变薄、表面积变大，在皱折处会受到拉伸。大多数拉伸发生于直接损伤部位的拱形处、凹陷处和皱损处，受到拉伸的表面高于原来金属板件的表面，在修理时需要对这些变形进行收缩处理，使超出原来高度的部位恢复到原来的形状和厚度。

1. 免喷漆修复法

汽车凹陷是指车体受到外力的碰撞时，汽车表面产生的凹坑、凹陷。对于汽车凹陷，在没破坏损伤原车漆的情况下，利用凹陷修复技术，可以进行保持原车漆的完美修复。

免喷漆修复具有不伤漆面的优点。经评估，可以免喷漆修复的，可酌情选用不伤漆面钣金修复套装、气动钣金牵引器或者熔胶拉拔器进行整形修复。

（1）气动钣金牵引器修复。

修复原理是运用压缩空气将气动钣金牵引器的橡胶吸盘吸附在被修的板件上，运用外力使弹性变形区恢复原形，如图 4-7 所示。

橡胶吸盘的下端面紧贴汽车外层蒙皮后，按下扳柄，利用螺钉盘将橡胶吸盘中部提起，在橡胶吸盘和汽车外层蒙皮之间形成的真空便可将橡胶吸盘与汽车外层蒙皮紧紧吸附在一起。这种修复方法仅适用于修复弹性变形面积较大的凹陷损伤。

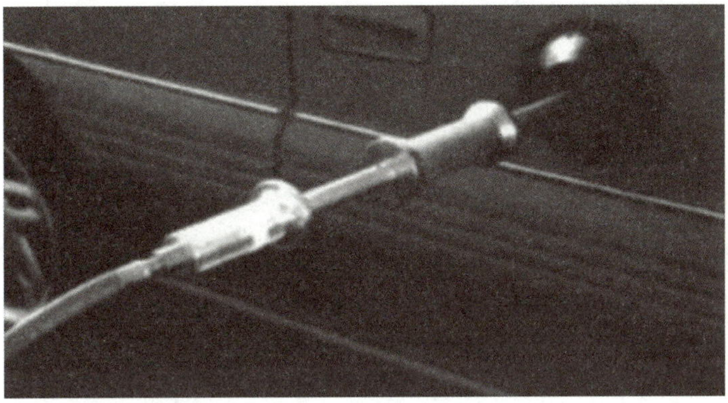

图 4-7 气动钣金牵引器修复板件

(2) 熔胶拉拔器修复。

熔胶拉拔器主要用于修复板件上无法从内部进行修复的 10 mm×10 mm 左右无漆损伤的小凹坑。修复原理是运用热熔胶将熔胶拉拔器吸附在被修的板件上，运用外力将弹性变形区恢复原形。操作方法是清洁漆面、熔胶、黏结塑料拉钉、拉拔整形、去除热熔胶，如图 4-8 所示。

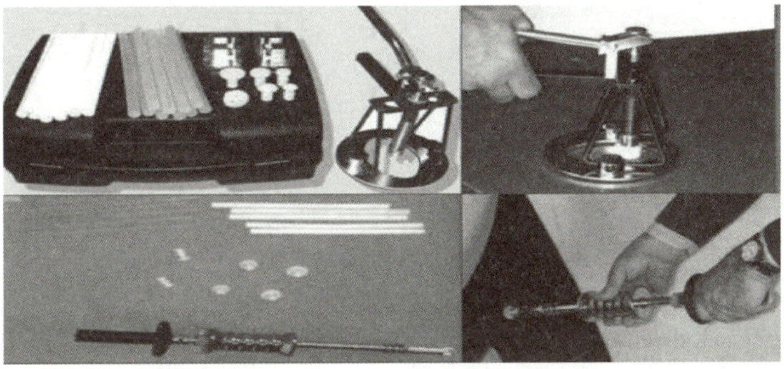

图 4-8 熔胶拉拔器修复板件

2. 钣金手动工具修复法

受损板件上的凹陷较浅时，可以利用钣金锤和顶铁，将凹陷部位碾平到原来形状。板件上的金属在被往里推挤的过程中，在撞击点两侧逐渐形成凹陷，这个凹陷通常在撞击点附近最深，并在凹痕的周围形成凸起，如图 4-9 所示。

碾平时，把顶铁紧贴在凹陷外缘的下面，然后用钣金锤的平面锤头以轻度到中度的力量在凸起部位外端最靠近顶铁的地方敲击，如图 4-10 所示。钣金锤平面锤头的敲击迫使凸起部位的端部逐渐降低，而压住顶铁的压力使凹陷部位鼓起。

采用偏托法时，慢慢向弯曲变形最大的凹陷中部和凸起中部敲击，如图 4-11 所示。由于凹陷和凸起处压力在逐渐减小，周围发生弹性变形的部位也趋于恢复到原来的形状。顶铁也可作为敲击工具，用于将凹陷处恢复原状。

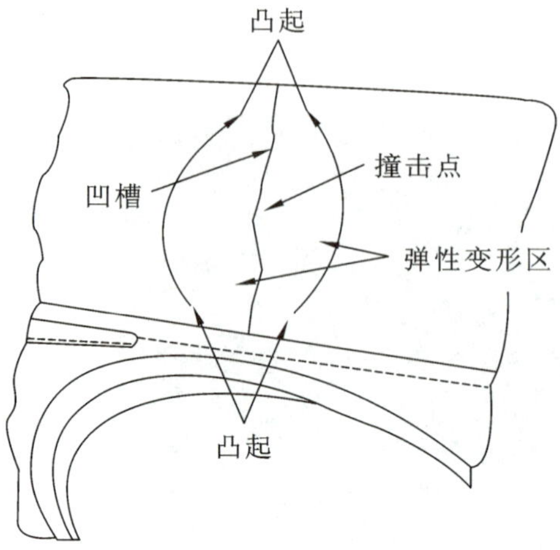

图 4-9　板件凹陷变形

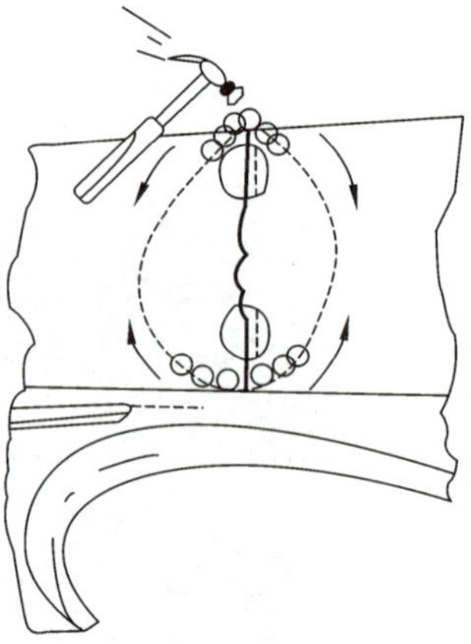

图 4-10　钣金手动工具修复板件操作（一）

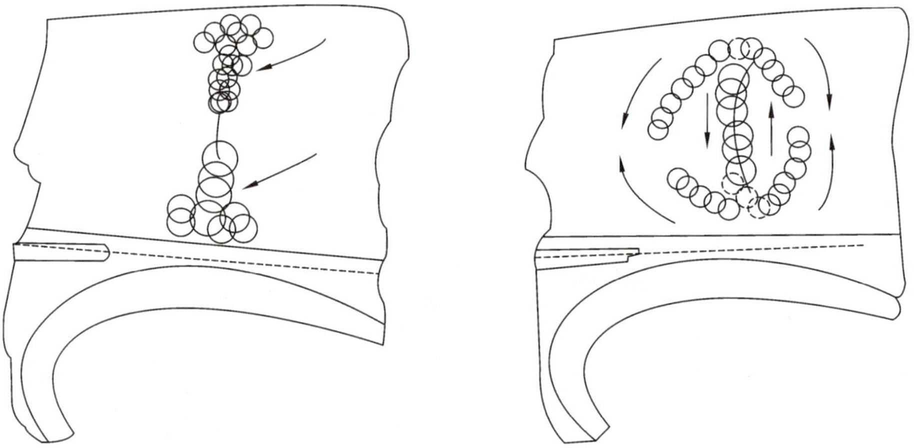

图 4-11　钣金手动工具修复板件操作（二）

当凹陷部位被敲起来时，如果顶铁不移动，则凹陷和凸起部位仍会存在过多的压应力。为了消除这些压应力，顶铁敲打工作必须做得更多。

损伤部位大致恢复到原来的形状后，应采用正托法进行修光和修平，然后做最终修整和填料处理。

3. 外形修复机修复法

修复车身板件难以使用手动工具进行操作时，可用具有电流调整性能的外形修复机（见图 4-12）。它可以很轻松地把板件上的凹陷部位拉出来。外形修复机可以通过焊接垫圈、焊钉、螺柱、星形焊片等进行拉伸修复，还可以使用铜触头和碳棒进行收火操作。

圆环形介子主要在板件受损程度较轻、凹陷不深的情况下使用；钥匙形焊拉片主要针对受损板件的线条或边缘，在凹陷较深的情况下使用；蛇形焊拉条主要针对板件凹陷较浅的线形损伤；三角介子主要用于大整形后的微修复，配合滑锤拉拔器使用；碳棒可对板件进行加热、收火作业。外形修复机使用步骤如下。

（1）用主机的转换开关选择所需要的作业方式。

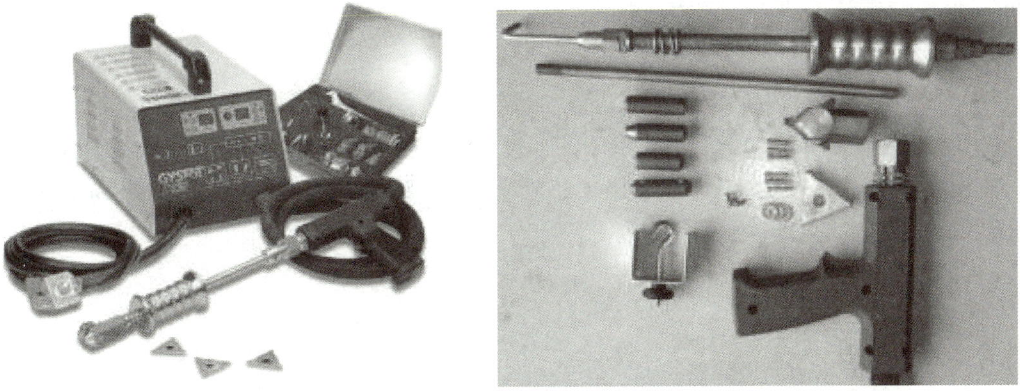

图 4-12 外形修复机及其附件

（2）把搭铁线连接到离损伤部位比较近的地方，用搭铁夹钳夹住金属板件。

（3）打磨需要焊接垫圈的损伤部位。

（4）把垫圈安装到焊枪上，用垫圈抵住金属板件，力度要适中，否则会焊接不牢或爆出火花。按下焊枪开关，通电后垫圈焊接在金属板件上，如图 4-13 所示。

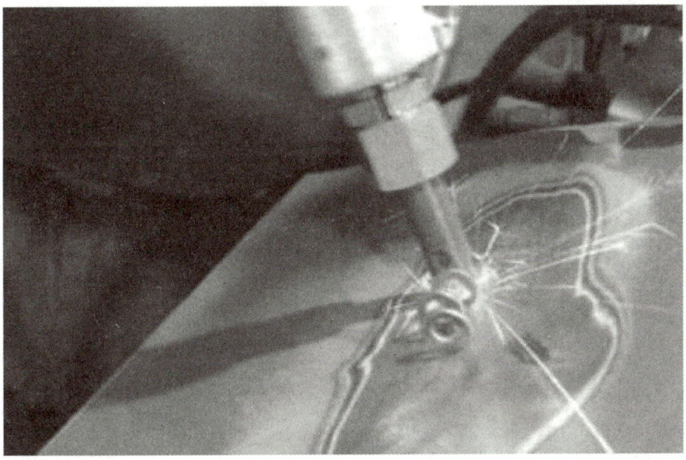

图 4-13 焊接垫圈

（5）使用拉出器对金属板件凹陷部位进行拉伸修复。

（6）拉伸修复操作完成后，在盘式打磨机上安装打磨砂纸，轻轻对金属板件进行打磨，把焊接印记打磨掉。

（7）对金属板件上去除涂层的部分进行防腐处理，对金属板件上焊点的反面和搭铁部位进行处理。

二、金属板件的收缩

对金属板件进行校正后，金属板件有延展的现象，这就要求对金属板件进行收缩。在进行金属板件收缩操作前，尽量将损伤部位校正到与原来的形状相近，这样修理人员才可以准确地判断出损伤部位是否受到拉伸，如果存在拉伸，就应该进行收缩。金属板件的收缩有两类方法：敲击收缩法和加热收缩法。

1. 敲击收缩法

(1) 收缩锤和收缩顶铁敲击收缩法。

采用收缩锤(见图 4-14(a))和收缩顶铁(见图 4-14(b))进行收缩时，收缩锤不在收缩顶铁上敲击。收缩锤要快速轻敲，且应沿着拱形表面的最低点逐步朝着拱形的最高点敲击，以保证每次敲击的都是拱形的最低位置。

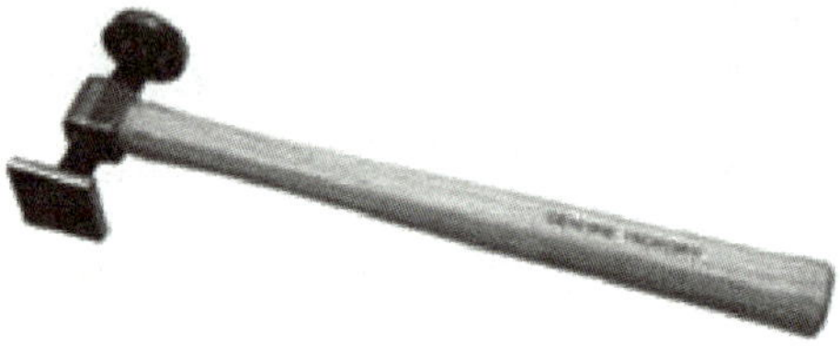

(a) 收缩锤

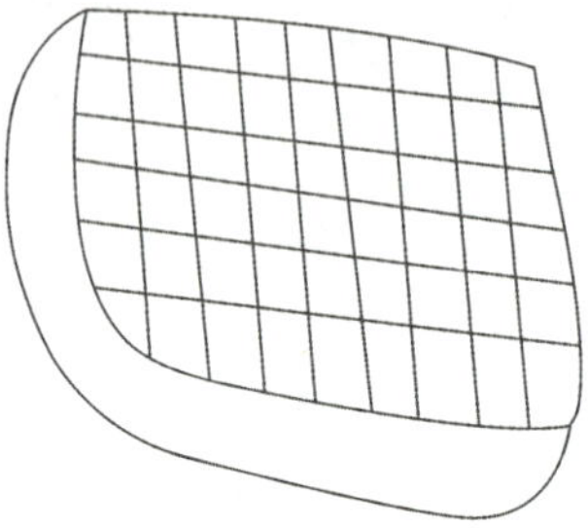

(b) 收缩顶铁

图 4-14　收缩锤和收缩顶铁

用收缩锤(内侧选平面顶铁)或收缩顶铁(外侧选平面锤)敲击板件的过程中，收缩锤或收缩顶铁端面上的花纹能使被锤击的板件表面随之发生微小的多面变形。这种因敲击再次发生的微小变形，将板件表面拉紧，使板件表面收缩，中间隆起也随之消除。

应用冷作法进行收缩时，要十分注意板件的形态变化，要有针对性地调整敲击点的位置、范围、力度、疏密度等，当接近完成时，一般还要做一次精平。

(2) 起皱收缩法。

起皱收缩法(见图 4-15)是处理拉伸变形的一种方法，它并不使金属发生加热收缩变形，而是用手锤和顶铁在拉伸变形部位做出一些皱来。操作时使顶铁错位，用手锤轻轻敲击使拉伸变形部位起皱。起皱的部位会比其他部位略低。用填料填满后，再用车身锉刀和砂纸将这一部分打磨至和板件的其他部分齐平。

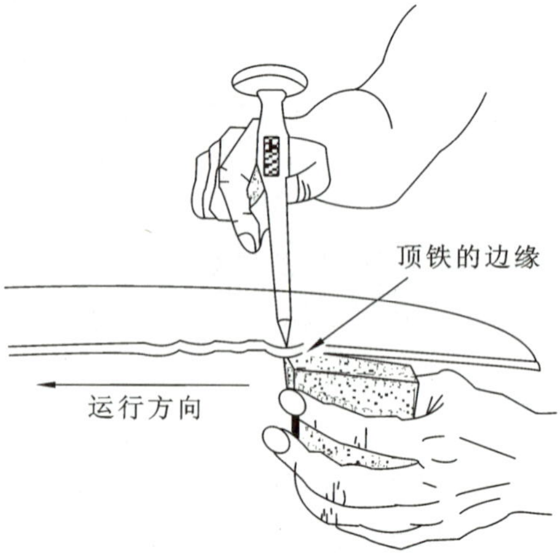

图 4-15　起皱收缩法

2. 加热收缩法

加热收缩法如图 4-16 所示。快速加热板件凹陷处中点，在温度升高过程中加热部位向周围区域膨胀，对周围区域产生压力。当温度继续上升时，板件局部变红变软，解除了中心区域压力的作用，使周围区域恢复变形。烧红区域被压缩而变厚，周围区域可以自由变形伸展恢复原状。对于加热点，可以喷水或用湿布贴覆，使加热部位突然冷却，板件随之立即收缩，中心部位产生对周边的拉伸载荷，强力将周边向中心拉伸，拉伸载荷与变形过程中产生的压缩载荷相抵消，凹陷处从而恢复原来形状。

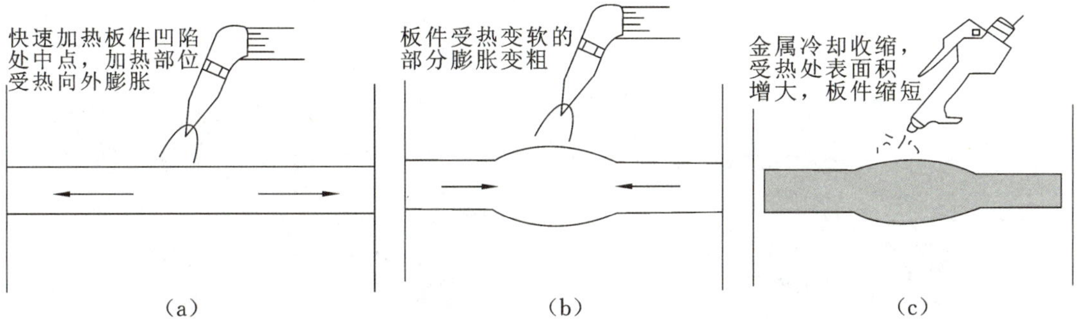

图 4-16　加热收缩法

3. 碳棒加热收缩法

碳棒加热收缩法如图 4-17 所示。碳棒加热的区域为一定直径范围内的圆圈状点，故碳棒加热又称点状加热。一般用外形修复机碳棒加热功能，一边加热一边用压缩空气吹冷。

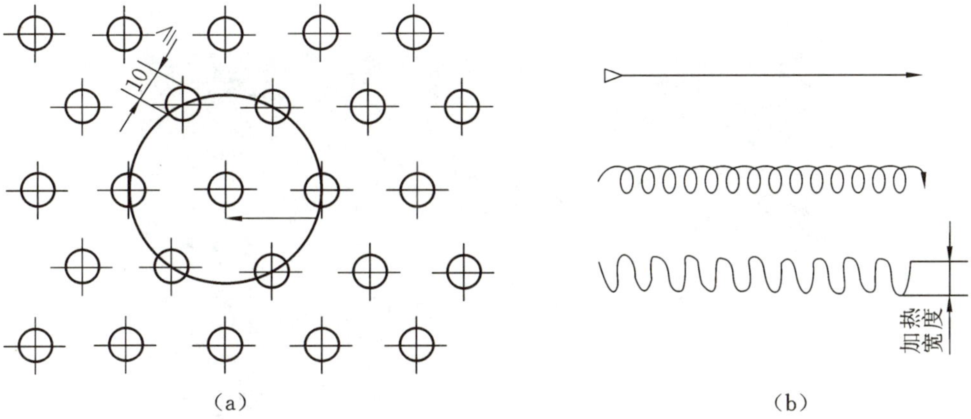

图 4-17　碳棒加热收缩法

技能训练　车门板件损伤修复

一、设备工具准备

完成本任务，需要使用的主要设备工具有变形的车门板件、免喷漆修复工具、气动圆盘除漆除锈机、带式打磨机、外形修复机、基本工具、个人防护用品。

二、注意事项

(1) 佩戴防尘眼镜、防尘口罩和手套。

(2) 检查打磨机是否已安装牢固、接好气源接头，检查开关是否有效。

(3) 目测需要打磨区域的范围，确定打磨的方式。

三、车门板免喷漆修复

(1) 检查损伤，借助灯光找出凹陷的点，如图 4-18 所示。先将灯管放在待修板件的上方或侧面，让灯管与待修板件呈垂直状态。

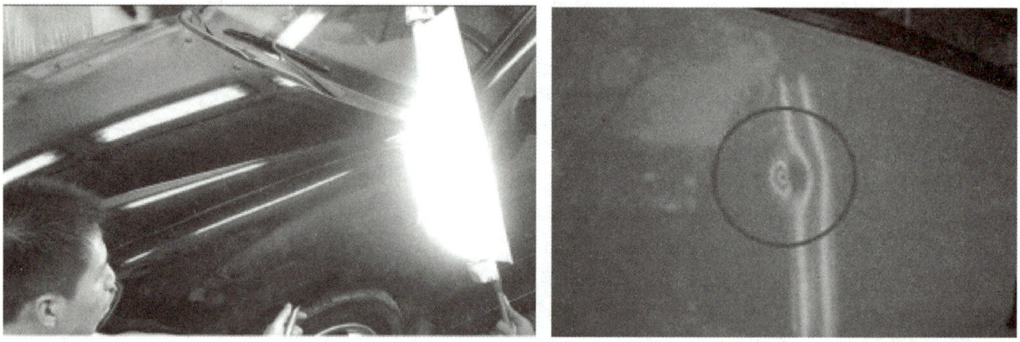

图 4-18　检查车身板件损伤

(2) 清洁车身板件(见图 4-19)。清洁车身板件损伤表面，清洁后不要再次污染板件表面，保证热熔胶能够很好地起黏结作用。

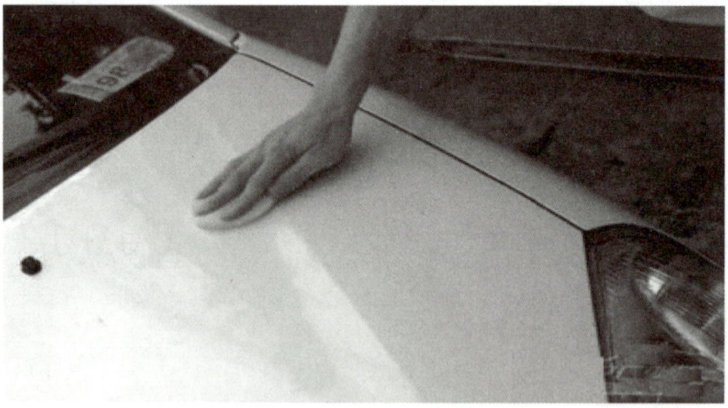

图 4-19　清洁车身板件

(3) 标记损伤(见图 4-20)。使用油性笔在需要拉拔的碰撞点做标记。

(4) 熔胶(见图 4-21)。接通黏结剂枪的电源，将热熔胶棒插到枪里等 4～5 分钟，热熔胶棒变成液体状后才能使用。

(5) 黏结拉拔接头(见图 4-22)。选用的接头的直径要和凹陷直径相符。把热熔胶涂到接头圆弧表面上，将接头放到碰撞点上进行黏结。注意：热熔胶只要能填平凹陷部位就行，不能太多；不能用太大的力量按接头，否则黏结不牢。

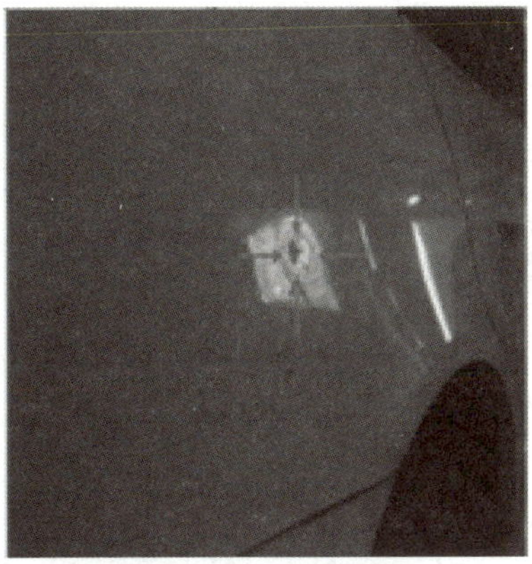

图 4-20　标记损伤

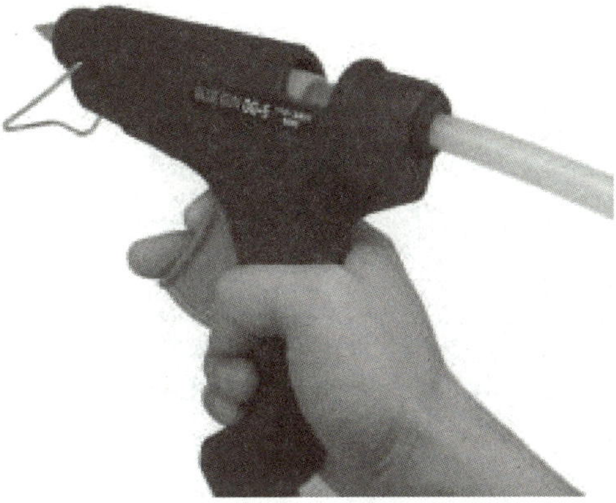

图 4-21　熔胶

(6) 拉拔修复凹陷部位(见图 4-23)。等接头上的热熔胶冷却后，对凹陷部位进行拉拔修复，具体操作是：将拉拔器和拉拔接头连接，用垂直于板件的力量进行拉拔修复。

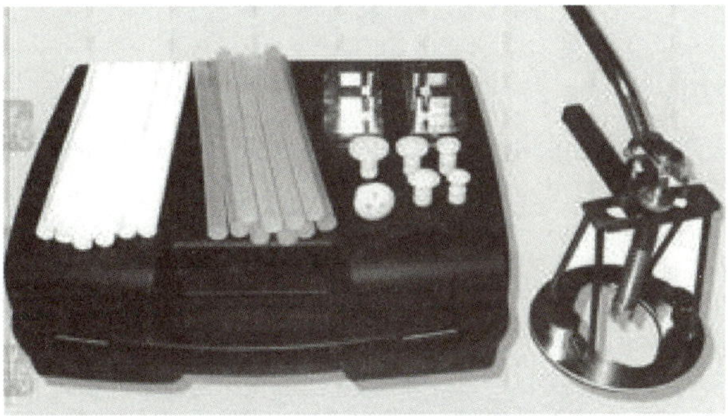

图 4-22　黏结拉拔接头

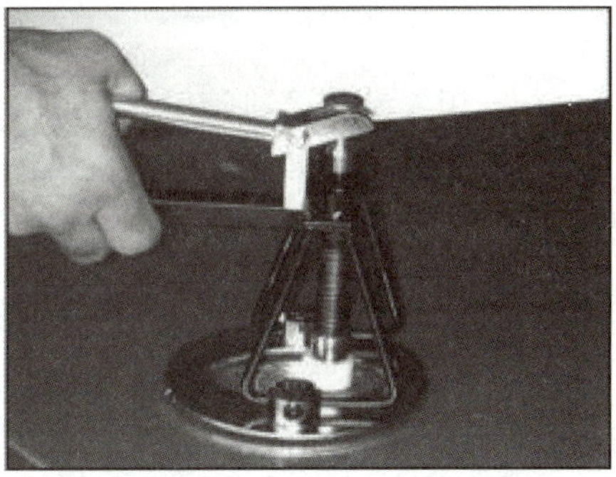

图 4-23　拉拔修复凹陷部位

(7) 去除热熔胶，当修复好的部位的油漆表面有细微的磨损时，可用研磨膏进行研磨抛光，最终修复到与原先外观没有区别，如图 4-24 所示。

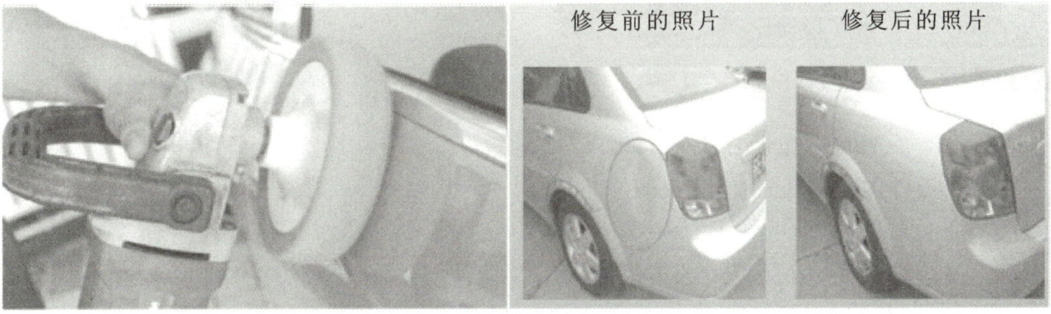

图 4-24　去除热熔胶，研磨抛光

四、车门板件外形修复机修复

(1) 穿戴好个人防护用品。

(2) 安装外形修复机的滑锤，并用扳手把焊枪螺母拧紧，如图 4-25 所示。

(3) 对凹陷部位进行观察、测量(见图 4-26)、分析，用油性笔在板件上画出变形区域。

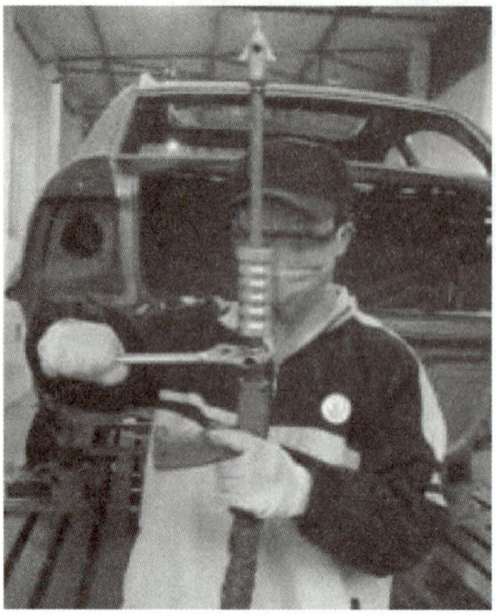

图 4-25　安装外形修复机的滑锤，拧紧焊枪螺母

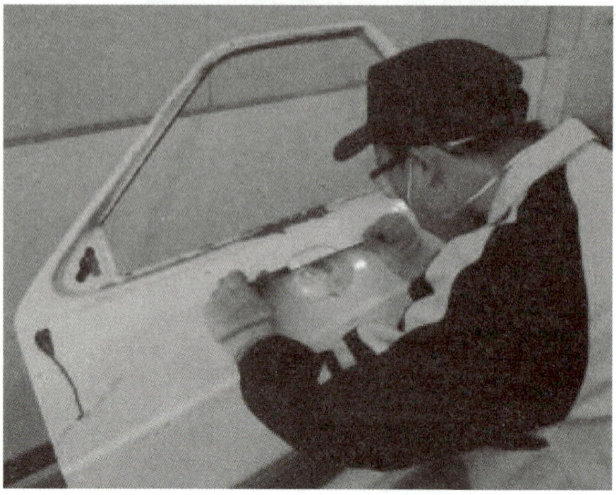

图 4-26　测量板件变形程度

(4) 用气动打磨机清除凹陷部位的油漆层，如图 4-27 所示。

(5) 检查打磨效果(见图 4-28)。经常检查磨料是否清洁，是保证打磨效果最好、最有效的方法。如果磨料有黏结，应用刷子清除。

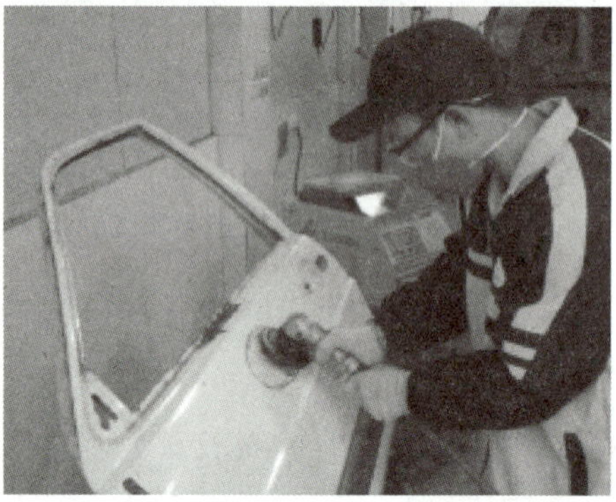

图 4-27　除去凹陷部位的旧漆

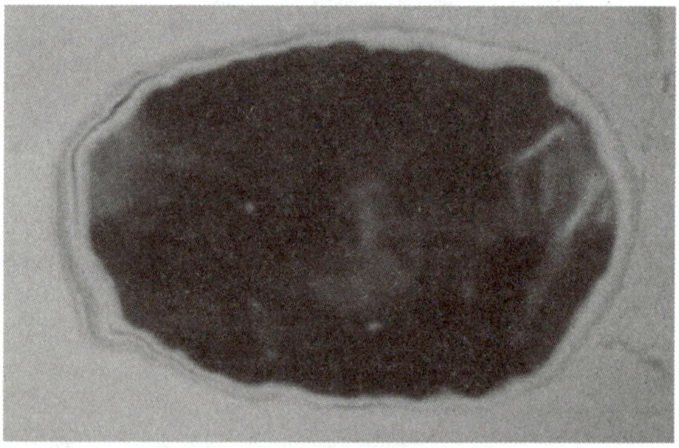

图 4-28　检查打磨效果

(6) 打磨后用吹尘枪吹去磨灰，如图 4-29 所示。

(7) 在板件的门边处打磨搭铁区域，如图 4-30 所示。

(8) 把工具还原，放入工具箱中。

(9) 安装搭铁线，用大力钳把搭铁线固定在板件搭铁区域，如图 4-31 所示。

(10) 开机并调整外形修复机，确定合适的焊接参数(见图 4-32)，进行试焊。

(11) 对凹陷部位进行焊接、拉伸，用钣金锤进行整形修复，如图 4-33 所示。修复板件凹陷部位时，从凹陷部位的边缘进行拉伸，然后配合钣金锤进行整形，将凹陷部位逐步抬升，最后进行精修。

(12) 检查修复后板件的外观(见图 4-34)，外观应平整无穿孔。

(13) 如果板件修复处有弹性变形，那么要对整形部位用碳棒进行收火(见图 4-35)。

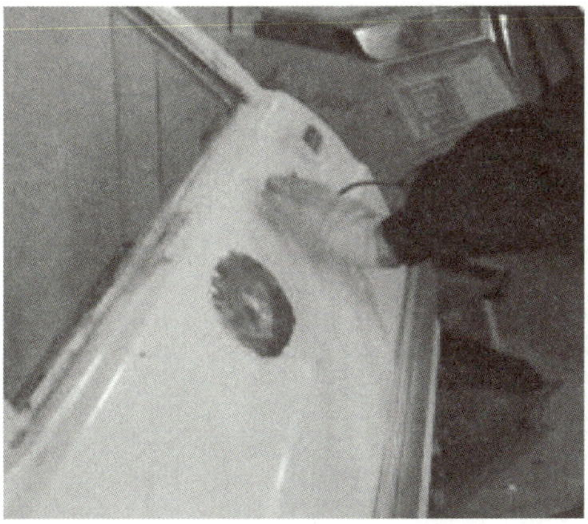

图 4-29 用吸尘枪吹去磨灰

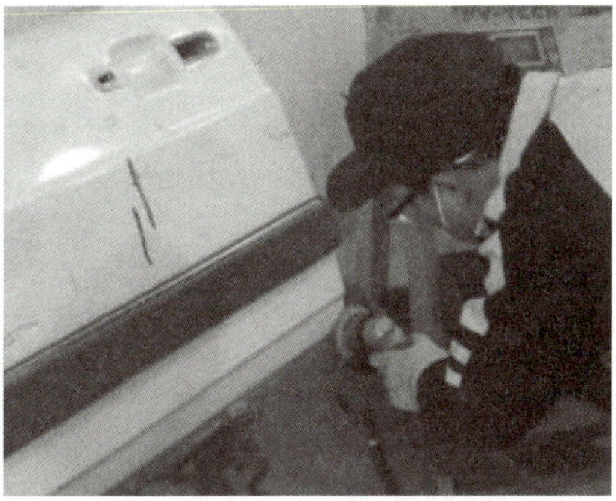

图 4-30 打磨搭铁区域

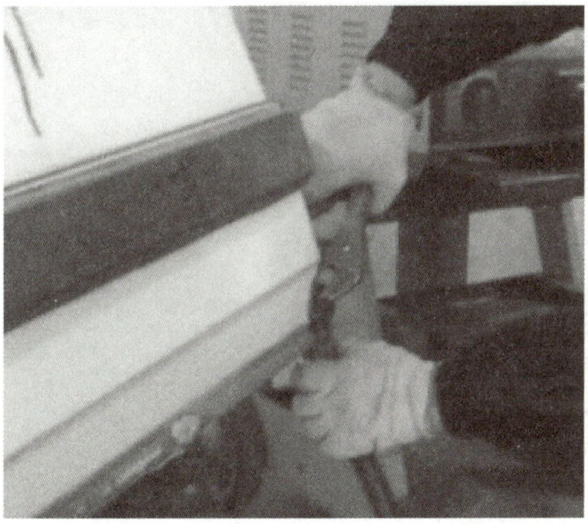

图 4-31 固定搭铁线

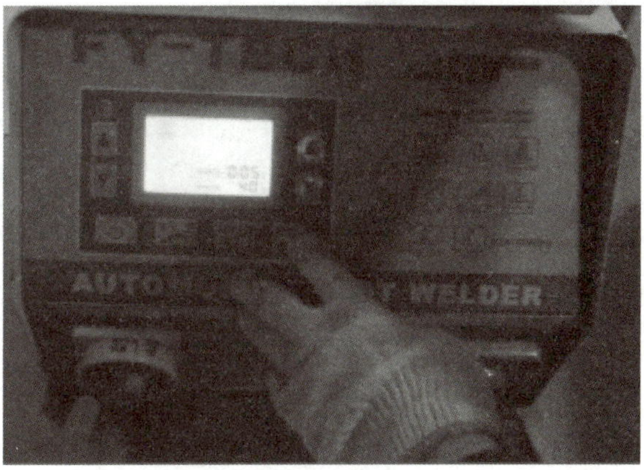

图 4-32 调节焊接参数

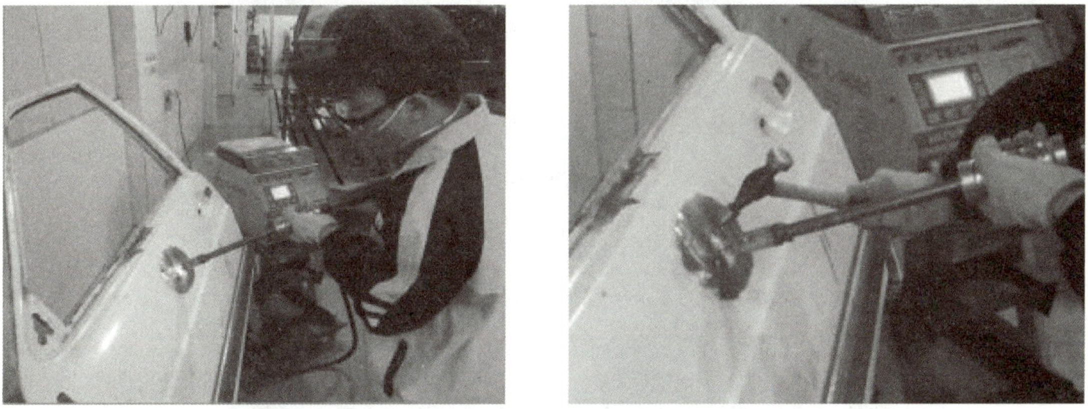

图 4-33 用滑锤拉伸凹陷部位，用钣金锤进行整形修复

（14）用直尺或直角尺对整形部位进行测量（见图 4-36），凹陷尺寸相比原板件平面在 1 mm 以内，并用车身锉刀检查修复后板件的平整度。

（15）对修复部位进行打磨，除掉整形留下的痕迹，如图 4-37 所示。

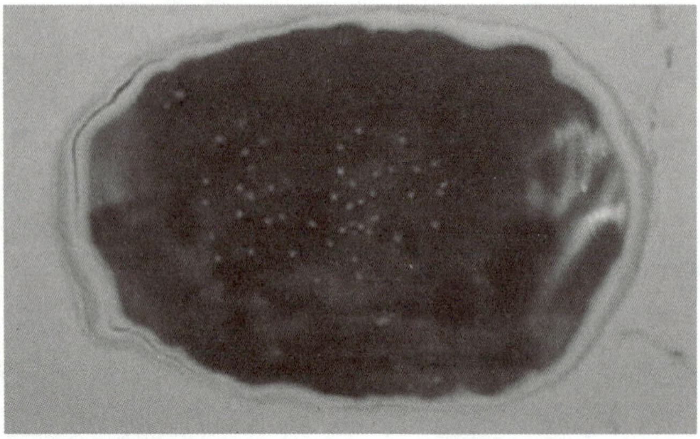

图 4-34　检查修复处外观

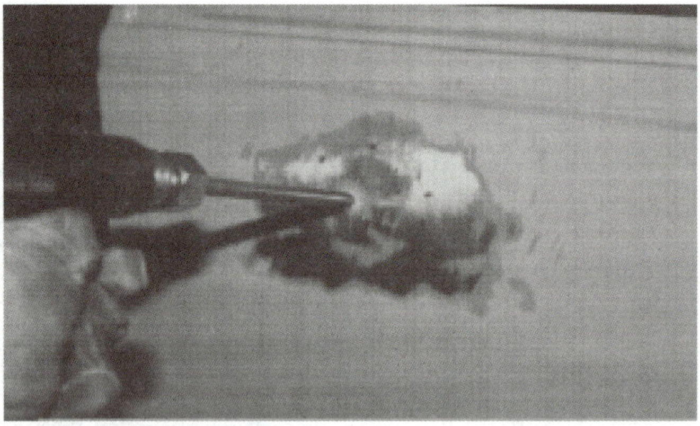

图 4-35　碳棒收火

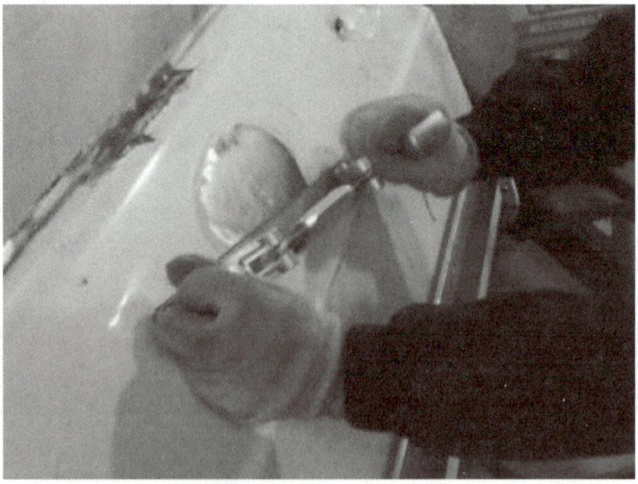

图 4-36　修复尺寸检测

（16）用吹尘枪吹尘。

（17）清洁除油，修复完成后关闭外形修复机，整理工具并清洁场地。

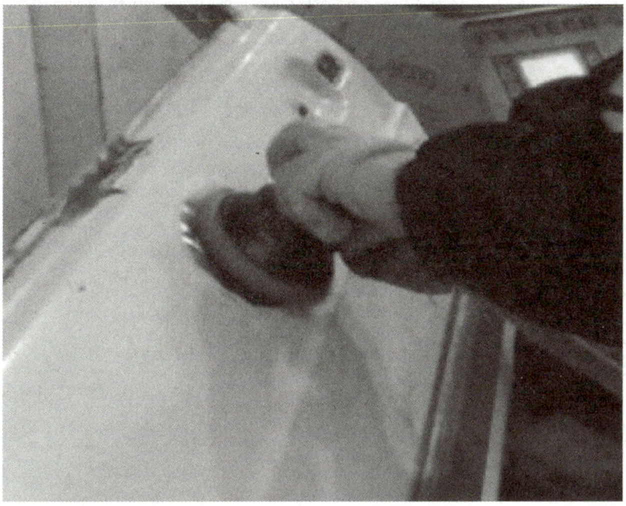

图 4-37 打磨整形部位

【课程思政】

“学技术是其次，学做人是首位，干活要凭良心”是胡双钱的座右铭，也是他工作生涯的写照。胡双钱是中国商飞上海飞机制造有限公司的高级工程师，坚守航空事业岗位数十年，加工过数十万个飞机零件，从没有出现过一个次品。胡双钱对质量的坚守，已经融入他的血液中。他心里非常清楚，一次错误就可能意味着巨大的损失，甚至是以生命为代价。胡双钱自己归纳的对比复查法和反向验证法非常实用，在飞机零件制造岗位上，数十年来没有出过一次差错。胡双钱曾连续十二年被评为“质量信得过岗位”，同时被授予产品免检荣誉证书。胡双钱不仅制造零件精益求精，还特别能攻坚克难。在 ARJ21 新支线飞机项目中大型客机项目的研制、开发、试飞阶段，会产生许多特制件，而这些零件无法进行大批量、规模化生产。因此，钳工是进行零件加工最直接的方法。胡双钱攻坚克难，创新工作方式，圆满完成了 ARJ21-700 飞机起落架钛合金作动筒接头特制件制孔、C919 大型客机项目平尾零件制孔等各种特制件的加工工作。胡双钱曾荣获全国五一劳动奖章和全国劳动模范、全国道德模范等光荣称号。

【课后习题】

一、判断题

1. 在整体车身结构上，热轧钢板的应用比冷轧钢板多。(　　)

2. 车身结构性部件一般采用高强度钢制造。(　　)

3. 只要车门护板的轻微损坏不影响车门的对准或车门的功能，车门就可以继续使用。(　　)

4. 在修理中对钢板进行加热的目的是消除钢板内部的应力，而不是软化钢板以便修理。(　　)

5. 当钢铁经过机械加工产生塑性变形后，钢铁的内部结构将变得散乱，从而造成强度不

均，此时可借助回火处理来整顿钢铁的内部结构，改善钢铁的机械性能。（　　）

二、选择题

1. 车门护板已经凹陷或产生其他变形，（　　）。

A.应该低温加热维修车门护板

B.应该更换车门护板

C.修理后只要不影响尺寸就可以继续使用

2. 高强度低合金钢的加热温度不能超过（　　）℃。

A.360～480　　B.370～480　　C.370～490

3. 车门板件上有一条划痕，其中直接损伤所占的比例是（　　）。

A.80％　　B.50％　　C.10％～15％

4. 直接碰撞点应（　　）修理。

A.最先　　B.在中间阶段　　C.最后

5. 对板件进行热收缩时，要先从（　　）开始。

A.最高点　　B.中间位置　　C.最低点

项目 5

汽车车身测量技术

项目任务

某车在遭到碰撞后严重变形，经初步分析，车身重要结构件已受损。若对该车进行校正修复，则在校正修复前必须对车身进行测量。现对车身进行测量，记录车身变形数据作为校正的依据。

项目分析

汽车发生碰撞后，车身发生了变形，安装各个总成的构件或支架不仅遭到破坏，而且还可能改变了位置，超出了允许偏差，造成机械部件的移位，使转向和操纵不畅、传动系统产生振动和噪声、零件过度磨损。因此，当车身发生碰撞变形时，必须首先对碰撞车辆进行测量，然后根据车身损伤变形的状况进行校正。

5.1 车身机械测量系统

一、常规测量工具

修理人员常用的测量工具有钢卷尺（见图 5-1）和钢板尺，这两种尺可以测量两个控制点之间的距离。将钢卷尺的前端进行加工，插入控制点（多为孔）进行测量，会使测量结果更为精确。两个控制点之间有障碍将会使测量结果不准确，这时就需要使用轨道式量规。

汽车车身测量技术基础

二、量规测量系统

量规主要有轨道式量规、中心量规和麦弗逊撑杆式中心量规等多种，它们既可以单独使用，也可以互相配合使用。轨道式量规多用于测量点与点之间的距离，中心量规用来检验部

图 5-1　钢卷尺

件之间是否发生错位，麦弗逊撑杆式中心量规可以检验麦弗逊悬架支座（减振器支座）是否发生错位。

1. 轨道式量规

轨道式量规（见图 5-2）一次只能测量一对控制点，得到一个尺寸。在测量时，记录下每一个测量尺寸，并与另外两个控制点进行交叉测量对比检验，且至少进行一次对角线测定。用轨道式量规测量的最佳位置为悬架和机械元件上的焊点、控制孔等，它们对于部件的对中起着关键性作用。修理车身时，车身上部的测量可以大量使用轨道式量规进行，对于一些小的碰撞损伤，用这种方法既快速又有效。对关键控制点必须用轨道式量规反复测定并记录，以监测维修进度，防止车身过度拉伸。对这些控制点必须多次地进行测量并作记录，在进行每一步修复工作时，测量结果都应记录下来，包括刚刚校正过的尺寸。

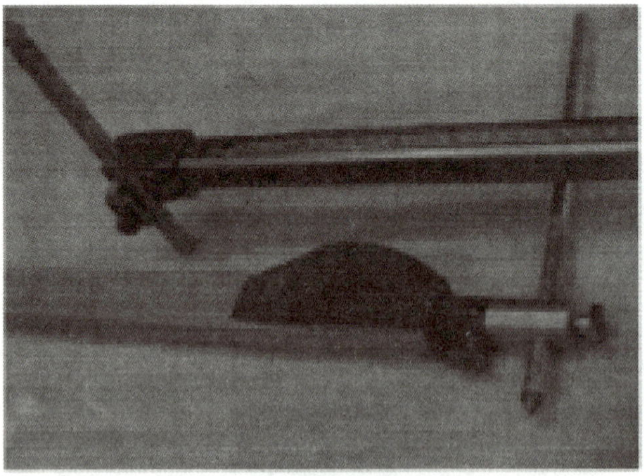

图 5-2　轨道式量规

在车身构造中，大多数的控制点实际上都是孔、洞，而测量尺寸一般是测量中心点至中心点的距离。用轨道式量规对孔进行测量时，锥形测头起到自定心的作用。一般控制孔的直径比轨道式量规的锥形测头要小，为了用轨道式量规进行精确测量，在控制孔的直径相同时，就需采用同缘测量法，即两个控制孔直径相同时，孔中心的距离就是两个孔同侧边缘的距离。

轨道式量规进行点对点测量示意图如图 5-3 所示。

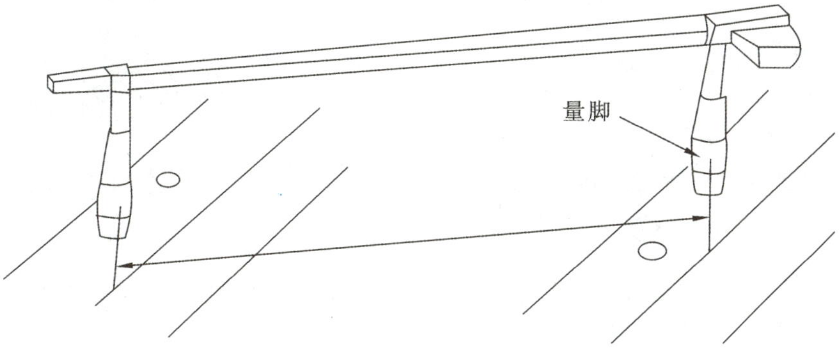

图 5-3 轨道式量规进行点对点测量示意图

2. 中心量规

最常用的中心量规(见图 5-4)是自定心中心量规。自定心中心量规的结构同轨道式量规很相似，但它不是用来测量的。自定心中心量规可安装在汽车的不同位置上，在自定心中心量规上有 2 个由里向外滑动时总保持平行的横臂，可使自定心中心量规在汽车上不同的地方安装时做任意横向的调整。自定心中心量规(通常为 3 或 4 个)悬挂在汽车上后，每一个横臂相对于自定心中心量规所附着的车身结构都是平行的。将 4 个自定心中心量规分别安置在汽车的最前端、汽车的最后端、前轮的后部和后轮的前部，用肉眼根据投影就可判断出车身结构是否准直。在车身底部安装自定心中心量规如图 5-5 所示，自定心中心量规的测量效果如图 5-6 所示。

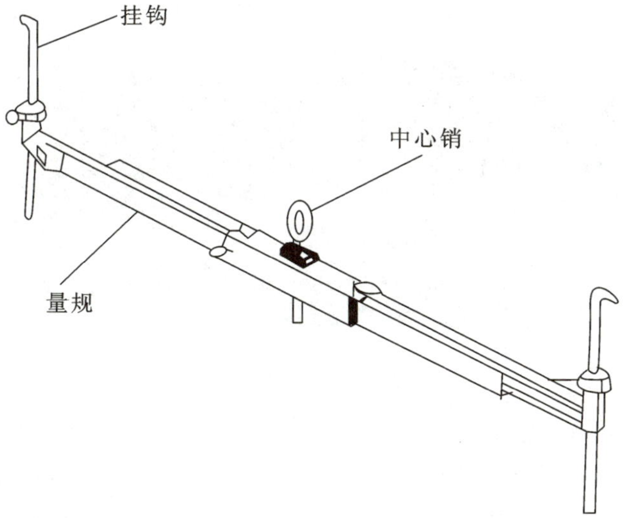

图 5-4 中心量规

自定心中心量规的测量原理是找到车辆的基准面、中心面和零平面等基准，找出它们的偏移量。在车身维修中，使用自定心中心量规只能做一个大体的分析，它不能显示测量的具体数据。对于具体到每一个尺寸的变形量的测量，需要使用通用三维测量系统。

图 5-5　在车身底部安装自定心中心量规

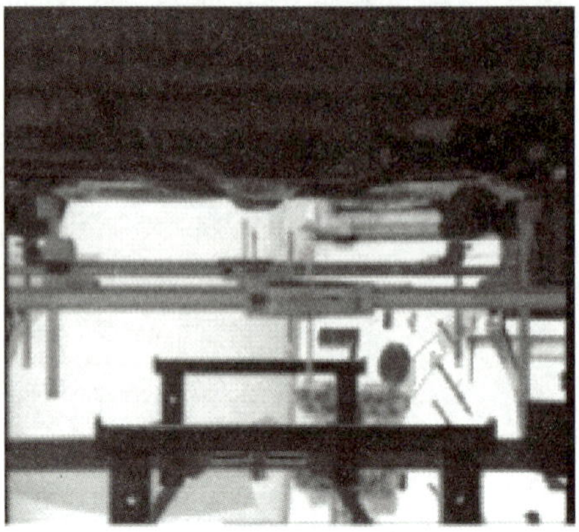

图 5-6　自定心中心量规的测量效果

3. 麦弗逊撑杆式中心量规

麦弗逊撑杆式中心量规(见图 5-7)包括一根上横梁和一根下横梁。下横梁上有一个中心销和两个测量指针。测量指针装在可调节的套管中，用于将麦弗逊撑杆式中心量规安装到减振器拱形座或车身上部位置。上横梁一般是从中心向外标定的。

使用麦弗逊撑杆式中心量规可以检测出减振器拱形座或车身上部部件相对中心线平面和基准面的不对中情况。它一般安装在减振器的拱形座上，用于观察车身上部的对中情况，还可以用来检测散热器支架、中立柱和后侧围板等的不对中情况。

图 5-7　麦弗逊撑杆式中心量规

测量指针有两种类型：锥形和倒锥形。倒锥形测量指针带有槽口，以方便在车身上安装麦弗逊撑杆式中心量规。测量指针一般用蝶形螺钉固定在套管上，测量指针的长度有很多种，以适应不同长度的测量。在使用不同长度的测量指针安装麦弗逊撑杆式中心量规时，标尺的读数是不一样的。

三、三维机械测量系统

1. 三维测量原理

车身三维测量即测量车身某一点相对长度、宽度和高度的数据。使用直尺测量数据，要有一个零点作为尺寸的起点。同理，车身三维测量也必须先找到长度、宽度和高度的测量基准，只有找到测量基准，测量才能顺利进行。

（1）基准面。

基准面（见图5-8）是一个假想的表面，与车身底板平行并与车身底板有固定的距离。生产厂家测得的高度尺寸都是以它为基准得来的，它也是在修理过程中用来测量高度的主要测量基准。基准面被用来作为车身上所有垂直轮廓测量的参照面，汽车高度尺寸数据就是基于基准面得到的测量结果。

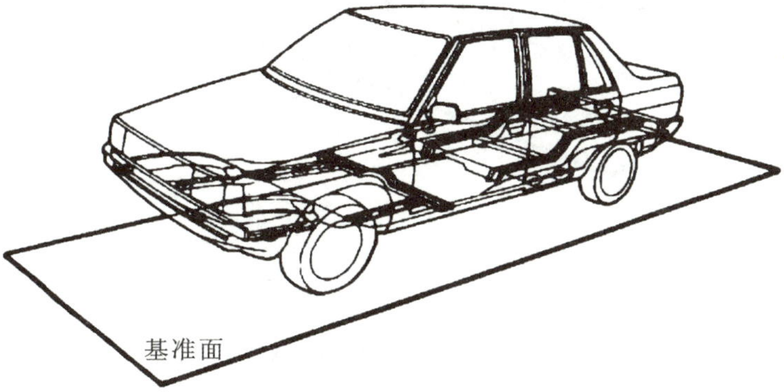

图5-8 基准面

（2）中心面。

中心面（见图5-9）将汽车分成对等的两个部分：驾驶员一侧和副驾驶一侧。汽车的所有宽度尺寸都是以中心面为基准测得的。从中心面到车身右侧某点的尺寸与从中心面到车身左侧相对应点的尺寸是完全相同的。

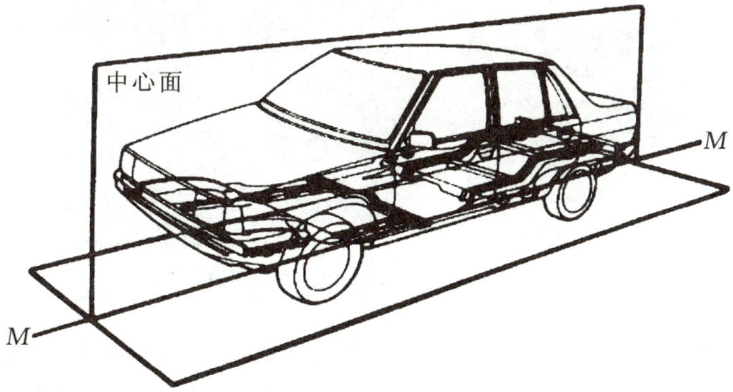

图5-9 中心面

(3) 零平面。

为了正确分析汽车的损伤情况，一般将汽车看作一个方形结构并将其分成前、中、后三个部分，这三个部分的基准面称作零平面(见图 5-10)。这三个部分在汽车的设计中已形成，在碰撞中汽车中部受到的影响最小。不论是传统的车架式车身还是整体式车身，中部区域都是一个具有相当大强度的刚性平面区域。这一刚性中心区域可用来作为观测车身结构对中情况的基础，所有的测量及对中观测结果都与零平面有关。

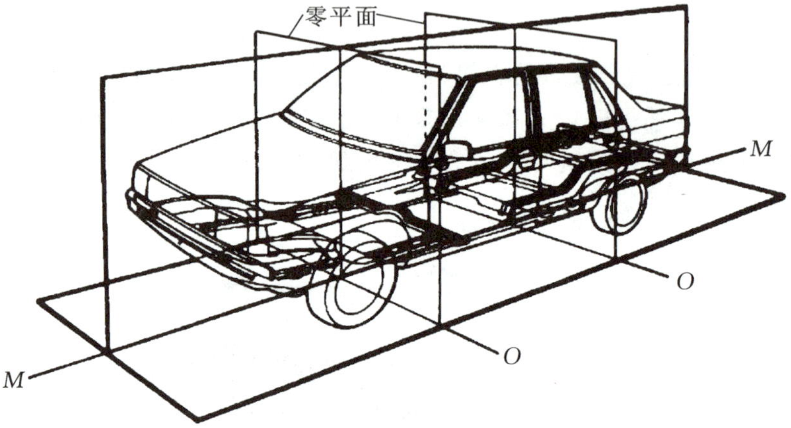

图 5-10　零平面

2. 通用三维机械测量系统

通用三维机械测量系统在现代车身修理中得到广泛应用，使一部分测量工作变得更容易和更精确。使用最多的通用三维机械测量系统是门式通用三维机械测量系统和米桥式通用三维机械测量系统(见图 5-11)。

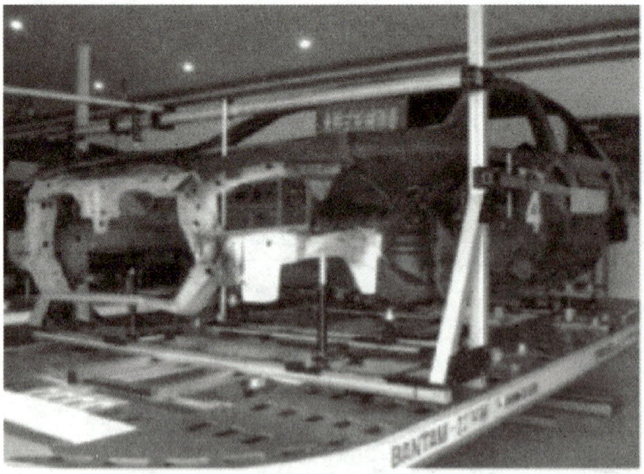

图 5-11　米桥式通用三维机械测量系统

在使用通用三维机械测量系统时，只要使通用三维机械测量系统绕车辆移动，就能检查所有基准点。与使用其他测量系统比较，操作者能很快地确定车辆上每个基准点的位置。

汽车车身数据图识图

如果车辆上的基准点所在的位置与标准车身数据图给出的位置不同，则说明车辆上的基准点可能发生了变形。测量前,应正确地安装三维机械测量系统的各个部件,用测量探头(指针)来测量基准点。如果基准点不在正确位置,则测得的车辆尺寸是不正确的。一般情况下,应先将不在正确位置的基准点恢复到事故前的标准值,然后才能对其他点进行测量。

米桥式通用三维机械测量系统的组成(见图 5-12)主要分为三大部分,即底部米桥尺、横尺及测量探头、门型立尺及上横尺。大多数三维机械测量系统均把几对测量探头(指针)固定在一个精确的测量架上,建立起车辆和测量系统的基准,在测量桥或测量架上定位好测量系统的测量探头(指针),这样就可以同时测量受损车辆上的多个基准点。米桥式通用三维机械测量系统还包含有很多辅助测量头和固定器,以适应车身上不同位置的孔、螺栓等测量位置。

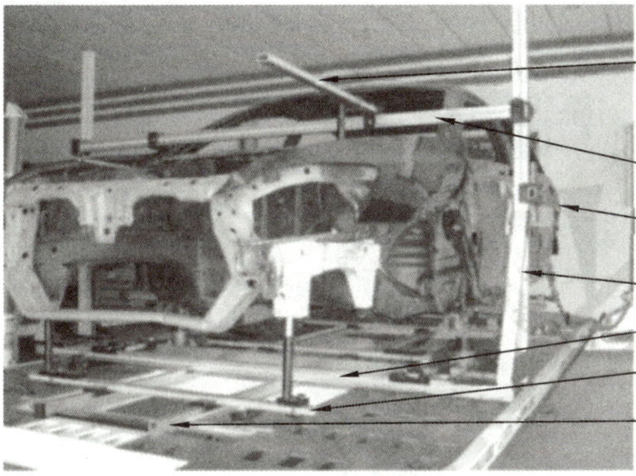

图 5-12 米桥式通用三维机械测量系统的组成

5.2 车身电子测量系统

车身电子测量系统使用计算机和专门的电子传感器来迅速、便捷地检测车身结构的损伤情况。好的车身电子测量系统能够在车身拉伸校正过程中给出实时的测量数据。车身电子测量系统计算机的数据库中储存着不同厂家、不同年代的车身数据,车辆的标准车身数据图可以随时被调出。车身电子测量系统可以自动地将实际的测量值与标准值进行比较,不用再去人工翻查数据手册或记录测量值——它们都在计算机屏幕上显示出来了。

汽车车身电子测量技术

一、半机械半电子测量系统

半机械半电子测量系统的测量工具是一个类似轨道式量规的测尺,测尺上安装了位移传感器。测尺可以电子显示测量的高度、长度两个方向的数值,一次只能测量两个控制点之间的高度和长度,然后通过有线或无线方式把数据传输到计算机的软件系统内,计算机软件系统把测得的数据与系统内的标准数据进行对比,给出测量的结果。

这种测量系统类似于机械测量的量规尺,只不过测量探头部分安装了位移传感器。它在测量中每次只能测量一个控制点，或两个控制点之间的位置参数，不能同时测量多个控制点，同时不能将控制点数据的变化及时地反映出来，需要不断反复测量不同的控制点来确定相关尺寸的正确性，操作比较烦琐，效率较低。

二、半自动电子测量系统

半自动电子测量系统（见图 5-13）也被称为角位移测量系统，使用自由臂方式进行测量，自由臂由一节节可以转动的关节连接，每两个关节之间的部分可以在一个平面内 360°转动，自由臂从而可以实现三维的移动，可以移动到空间的任意一个位置。在自由臂的连接处有角度位移传感器，任何一个关节转过的角度都会被记录、传输到计算机中。自由臂每个关节之间的长度都是固定的，计算机会计算出自由臂端部到达的空间位置的三维数据。

图 5-13　半自动电子测量系统

半自动电子测量系统在测量中每次只能测量一个控制点，有的测量自由臂的端部是测量指针，控制点变形后测量结果不准确。在实际拉伸修复中经常要同时监控多个控制点，而半自动电子测量系统不能做到多个控制点同步测量，只能做到适时测量而不是实时测量，每次拉伸后再进行控制点的测量，而不能随着拉伸的进程随时监控数据变化，容易导致过度拉伸而使修复失败。计算机接收系统在测量前需要进行调平，在测量过程中接收器的任何移动都会导致基准变化，从而使测量数据不准确。

三、全自动电子测量系统

1. 激光测量系统

激光测量系统（见图 5-14）由反射靶、激光器和计算机等组成，使用起来相对比较容易，而且非常精确。它采用激光测量技术，用两个准分子激光器发射激光并把激光投射到反射靶上，每个反射靶上有不同的反射光栅，通过反射光栅反射的激光束测量得到数据并传输到计算机中，由计算机计算得到控制点的空间三维尺寸。

将车辆装到校正架上，在车辆的中部下面放置激光器，然后将激光器的电缆插头插到计

图 5-14 激光测量系统

算机上。按照计算机的提示选择合适的反射靶、标杆和磁性安装头，并安装到车辆的控制点上。

为了测量车身上部的各控制点，在悬架拱形座上安装一个专用支架。当量针接触减振器拱形座上特定的点时，由支架底部的反射靶反射的激光就可以被激光器读取。

在车辆上安装好激光器和反射靶之后，使用计算机对激光测量系统进行标定，然后再读取车辆的尺寸，通过一系列的计算机命令，激光测量系统就可以完成对结构损伤的精确测量。

2. 超声波测量系统

全自动电子测量系统中目前应用最广泛的是超声波测量系统(见图 5-15)。它的优点有：测量稳定、准确，可以实现瞬时测量，操作简便、高效。该系统可以为车辆的预检、车辆修理中的测量和车辆修理后的检验等提供有效的帮助，也用在二手车辆交易中的车身检验工作。

图 5-15 超声波测量系统

（1）超声波测量原理。超声波测量系统采用非常成熟的超声波测量技术，在每个控制点上安装超声波发射器用以发送超声波，测量用横梁上有 48 个超声波接收器用以接收超声波。因为声音是等速传播的，所以它可以快速、精确地测量超声波在车辆上不同基准点之间传播所用的时间。计算机根据每个超声波接收器的接收情况自动计算出每个控制点的三维数据。

（2）超声波测量系统的组成。超声波测量系统的基本组成如图 5-16 所示。

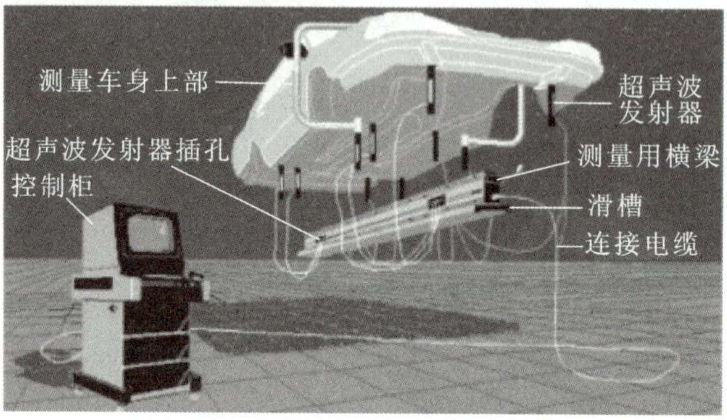

图 5-16　超声波测量系统的基本组成

① 超声波发射器。超声波发射器（见图 5-17）的上下两个发射源同时发射超声波，它们发出的超声波被超声波接收器接收。

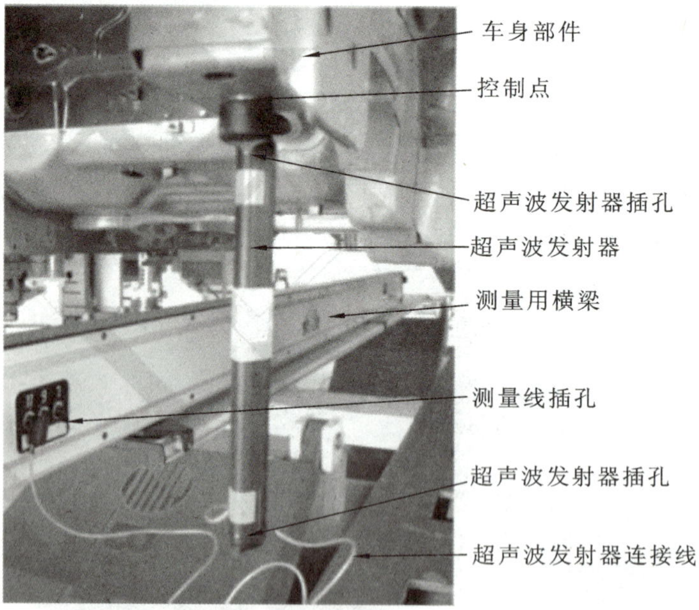

图 5-17　超声波发射器

② 超声波接收器。超声波接收器（见图 5-18）是用于检测超声波发射器发出的超声波的接收装置。整个测量用横梁上有 48 个超声波接收器，梁的两侧均上、下两排，各安装 24 个超声波传感器。

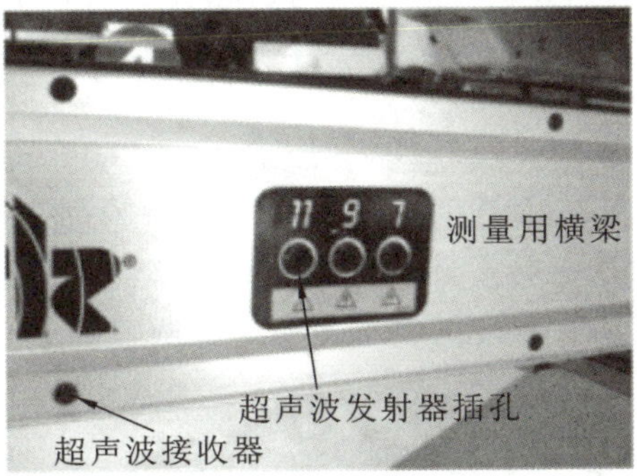

图 5-18　超声波接收器

③ 计算机。超声波测量系统中的计算机是储存车身数据并进行相关计算的个人计算机。

④ 测量组件。测量组件(见图 5-19)包括控制孔安装头、加长杆等。其中,控制孔安装头是用来把超声波发射器连接到车身上的各种安装件,一般有磁性连接安装头、螺纹连接安装头等。

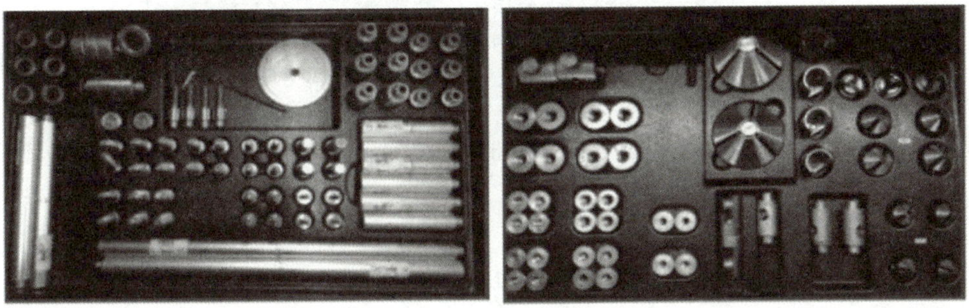

图 5-19　测量组件

技能训练　米桥式通用三维机械测量系统的使用

一、设备准备

完成本任务,需要使用的主要设备工具有白车身、钢卷尺、量规测量系统、米桥式通用三维机械测量系统。

汽车车身测量方法

二、注意事项

(1) 拆下可拆卸的损伤件,包括机械部件和车身覆盖件。

(2) 如果损伤非常严重,则对车辆的中部或基础部分先进行粗略的校正,然后将车辆中部基准点的尺寸恢复到标准值。

(3) 如果某些机械部件不需要拆除,对这些机械部件要进行必要的支撑。

三、米桥式通用三维机械测量系统操作步骤

(1) 穿戴好个人防护用品。

(2) 调整车辆基准与测量系统基准。在将事故车安装到车身校正仪上时,尽量把车辆放置在平台的中部。调整四个主要夹具的位置和钳口的开合程度(见图 5-20),车身底部裙边要完全落入主夹具的钳口中。高度的基准按照要求调整到这套测量系统所要求的高度。

图 5-20　调整夹钳高度

(3) 把测量米桥尺(梯形尺)放入车身底部,在长梯上安装固定座和测量头,选择车身中部的四个控制点进行定位测量。

(4) 测量车身中部前后基准点的宽度尺寸,移动米桥尺,使得前后两边基准点(见图 5-21)的宽度尺寸相等,这时说明测量系统的中心线和车辆的中心线是重合的。

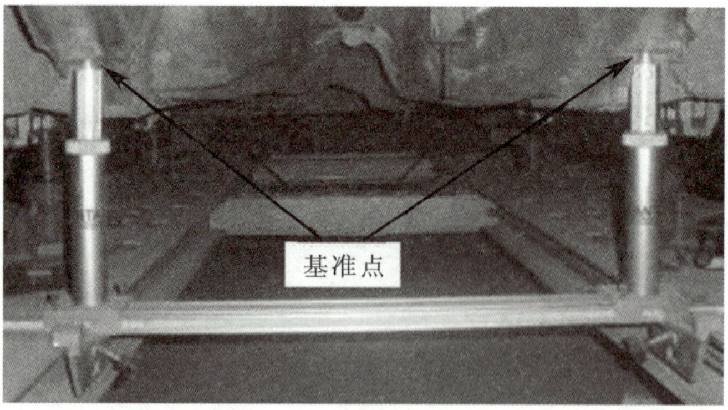

图 5-21　通过车身中部前后左右两边的基准点找宽度中心

(5) 根据车辆的损伤情况,选择长度基准点(见图 5-22)。如果是汽车前部发生碰撞,就选择车辆后部的基准点作为长度基准点;如果是汽车后部发生碰撞,就选择车辆前部的基准点作为长度基准点;如果是汽车中部发生碰撞,就需要对车辆中部进行整修,直到车辆中部四个基准点中有三个基准点的尺寸是准确的,然后根据车辆前部、后部损伤的情况选择车辆前部或后部的基准点作为长度基准点。

图 5-22　选择长度基准点

(6) 根据车辆的损伤情况，确定要测量的控制点，并在图纸上查出相应的标准数据。根据标准车身数据图，从机柜内选择正确的量杆和测量头安装在中心线杆(横尺)上，把测量头与控制点相配合。测量头的选择非常重要，如果选用错误的测量头，测得的高度数据将是错误的。从梯形尺架上读出长度数据，从中心线杆(横尺)上读出宽度数据，从不同高度的量杆上读出高度数据，就得到了所测控制点的三维数据，将这些数据与标准数据进行对比就可以知道数据的偏差。

(7) 侧面数据的测量。根据图纸的要求把三角立尺放置在长米桥尺上，设置好立尺的长度基准。在立尺上安装刚性量规的安装座，把刚性量规安装好，把标尺安装在刚性量规上，把标尺筒安装在标尺上，然后根据图纸要求选择合适的测量探头对侧面测量点或测量面进行数据测量和对比测量。

(8) 上部尺寸的测量。根据图纸的要求把三角立尺放置在米桥尺上，设置好立尺的长度基准。调整上横尺高度的基准，把上横尺安装到两个立尺上，然后把刚性量规安装在上横尺上。在刚性量规上安装标尺座，选择合适的标尺筒、标尺柱和测量头，然后安装在标尺座上就可以对发动机室或行李厢进行测量了。

(9) 测量完成后按照要求整理量具、清洁场地。

【课程思政】

1992 年，上海诞生了一家主要生产大型集装箱机械的上海振华港口机械股份有限公司。2001 年，公司更名为上海振华港口机械(集团)股份有限公司；2009 年，公司又更名为上海振华重工(集团)股份有限公司(简称上海振华重工)。经过几十年的发展，上海振华重工成为重型装备制造行业的排头兵。截至 2020 年，上海振华重工的港口机械市场占有率连续 21 年位居世界第一，全球有 100 多个国家和地区的港口在使用上海振华重工生产的港口起重机。

1989 年 10 月美国旧金山湾区发生里氏 6.9 级地震，连接旧金山和奥克兰的海湾大桥(当时世界上最长的钢结构大桥)受损。经过几年的筹备，2006 年在世界范围内招标时，上海振华重工中标，负责海湾大桥的修复、改建和扩建。上海振华重工对集团内千余名焊工进行严格培训，让焊工学习钢结构桥梁焊接技术并提高读图能力，拿到美国焊接学会的技能证书，成为获得认证的焊接高手。这些焊工凭借精益求精的工匠精神和夜以继日的艰苦努力，用短短5年时间出色地完成了任务，大桥质量验收合格。

这个故事告诉我们，不论哪个领域、哪个行业，企业再大、科技人员再多，要想制造出世界领先的高质量产品，都离不开优秀的技术工人。只有拥有了一流的工匠，才能发挥最大的价值。华为、格力、福耀、比亚迪等公司的成功，都能充分地证明这一点。

【课后习题】

一、判断题

1. 在开始修复前，要对碰撞损伤的车辆进行全面、细致的损伤评估。(　　)

2. 损伤诊断检查中，通过目测方式一般不会遗漏掉所有的损伤。(　　)

3. 进行点对点测量时，轨道式量规可以与车身基准面不平行。(　　)

4. 测量车身时，车身中间部分最先测量。(　　)

5. 电子测量系统只能测量车身的长度和宽度。(　　)

二、选择题

1. 点对点的测量可以使用(　　)进行。

A.轨道式量规　　B.中心量规　　C.麦弗逊撑杆式中心量规

2. 使用(　　)可以测量出实际的尺寸数值。

A.专用测量头　　B.中心量规　　C.轨道式量规

3. 用同缘测量法测量两个孔之间的距离时，外边缘距离为450 mm，内边缘距离为430 mm，两个孔之间的距离是(　　) mm。

A.430　　B.440　　C.450

4. 车身电子测量系统的测量精度要达到(　　) mm。

A.±1　　B.0.5　　C.1.5

5. 超声波测量系统测量用横梁侧面上的上下两排小孔的作用是(　　)。

A.发射超声波　　B.反射超声波　　C.接收超声波

项目 6

汽车车身整体变形的诊断与修复

项目任务

某车在一次事故中受到严重的碰撞，前部、中部、后部、侧面都有损伤，现用大梁校正仪对车身进行校正修复，使车身恢复到原来的形状和状态。

项目分析

车身校正是指通过一定的外力将车身受损部位修复到车辆出厂时的状态。在这里，"状态"包含两层含义："状"是指比较直观的外观和形状，而"态"则是一种比较抽象的、更深层次的概念，如金属内部分子结构是否能按照原来的位置重新顺序排列、内部的应力是否能完全释放等，它将直接关系到车辆修复后的功能和寿命。结构件是指在车身上起到主要支撑及承载作用的构件，是车身零部件的安装基础，常见于纵梁、横梁、门柱及下边梁等部位。这类构件通常具有非常高的强度，加之结构多为封闭式的箱形截面，所以在修理时应采取一定的手段和措施，采用合理的工艺。

采用大梁校正仪对碰撞变形的车身进行校正是一项比较有技术难度的工作。如何分析车身变形情况？怎样使用大梁校正仪？怎样用大梁校正仪对车身变形部位进行拉伸？本项目中的内容可以帮助回答这些问题。

6.1 车身碰撞损伤分析

汽车车身碰撞损伤分析

汽车车身不仅能经受住日常驾驶中的振动及载荷，还能在碰撞中给人员提供安全保护。车身前部和后部要设计得容易损伤，从而吸收碰撞能量。车身中部要结实牢靠，给乘员提供一个安全的刚性空间。

整体式车身通常设计有能够很好地吸收碰撞能量的吸能区，如图 6-1 所示。在碰撞中，由薄钢板连接成的车身壳体能吸收大部分振动。其中：一部分碰撞能量被碰撞区域内的部件通过变形吸收掉；另一部分能量会通过车身的刚性结构传递到远离碰撞的区域，这些被传递的振动波造成的损伤称为二次损伤。二次损伤会影响整体式车身的内部结构，或导致未发生撞击的那一侧的车身变形损伤。

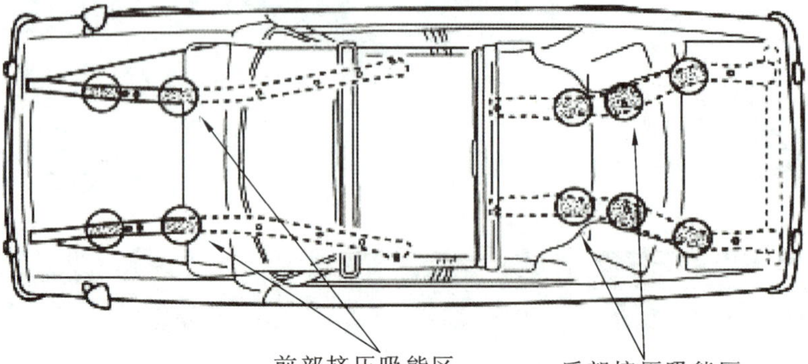

图 6-1　汽车车身吸能区设计（一）

为控制二次损伤，在汽车前部和后部设计了吸能区，前保险杠支撑、前纵梁、前挡泥板、发动机罩、后保险杠支撑、后纵梁、后挡泥板、行李厢盖等部位，都设计了波纹或做了结构强度上的局部弱化（见图 6-2），在受到撞击时，它们就会按照预定的形式折曲，这样碰撞振动波在传送过程中就被大大减小直至消散。车身中部有很高的刚性，把车身前部或后部吸能区不能完全吸收而传过来的能量传递到车身后部或前部，引起远离碰撞点的部件的变形，从而保证中部乘坐室的结构完整性及安全性。

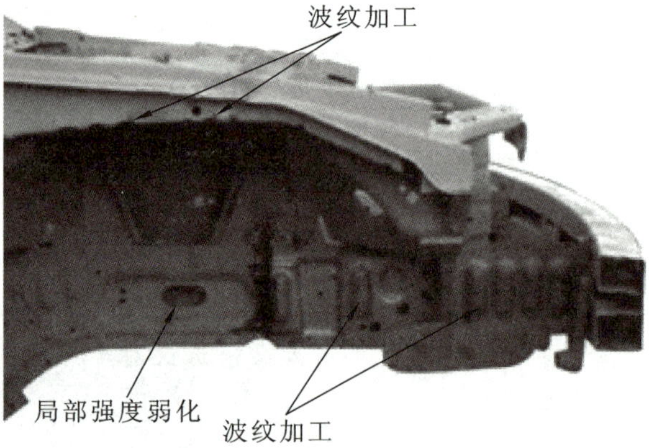

图 6-2　汽车车身吸能区设计（二）

一、汽车车身碰撞损伤因素分析

汽车碰撞时，产生的碰撞力及汽车的损伤程度取决于事故发生时的状况。被碰汽车的尺寸、构造和碰撞位置，汽车行驶速度和方向，碰撞物的类型，碰撞时汽车上的人员、货物的数量及位置，都与汽车损伤程度有直接关系。

（1）车身碰撞力。事故中，碰撞力分解为相对于地面的一个垂直分力和两个水平分力（纵向水平分力、横向水平分力）。垂直分力向下推动隔板，纵向水平分力向后推动前轮罩，横向水平分力向中间推动散热器框架。发生向心力型碰撞时，碰撞力正好指向车辆的质心，车辆不会旋转，但在力的方向上破坏严重。发生切向力型碰撞时，碰撞力不指向车辆的质心，以车辆的质心为回转轴产生力矩，车辆旋转。

（2）碰撞面积。正面碰撞时，单位面积上的碰撞力为 $f=F/S$。碰撞力大小相同时，碰撞面积不同，汽车的损伤程度也不同。

（3）蹭伤及其影响。发生碰撞前，驾驶员的第一反应是要绕离危险区，汽车的侧面会被碰撞蹭伤（见图 6-3），严重时会引起汽车前部、中部或后部弯曲变形。

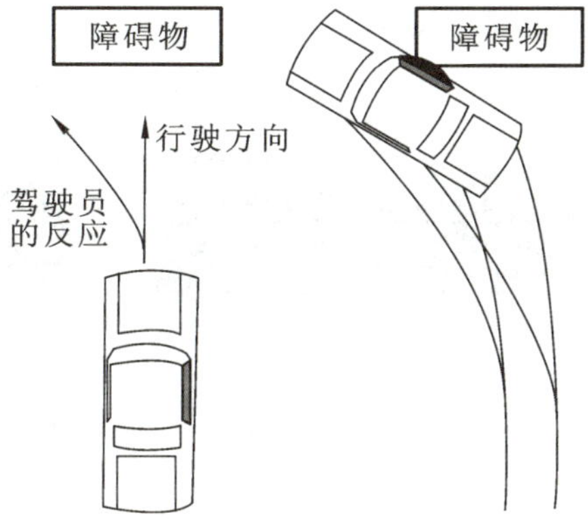

图 6-3　蹭伤

（4）碰撞位置对汽车损伤的影响。当碰撞点在汽车前部较高部位时，会引起车身和车顶后移、后部下沉。碰撞位置较高时车身变形情况如图 6-4 所示。

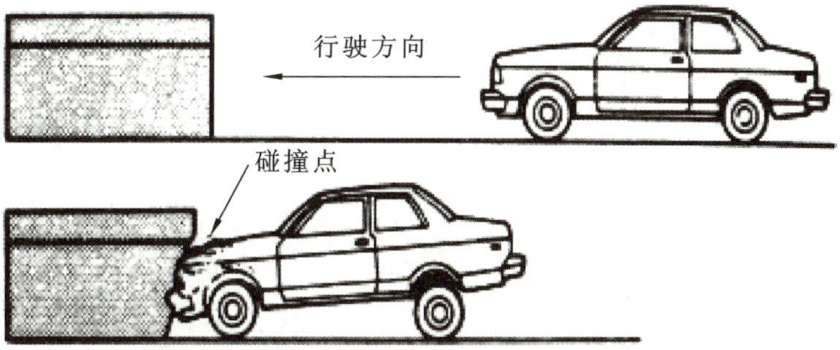

图 6-4　碰撞位置较高时车身变形情况

当碰撞点在汽车前部下方时，在惯性力的作用下，汽车后部向上变形，车顶被迫上移，在车门的前上方与车顶板之间形成一个极大的裂口，车顶板会产生凹陷变形，如图 6-5 所示。

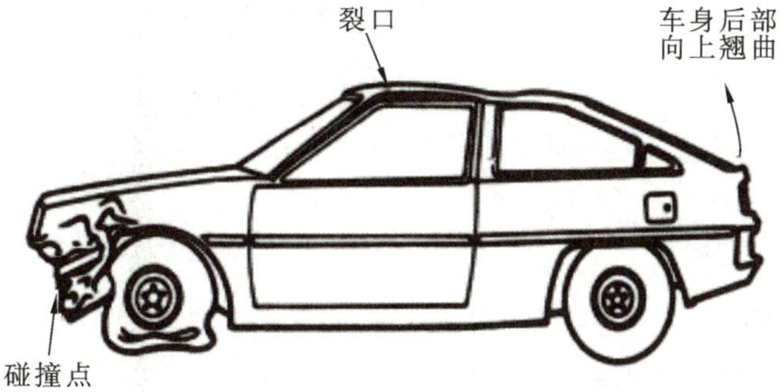

图 6-5　碰撞位置较低时车身变形情况

(5) 碰撞物的类型对汽车损伤的影响。汽车撞上墙壁,碰撞面积大,损伤程度较轻;撞上柱如电线杆,碰撞面积较小,损伤程度较重,如图 6-6 所示。

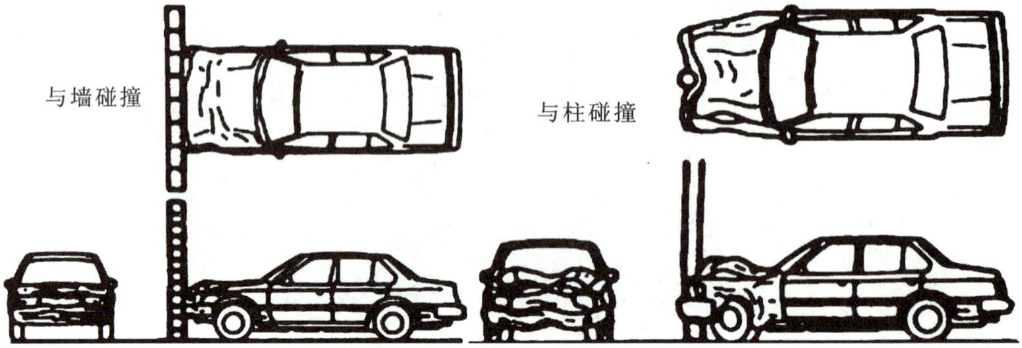

图 6-6 碰撞物的类型对车身变形的影响

(6) 行驶方向对汽车损伤的影响。当横向行驶的汽车和纵向行驶的汽车相碰撞时,纵向行驶的汽车的中部产生弯曲变形,而横向行驶的汽车的前部产生压缩变形和弯曲变形,如图 6-7 所示。

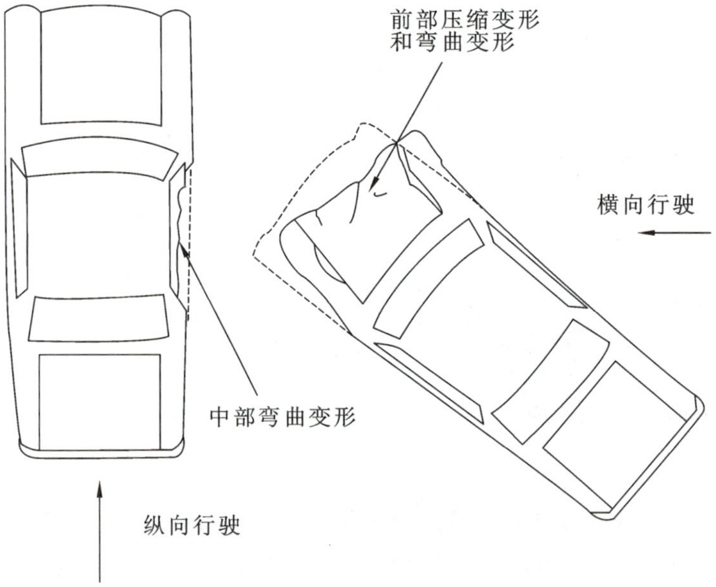

图 6-7 行驶方向对车身变形的影响

(7) 车辆的类型对碰撞损伤的影响。不同类型的车辆相撞(见图 6-8)时,产生的变形也不一样。碰撞车辆质量越大,被碰撞车辆的变形越大。

二、车身碰撞变形

1. 车身前部碰撞

车身前部碰撞的冲击力取决于汽车的质量、速度、碰撞范围及碰撞物。车身前部发生碰撞时碰撞力的传递如图 6-9 所示,撞击力度不同时车身板件的变形情况如图 6-10 所示。

图 6-8 不同类型的车辆相撞的情形

图 6-9 车身前部碰撞力的传递

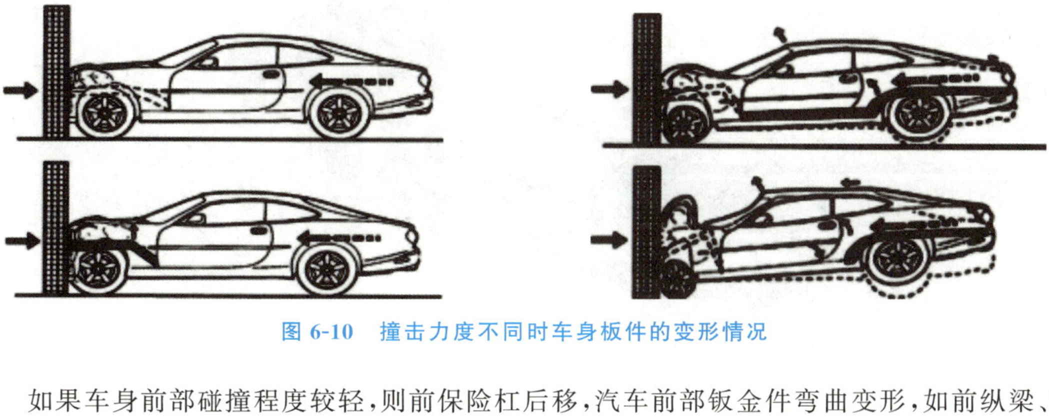

图 6-10 撞击力度不同时车身板件的变形情况

如果车身前部碰撞程度较轻，则前保险杠后移，汽车前部钣金件弯曲变形，如前纵梁、散热器框架、发动机罩锁支柱等变形。

如果碰撞力较大，前翼子板与车门挤在一起，使车门开闭困难；发动机罩铰链将向罩顶部方向向上发生弯曲；前纵梁发生弯曲，并引起前横梁变形。

如果碰撞力足够大，则造成前翼子板、前保险杠、散热器、前纵梁等严重变形，车门前立柱（特别是前门铰链上部区域）发生弯曲变形，车门下垂，车身底板及前挡泥板内板拱曲等。

如果车身前部发生的不是正面碰撞，而是呈一定角度的斜向碰撞，车身前部的侧向元件会发生轴向和侧向弯折以及垂直弯曲，并引起另一侧的变形。

2. 车身后部碰撞

车身后部碰撞（见图 6-11）大多数是由倒车或追尾事故所引起的。若碰撞较轻，则会造成后保险杠、行李厢发生变形，导致后围外板外凸。若碰撞严重，则会使车身侧板、底板，甚至车顶、后挡风窗框柱、门立柱等发生变形。

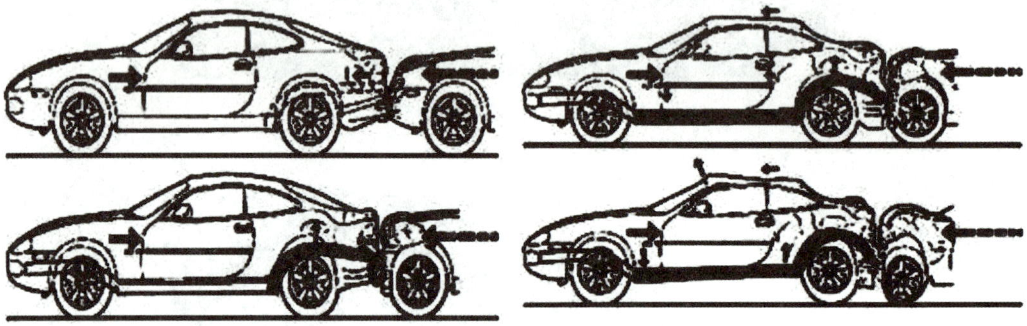

图 6-11　车身后部碰撞及所引起的变形

3. 车身侧面碰撞

车身侧面碰撞受力如图 6-12 所示。车身侧面碰撞若程度较轻，则造成车身外侧板凹陷；若程度较严重，则会导致车门、门中立柱、车顶等发生变形，使前、后车身偏移。

若前翼子板中部被撞，则前轮将后缩，冲击力通过前悬架所在横梁传给两侧纵梁，导致轮距、轴距、前轮定位失准。

图 6-12　车身侧面碰撞受力

如果中部侧面碰撞比较严重，则车门、中柱、车门槛板、顶盖纵梁都会严重弯曲，甚至相反一侧的中柱和顶盖纵梁也朝与碰撞力相反的方向发生变形。随着碰撞力的增大，车辆前部和后部会产生与碰撞力相反的方向的变形，整个车辆会变成弯曲的香蕉状（见图 6-13）。

4. 车身顶部碰撞

车身顶部碰撞主要是由汽车翻滚所引起的。在汽车发生翻滚（见图 6-14）时，汽车的顶

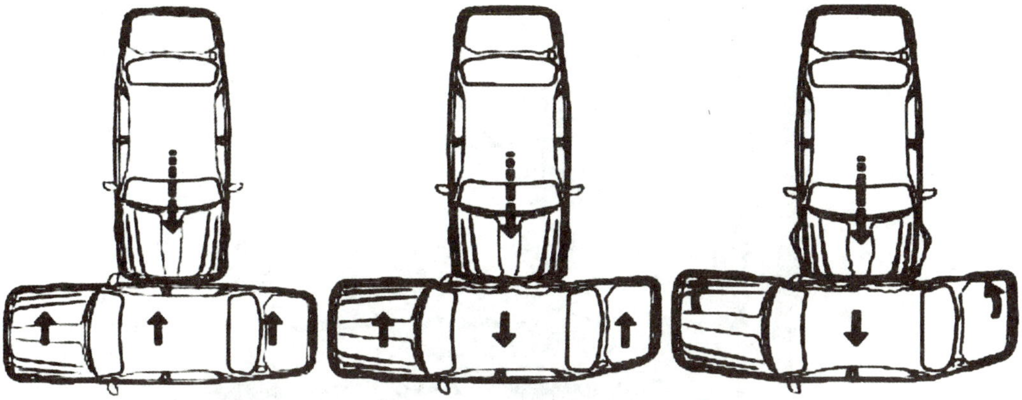

图 6-13 车身侧面碰撞及所引起的变形

图 6-14 汽车发生翻滚

部顶盖、立柱,车下部的悬架会严重损伤,悬架固定点的部件也会受到损伤。

如果车身立柱和车顶钢板弯曲,那么相反一端的立柱同样也会遭到损坏。由于汽车倾翻的形式不同,车身的前部及后部部件的损伤也不同。就这些情况而言,汽车损伤程度可通过车窗及车门的变形状况来确定。

6.2 车身校正设备及其使用

一、车身校正设备

修理车身时,为了达到比较好的修复效果,必须使用有能力完成多种基本修复功能的校正设备。车身校正设备必须具备高精度、全功能的校正工具,配备多功能的固定器和夹具,配备多功能、全方位的拉伸装置,配备精确的三维测量系统。

汽车车身校正设备及使用

1. 平台式车身校正仪

平台式车身校正仪(见图 6-15)是一款通用型的车身校正设备,可以对各种类型、型号的车身进行有效校正。

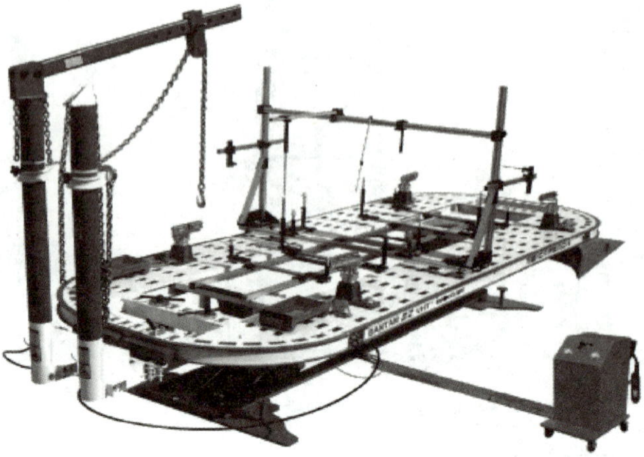

图 6-15　平台式车身校正仪

平台式车身校正仪配备有两个或更多个塔柱用以拉伸校正车身，塔柱可在绕车身的任何角度、任何高度和任何方向对车身进行拉伸。平台式车身校正仪配有液压倾斜装置或整体液压升降装置，利用一个手动或电动拉车器，可将车身拉到或推到校正平台上的一定位置。平台式车身校正仪同时配备了很好的通用测量系统，通过通用测量系统的精确测量，可指导拉伸校正工作准确、高效地进行。

(1) 校正平台。

校正平台是车身修复的主要工作台，拉伸校正、测量、板件更换等工作都在校正平台上完成。

(2) 升降系统。

通过上车系统和平台升降系统可以把事故车放置在校正平台上。上车系统包括上车板、拖车器、车轮支架等。平台升降系统利用液压升降机构(见图 6-16)把校正平台升起到一定的工作高度。校正平台的工作高度分固定式和可调式两种。固定式工作高度一般为 500～600 mm，采用倾斜式液压升降结构进行调整；可调式工作高度一般为 300～1000 mm，采用整体式液压升降系统进行调整。

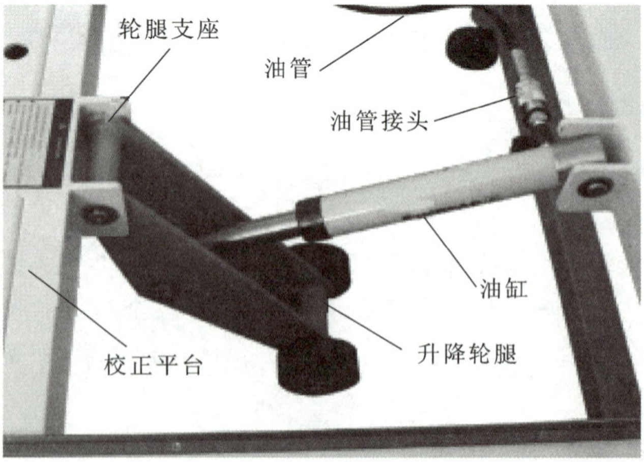

图 6-16　液压升降机构

(3) 主夹具。

修理前,固定在校正平台上的主夹具(见图 6-17)将车辆固定在校正平台上,车辆、校正平台和主夹具成为一个刚性的整体,在拉伸车辆时不能移动车辆。

图 6-17 不同形式的主夹具

在汽车的未受损部位至少需要三个控制点,才能将汽车正确地固定在校正平台上。这三个点组成一个基准面,其他的所有测试都将以该基准面为基准。汽车前部、后部受损时,主夹具一般夹持在汽车中部。如果可以利用的未受损伤的控制点不足三个,那么可以在车身底部进行初步修整,直到有三个控制点。

汽车在校正平台上的固定如图 6-18 所示。

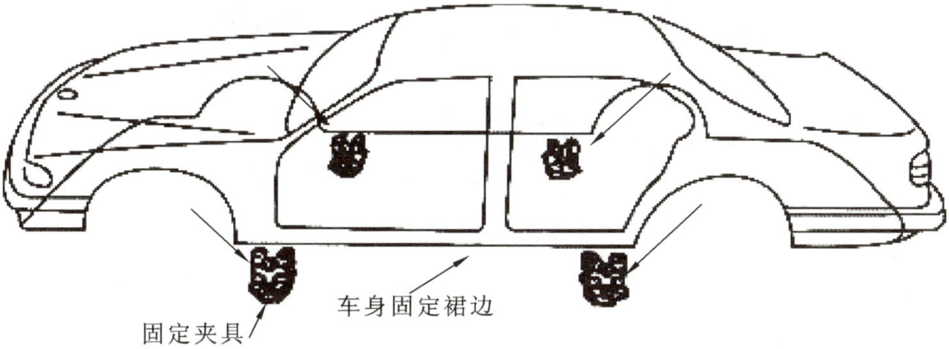

图 6-18 汽车在校正平台上的固定

(4) 液压系统。

车身拉伸校正工作是通过液压的强大力量把车身上的变形板件拉伸到位。校正仪上的气动液压油泵(见图 6-19)或电动液压油泵通过油管把液压油输送到塔柱内部的油缸中,推动油缸的活塞顶出。

(5) 塔柱拉伸系统。

受损伤板件的拉伸操作是通过塔柱(见图 6-20)来实现的。塔柱内部有油缸,液压油推动油缸活塞,活塞推动塔柱的顶杆,顶杆在伸出塔柱的同时拉动链条,在顶杆的后部有链条锁紧窝用以把链条锁住,通过导向环把拉力的方向改变成需要进行拉伸的方向。

(6) 钣金工具。

钣金工具(见图 6-21)包括拉伸车身部位的各种夹持工具。

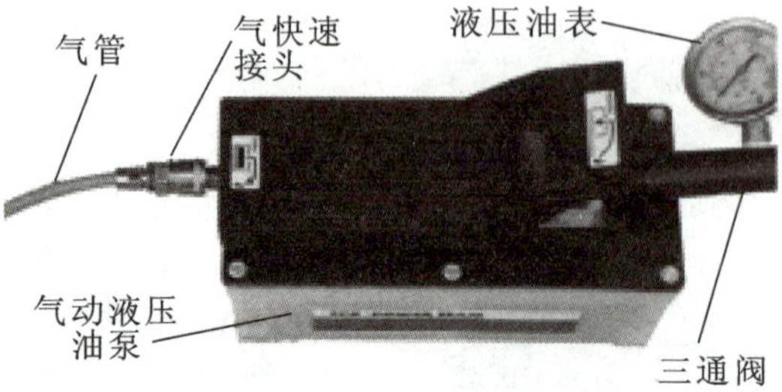

图 6-19　液压系统

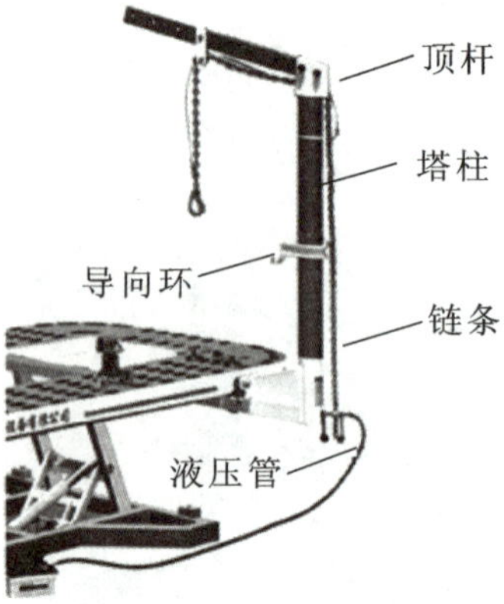

图 6-20　塔柱拉伸系统

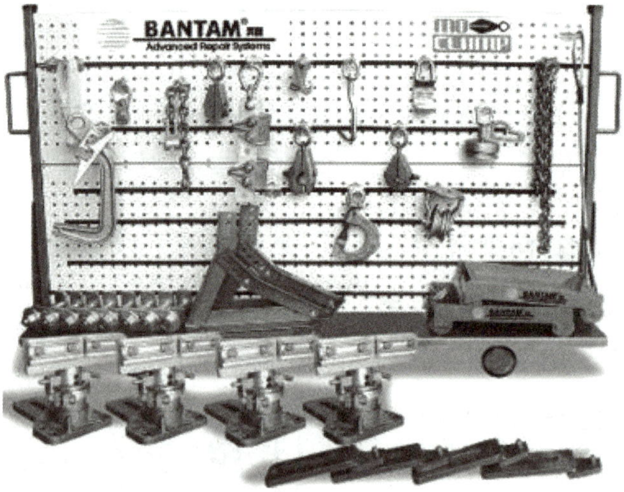

图 6-21　各种钣金工具

(7) 车身测量系统。

车身测量系统(见图 6-22)在整个车身修复过程中不可或缺。

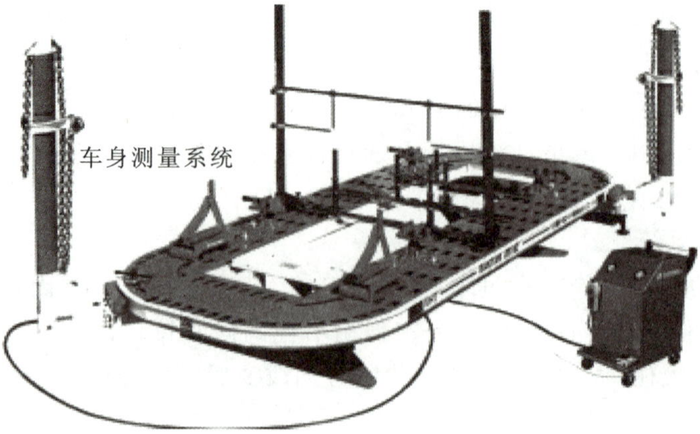

图 6-22　车身测量系统

2. 车身校正的安全与防护

（1）根据说明书，正确地使用车身校正设备。严禁非熟练人员或未经正式训练的人员操作车身校正设备。

（2）固定车辆时要确保主夹具夹钳齿咬合得非常紧固，车辆被牢靠地固定在校正平台上。拉伸前汽车要装夹牢固，检查主夹具固定螺栓和夹钳口螺栓是否紧固牢靠。一定要使用推荐型号与级别的拉伸链条和钣金工具进行操作。

（3）拉伸时钣金工具要在车身上紧固牢靠，链条必须稳固地与汽车和校正平台连接，以防止在拉伸过程中脱落，避免链条缠在尖锐器物上。向一边拉伸力量大时，一定要在相反一侧采用辅助拉伸或固定措施，以防汽车被拉离校正平台。严禁操作人员与链条或拉伸夹钳在一条直线上，当链条断裂、夹钳滑落、钢板撕裂时，特别是在拉伸方向可能会造成直接的伤害事故。在车外进行拉伸校正时，人员在车内工作是非常危险的。

（4）用厚防护毯包住链条或用钢丝绳把链条、钣金工具固定在车身的牢固部件上，万一链条断裂，可以防止钣金工具、链条甩出对人员和其他物品造成损伤。塔柱使用链条拉伸时，链条在顶杆的锁紧窝锁紧，链条不能有扭曲，所有链节都呈一条直线，导向环的固定手轮是在拉伸前固定导向环高度的，当拉伸开始后要松开手轮，手轮松开后，一旦链条断裂，导向环因自重向下滑，防止链条向左甩出。

（5）在拉伸时要把塔柱与校正平台的固定螺栓紧固牢靠，否则在拉伸过程中塔柱滚轮移动装置会受力损坏，可能导致塔柱突然脱离校正平台，造成人员和物品损伤。

二、车身校正设备的使用

1. 车身校正前的准备

根据测量和损伤分析的结果来制定合理的碰撞修理程序，然后按照定好的程序完成车身修理工作。

（1）车身损伤分析。

对整体式车身应进行详细的测量和车身损伤分析，损伤分析越详细、越彻底，修复计划就做得越完善，整个车身修复工作的质量、效率就越高。

（2）车辆部件的拆除。

在拉伸校正前，应该拆除车身上妨碍校正的部件。注意，应只拆除那些为了接近车身需要修理的部位而必须拆除的部件。在进行修复前，要仔细研究车身结构、损伤位置和损伤程度，决定应拆除什么保留什么，以及如何拆除更为方便。

（3）对车身进行测量。

通过精确的测量确定整体式车身结构的损伤程度并完全弄清楚损伤区域之后，才能够制定出完善合理的修复计划，才可进行拉伸和校正。对车身主要控制点的尺寸在拉伸中始终要不断进行测量和监控，以保证修复的准确性。

（4）制定拉伸程序。

制定拉伸程序时，应遵循两条基本原则：要保证通过少量的拉伸校正来修复受损部件的变形，并且不会造成进一步的结构损坏；按与碰撞损伤相反的顺序修理碰撞所导致的损伤（先里后外)，即最后出现的损伤要最先修理，以与碰撞方向相反的方向来设计拉伸校正顺序。

(5) 拉伸操作方式。

拉伸方式分两种，即单点拉伸(又称单向拉伸，见图 6-23(a))和多点拉伸(又称复合拉伸，见图 6-23(b))。对于整体式车身上损伤较轻的表面，可以使用简单的单点拉伸；在拉伸修理结构复杂的受损部件时，就要采用多点拉伸。在拉伸操作过程中，尽量找到两个或更多个拉伸点和拉伸方向。使用多点拉伸系统，能对任何拉伸进行严格控制，并大大改进拉伸的精确度。多点拉伸可以同时从三个点或四个点上，精确地按照所需方向成功地进行拉伸，对整体式车身修复程度进行必需的控制。多点拉伸极大地减小了每个点上所需的力，大的拉伸力通过几个连接点分散，因此降低了薄钢板被拉断的危险。

(a) 单点拉伸　　(b) 多点拉伸

图 6-23　单点拉伸和多点拉伸

(6) 车身的定位。

对于整体式车身，必须采用多点固定方式(至少需要四个固定点)进行固定。根据车身结构及需拉伸的部位，有时还需要另外的固定点，如图 6-24 所示。

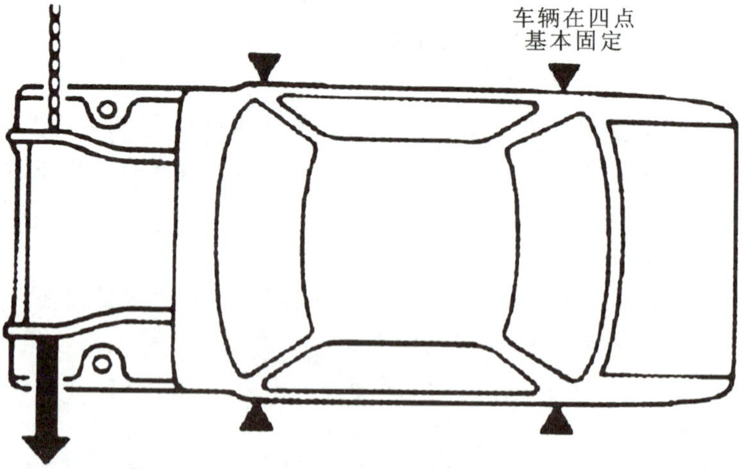

图 6-24　车身的固定

(7) 钣金工具的使用。

在拉伸时必须使拉力方向的延长线通过夹齿的中间,否则夹钳有可能受到扭转的力而脱开,对钳口夹持的部位造成进一步的损坏。

车身上安装的各种钣金工具如图 6-25 所示,钣金工具使用示例如图 6-26 所示。

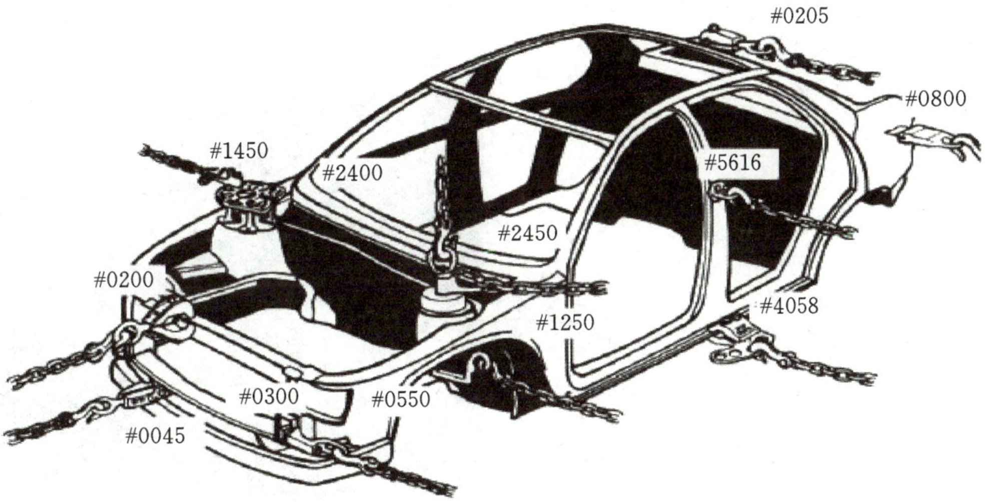

图 6-25 车身上安装的各种钣金工具

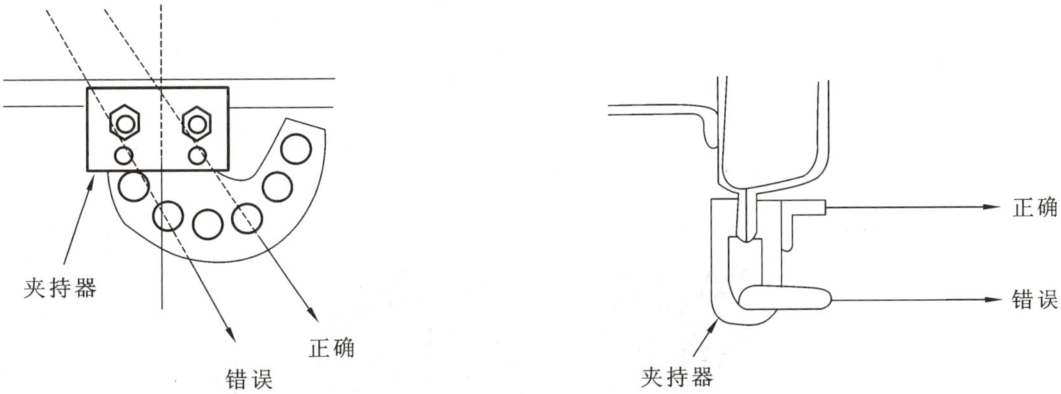

图 6-26 钣金工具使用示例

2. 拉伸校正操作

(1) 拉伸校正程序。

拉伸校正程序就是修理的先后顺序,找出第一个需要修复的板件并进行修复,然后找到第二个需要修复的板件并进行修复,如此循环、继续。对于整个车身,要按"从里到外"的顺序完成修理。一个部件受到损伤后,可能存在三个方向的损伤,那么修整应从长度方向开始,然后是宽度方向,最后是高度方向。拉伸校正的程度是由受损部件的尺寸决定的。每一个板件的修复都需要进行很多次的拉伸操作,每一次拉伸时,只要受损板件产生变形,就要卸力、测量,检查板件变形恢复的程度,还有多少尺寸没有恢复,再重复拉伸、测量、检查,直到板件的尺寸恢复到在标准尺寸的误差范围内。

（2）拉伸校正操作。

① 塔柱拉伸。

通过塔柱内的液压油缸，拉动拉伸链条，导向环变换拉力方向，通过配备在塔柱上的顶部拉伸杆和下拉式装置可以对车身进行长、宽、高三个方向的拉伸。使用塔柱的链条对固定在车身上的钣金工具进行拉伸可以实现多点、多向的拉伸。

塔柱拉伸操作如图 6-27 所示。

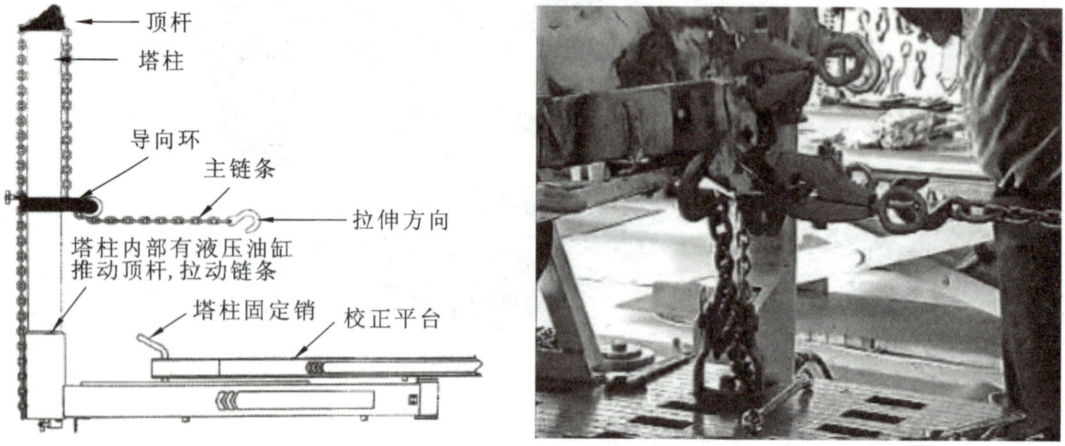

图 6-27　塔柱拉伸操作

② 液压顶杆拉伸。

由于车身校正设备一般只有一个或两个塔柱，为了在拉伸校正中实现多点拉伸，还需要使用一些液压顶杆（见图 6-28）和链条来进行辅助拉伸。

在拉伸过程中根据拉伸的高度来调整链条和液压顶杆的长度和高度，链条一端固定在汽车的钣金工具上，调整液压顶杆的接管长度，以便达到恰当的高度。如果液压顶杆与链条固定点之间的链条超过了垂直状态，就必须马上停止拉伸，否则链条会因过载而断裂。

图 6-28　液压顶杆

液压顶杆的使用如图 6-29 所示。

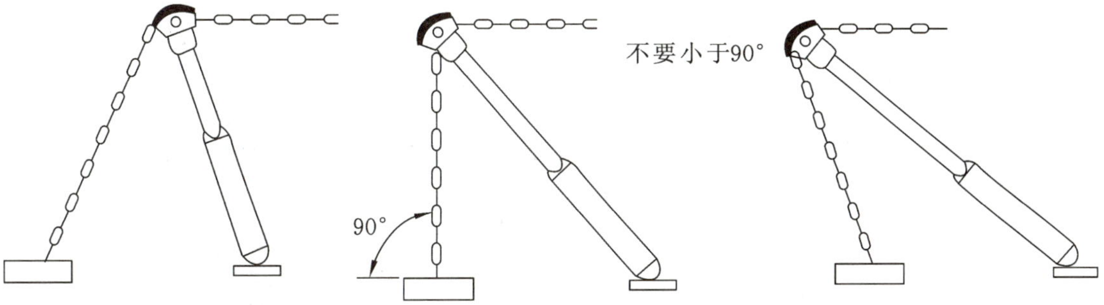

（a）正确　　（b）临界状态　　（c）不正确

图 6-29　液压顶杆的使用

3. 防止过度拉伸

导致过度拉伸的原因一般为：在拉伸过程中没有遵循“先里后外”的拉伸原则，导致拉伸修理程序混乱，在对其他变形板件进行修理时修理好的板件的尺寸受到了影响，导致原来已经校正好的板件长度又被加大了，超过了原尺寸；在校正过程中没有经常地、精确地测量拉伸部位的尺寸，没有很好地控制拉伸的程度。

任何受损的钢板，经拉伸校正之后，尺寸超过了极限尺寸，就很难再收缩或压缩了。过度拉伸唯一的修理方法就是更换受损的板件。为了防止导致过度拉伸而损伤车身，在每一次的拉伸校正过程中，都要对受损部位的校正进程进行监控。

4. 应力消除

车身应力会导致车门、发动机罩、行李厢、车顶开口变形，引起悬架系统和发动机安装点的变形，引起底板、支架和齿轮装置的损坏，引起油漆和内涂层的开裂，引起焊点、焊缝和焊缝保护层的开裂。

外形修复到与原形接近的金属板，内部晶粒仍处于扭曲状态，形成新的扭曲区域，一般可以采用可控制的加热（200 ℃以下）和锤击的方法（见图 6-30），将晶粒激活，使晶粒重新松弛后恢复到原来的状态，减少应力，使金属板尽可能恢复平直，并保持它原来的状态。在进行高强度钢板的应力消除时，尽量不要用加热方法。

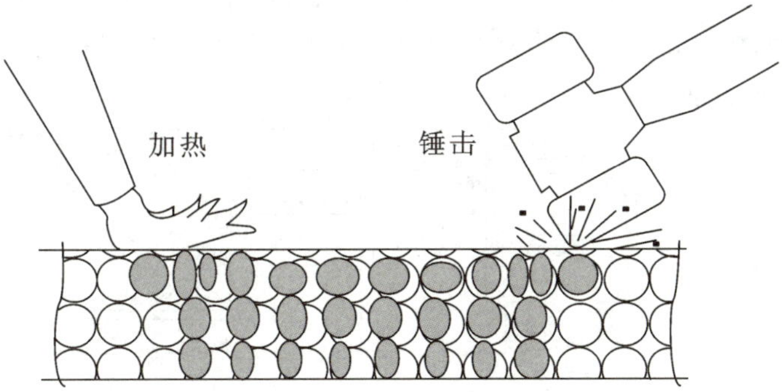

图 6-30　消除应力

技能训练　车身变形的校正

一、设备准备

完成本任务，需要使用的主要设备工具有变形车身、大梁校正仪、各种钣金工具、测量工具、基本工具、个人防护用品。

二、注意事项

(1) 不要试图通过一次拉伸就可以完成拉伸校正工作，而要通过一系列的反复拉伸操作完成拉伸校正工作。拉伸校正程序为：拉伸—保持平衡(消除应力)—再拉伸—再保持平衡。拉伸到出现一定程度的变形后要停止并保持拉伸拉力，再用锤子不断锤击受损区域，卸载使之松弛，然后再次拉伸并消除应力。

(2) 在对一个部位施加较大的拉力时应该多使用一些夹钳，拉伸一个部位用两个夹钳时可以比用一个夹钳时增加一倍的拉力。

(3) 车身部件的拉伸要从靠近车身中心的部分向外进行，当靠近车身中部部件的控制点尺寸到位后，可以用一个辅助固定夹具来固定，再拉伸下一段没有完全恢复尺寸的部分。

(4) 在拉伸时要一边间歇地施加拉力，一边检查车身部件的移动情况，确定拉力在受损部位是否有效，如果看不到任何效果，就要考虑改变拉伸的方向或拉伸的部位。

(5) 对于靠近交叉部位的弯曲，如纵梁的弯曲，可以夹住弯曲内侧表面进行拉伸，拉力的方向应与通过零部件原始位置的方向相同。

(6) 如果受损部件的一些部位褶皱得太紧，内部的加工硬化太严重，则在拉伸时板件有被撕裂的危险。如果这些部件在吸能区就不能进行修理了，需要进行更换。

三、车身校正

1. 车身前部损伤的修复

(1) 分析车身前部损伤情况，确定拉伸程序。

如图 6-31 所示，通过碰撞位置可以分析出车身的左前方受到碰撞，散热器框架和前纵梁都受到严重损坏，左前立柱也向后变形，需要按照与碰撞方向相反的方向对左前纵梁和左前立柱进行拉伸(见图 6-32)，在左前立柱尺寸恢复后，再把需要恢复的左前纵梁拆除，然后再修复右前挡泥板和右前纵梁。

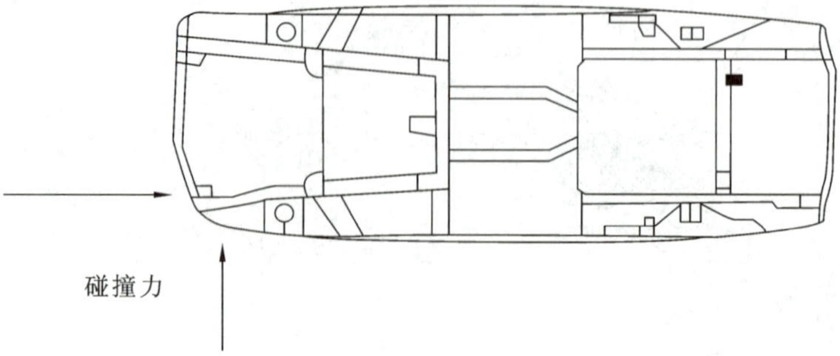

图 6-31　车身前部损伤情况

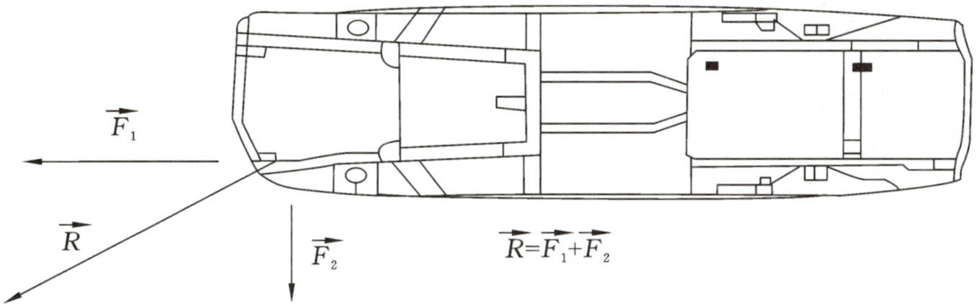

图 6-32　确定拉伸方向

（2）对右前纵梁和挡泥板的拉伸校正。

在修理时，对发动机室部位的尺寸可以使用点对点测量的方法来进行对比，如测量图中给出的尺寸，先校正好对角线尺寸。车身前部的控制尺寸如图 6-33 所示。

一般情况下，修理侧的整个翼子板内加强板和纵梁往往只是向左或向右偏斜。由于长度方向上实际上并未发生扭曲，在修理过程中，在注意修理情况的同时，应不断地测量对角线长度，并校正对角距离。为了提高作业效率，可同时拉拔纵梁与翼子板内加强板上部的加强件。如果修理侧的纵梁朝外侧偏斜，则应朝前转一个角度拉拔，同时要注意监测对角线的变化。如果修理侧的纵梁朝内侧偏斜，则应直接向前拉拔。如果修理侧的纵梁损伤严重，则应在对角线长度正确的点处把横梁和散热器上的固定板拆开，分别进行修理。

在修理纵梁弯曲损伤部位时，应该夹紧纵梁里面的受损面，向前拉伸时，在受损部位要施加一个力以同时从里向外拉或从外向里压。修理完弯曲损伤部位后，尺寸应与标准尺寸相吻合。前纵梁弯曲损伤部位的拉伸如图 6-34 所示。

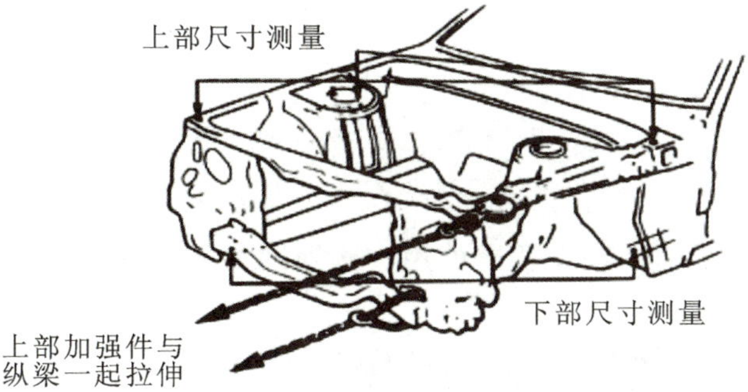

图 6-33　车身前部的控制尺寸

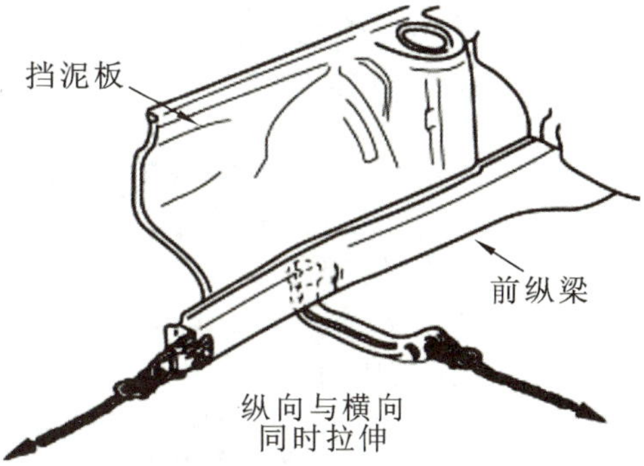

图 6-34　前纵梁弯曲损伤部位的拉伸

（3）对前立柱的拉伸校正。

对于换件侧前翼子板内的加强板和纵梁，主要的修理部位是前围。如果碰撞严重，则损伤可能波及前立柱，车门的定位也会受到影响。仅仅简单地夹住翼子板内加强板前缘处进行拉拔，并不能修复前立柱和前围板的主要损伤，而应在安装部位附近截断内加强板和纵梁，在主要受损部位附近夹紧，然后进行拉拔。在对前立柱向前进行拉拔的同时，还可以用一个便携式油缸从内侧撑顶。

2. 车身后部损伤的拉伸修复

一般情况下，尾部碰撞都是撞在后保险杠上，碰撞的冲击力由后纵梁或附近的板件传递，从而造成纵梁上翘部位的损伤，并由此引起轮罩变形、整个翼子板前移，从而改变其他部件之间的间隙。

车身后部的拉伸修复如图 6-35 所示。首先将夹持器或挂钩固定在后纵梁、行李厢地板或后翼子板的后部，然后边拉拔边对车身下部的每个尺寸进行检测。在后纵梁被挤进轮罩或者后门缝有变形的情况下，不要夹持及拉拔变形不大或未出现变形的翼子板，应只对纵梁进行拉拔，以消除翼子板内的变形应力。

3. 车身侧面损伤的修复

(1) 分析车身侧面损伤情况，确定拉伸程序。

汽车受到来自一侧的碰撞后，门槛板中心位置受到严重损坏，门槛纵梁弯曲，地板变形，车身前后部弯曲，使车身扭曲成香蕉状。修理这种类型的损伤，可以使用跟拉直一根弯铁丝一样的方法，将车身的两端拉开，再将塌下去的车身侧面向外拉，也就是对车身的前后两端都要进行拉拔，而对车身中部向内弯曲的部位需要向外拉拔，这就是三向拉拔校正方法(见图 6-36)。

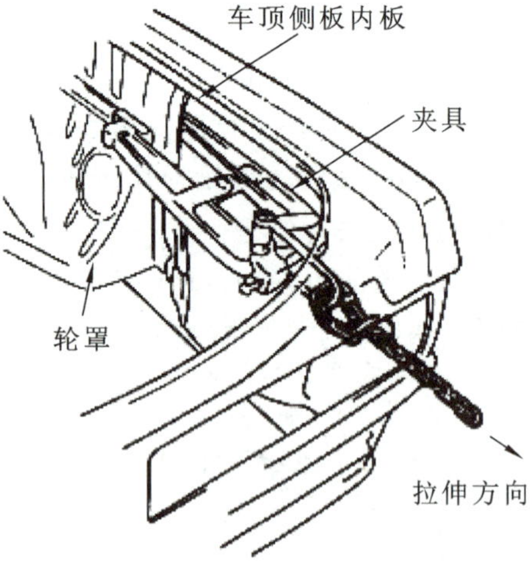

图 6-35　车身后部的拉伸修复

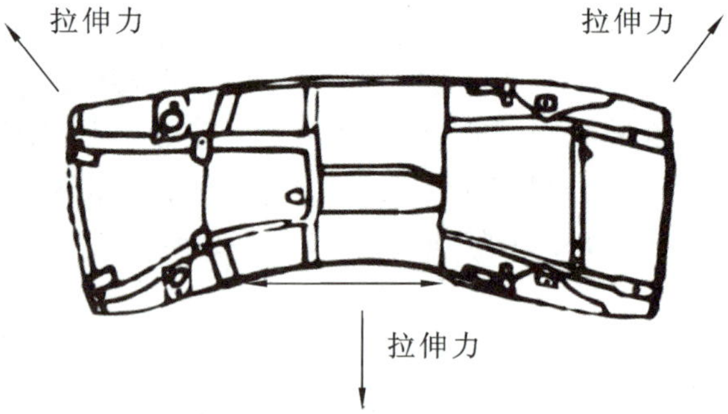

图 6-36　三向拉拔校正方法

(2) 车辆的固定。

将车辆用主夹具固定在校正平台上，必要时要在车辆上使用一些辅助夹具来加强车辆定位。车辆的固定如图 6-37 所示。

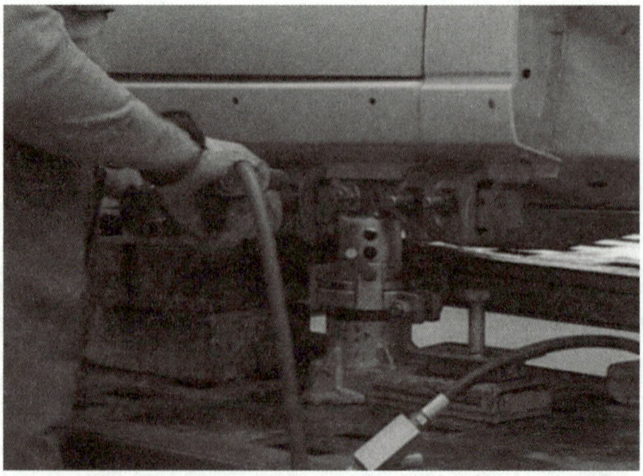

图 6-37　车辆的固定

（3）纵向拉伸车辆的中部。

如图 6-38 所示，主夹具紧固在车辆的门槛板裙边上，主夹具与校正平台之间不固定。用液压顶杆顶在两个主夹具上进行中部向两侧的拉伸。同时，在中立柱门槛上边的裙边上安装两个夹具进行侧向拉伸，这是因为中部受损后拉伸力比较大，需要同时进行两个点以上、多个方向的拉伸。

图 6-38 拉伸车身的中部

（4）修复车辆的前端弯曲。

由于车辆的前后发生了弯曲变形，因此要对车身的前部进行校正，如图 6-39 所示。通过测量可以看出前纵梁产生了朝向撞击方向的变形，需要用尼龙带或其他夹具对前纵梁进行拉伸。拉伸时注意，链条导向环和链条的高度要与纵梁平齐，不要太高或太低，否则拉伸时会产生向上或向下的力，使纵梁产生上下弯曲变形。

（5）拉伸车辆后部。

由于车身后纵梁与前纵梁存在同样的问题，因此对车身后部也要根据测量尺寸的结果来进行校正，如图 6-40 所示。

图 6-39 拉伸车身的前部

图 6-40 拉伸车身的后部

(6) 侧向拉伸门槛板。

在碰撞时门槛板承受了大量的力,变形量大,有些板件可能需要更换,但必须在进行校正后才能够进行更换。对于门槛板,通过大力拉钩向外进行拉伸,如图 6-41 所示。在拉伸时注意大力拉钩与车辆板件的接触受力点要根据情况选择不同接触面积的垫块,同时注意拉伸的方向,遵循拉伸的要点,使应力充分放松。

图 6-41　侧向拉伸门槛板

(7)侧向拉伸中立柱。

中立柱在碰撞中也会发生变形,需要进行拉伸,如图 6-42(a)所示。在车门的铰链、门锁安装点、车门裙边的焊接接口处都会有一些尺寸数据,可通过测量来确定拉伸的程度。在拉伸中立柱下部时,为了防止中立柱上部也跟着变形,需要用尼龙带在中立柱上部进行辅助拉伸,如图 6-42(b)所示。

(a)　(b)

图 6-42　拉伸车身的中立柱及拉伸中立柱时的辅助定位

4. 校正后的检查

修理完成后，要对车辆进行最后的检查，如图 6-43 所示。在检查时，车身修理人员要绕着车身周围观察，看看是否有明显的校正错误。如果在车顶线和车门之间出现大的缝隙，就说明还有少量的损伤存在。检查修理顺序，看每一项是否做好了。如果检查中发现问题，应马上将车固定起来，重新进行拉伸，不要等到更多的修理程序完成之后，又发现损伤，再来修理。检查时应该注意：检查车门与门槛板的空隙，应该是一条又直又窄的缝隙；检查整个车身上部所有部位总的平整情况；开、关车门，掀、关发动机罩和行李厢盖，看开关时是否感觉过紧。最终检查完毕后，汽车可留在校正平台上，重新装上那些修理前被取下的部件，然后将汽车从校正平台上移下来。

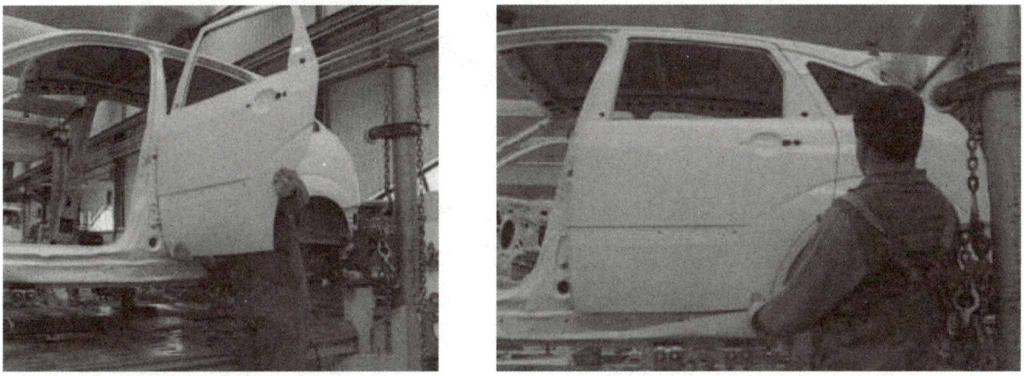

图 6-43 对校正后的车身进行检查

四、车身前部碰撞变形校正步骤

(1) 分析车身前部损伤情况，确定拉伸程序。如图 6-44 所示，通过碰撞位置可以分析出车身的左前方受到碰撞，散热器框架和前纵梁都受到严重损坏，左前立柱也向后变形，这就需要按照与碰撞方向相反的方向对左前纵梁和左前立柱进行拉伸，在左前立柱尺寸恢复后，再把需要恢复的左前纵梁拆除，然后再修复右前挡泥板和右前纵梁。

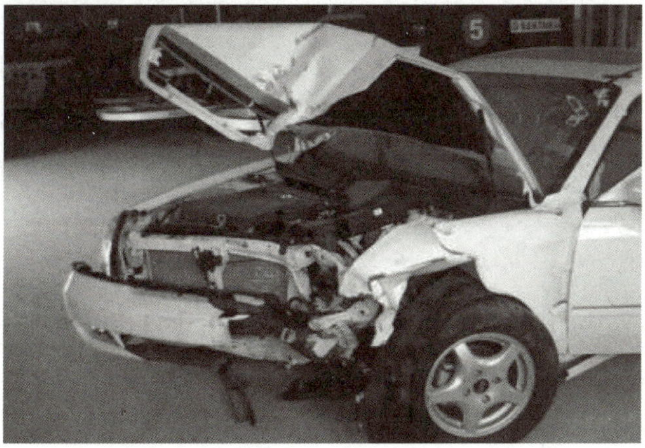

图 6-44 车身损伤分析图

（2）拆下车轮，然后将轮毂安装到车轮支架上（见图 6-45），把车轮支架放到拖车器上，通过牵引器把汽车拖到校正平台上，将车身前部放在校正平台的前部。

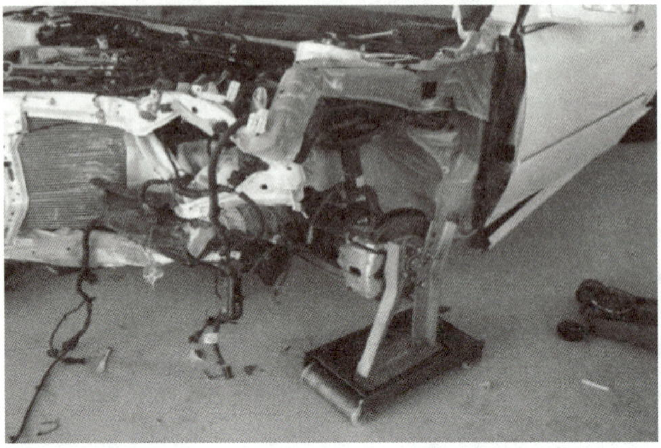

图 6-45　将轮毂安装到车轮支架上

（3）通过主夹具安装固定车身，用千斤顶把车身举起，将车身裙边也放到主夹具钳口内，然后固定主夹具，使车身和校正平台形成刚性连接。

（4）进行前保险杠、前翼子板、水箱框架、引擎盖、水箱、大灯及相关部件的拆卸，然后拆卸发动机舱中的机械部件，同时还要拆除仪表板、内饰板等附件。

（5）进行水箱框架的预拉伸（见图 6-46），然后用切割锯将水箱框架切除，进而拆卸水箱等。

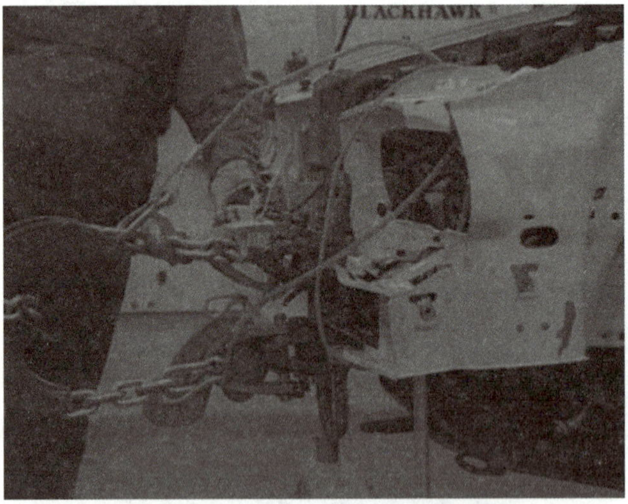

图 6-46　水箱框架的预拉伸

（6）钻除前纵梁根部焊点。先用打磨机将防锈涂层打磨掉，然后用钻头钻去焊点。

（7）进行车身测量（见图 6-47），记录前部所有关键控制点的三维数据和变形数据。

（8）对前挡泥板进行拉伸。通过拉伸前纵梁（见图 6-48）使前挡泥板产生一定变形后保持拉力，然后锤击变形部位以消除应力，泄压放松拉力，检查变形恢复了多少，再重新拉伸保持、放松应力，直到变形部位尺寸恢复到在标准数据误差范围内。

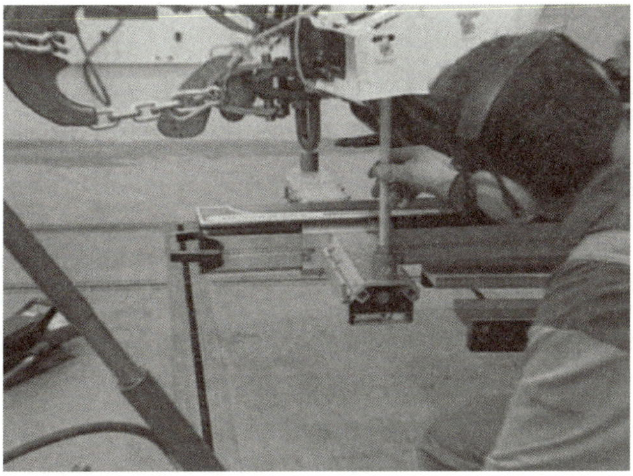

图 6-47 进行车身测量

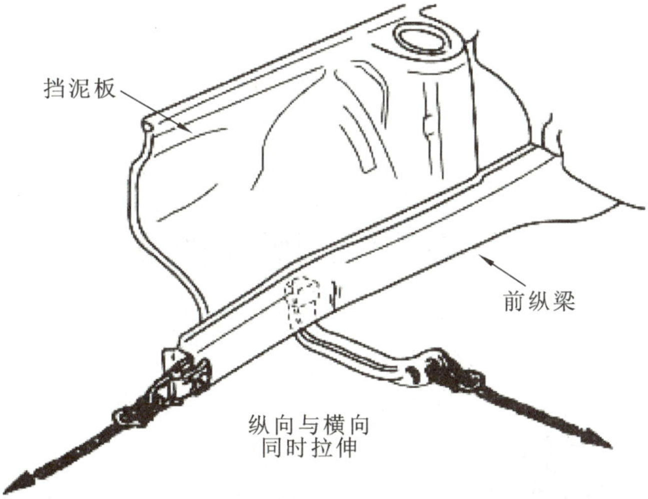

图 6-48 拉伸前纵梁

(9) 对前立柱进行校正。在安装部位附近截断内加强板和纵梁，在主要受损部位附近夹紧，然后进行拉拔。在对前立柱向前进行拉拔的同时，还可以用一个便携式油缸从内侧撑顶。

(10) 车身校正好后，进行更换部件的安装。对前纵梁、前挡泥板、水箱框架进行安装。要按原来痕迹进行安装，先定位车身板件，举升前纵梁到安装标记部位，用大力钳定位，把水箱框架安装到前纵梁上，然后测量数据，并把数据调到在误差范围内。

(11) 安装前翼子板和引擎盖，检查外部板件相互间的间隙是否均匀，先进行临时安装。

(12) 做好定位标记后拆下前翼子板和引擎盖，重新测量数据，确定无变化后，进行板件焊接。

(13) 焊接好后安装前翼子板和引擎盖、大灯、前保险杠、水箱等部件。

(14) 测量无误后，收拾工具设备，清洁场地。

【课程思政】

通过讲解汽车车身整体变形的诊断与修复，引导学生培养大国工匠精神，提高汽车车身维修能力。大国工匠是工业经济发展的产物，是我国由制造大国发展成为制造强国的动力。若把工匠精神看作软件，则硬件就是大国巧匠。如果没有硬件的支撑，那么软件就成了空中楼阁。我国的大国工匠，已将工匠精神落实到每一家生产企业，将工匠精神注入每一件中国制造的产品中，不断对工艺进行改善，打造出中国最佳的产品，塑造出许许多多中国品牌产品，充分体现了中国品质。从中国制造升级到中国创造、中国标准，都离不开大国工匠精神。大国工匠是我国民族振兴之魂，大国工匠的培养必须从青少年开始抓起，使青少年树立起“诚实、勤劳、有爱心”的价值观，且社会必须形成“职业不分贵贱”的氛围，充分认识到职业教育的重要性，弘扬“我爱劳动，劳动最光荣”的精神。

【课后习题】

一、判断题

1. 汽车发生碰撞事故时，产生的碰撞力及受损程度取决于事故发生时的状况。（　　）

2. 虽然汽车只发生一个方向上的碰撞，但损伤却可能发生在两个方向上。（　　）

3. 当汽车被撞后，车身外壳表面会比正常位置低，在结构上也有后倾现象，这表明车身发生了左右弯曲变形。（　　）

4. 车身校正仪是通过液压力量进行修复操作的。（　　）

5. 平台式车身校正仪可以在围绕车身的任何角度、任何高度和任何地方，向上或向下对车身进行拉伸。（　　）

二、选择题

1. 拉伸时，操作人员要站在塔柱的（　　）。

A.前面　　B.后面　　C.侧面

2. 两个前纵梁都发生了变形，应该（　　）。

A.不拆散热器支架，先校正严重损伤的前纵梁

B.不拆散热器支架，先校正轻微损伤的前纵梁

C.拆开散热器支架，分开校正两个前纵梁

3. A 部件经拉伸校正恢复尺寸后，对与它相连的 B 部件进行拉伸，则（　　）。

A.拉伸时力量小一些

B.边拉伸 B 部件边测量 A 部件的尺寸

C.对 A 部件进行辅助固定后再拉伸

4. 对弯曲变形的车门槛板向前、向后拉伸校正时，门槛板下的主夹具要（　　）。

A.与校正平台不固定　　B.与校正平台固定　　C.固定，但不能完全紧固

5. 对某个部件拉伸时，造成拉伸过度的原因是（　　）。

A.没有及时测量

B.错误使用高压油泵，拉伸力过大

C.部件变形后太软

项目 7

汽车车身板件的更换

项目任务

某车在一次事故中受到严重的碰撞，车辆前部变形，需要对前纵梁结构件进行修复。经分析评估，该车碰撞比较严重，需要对前纵梁结构件进行更换。

项目分析

车身钢板的更换，一般是只针对钢板在遭受猛烈撞击后损伤严重，经确认无法修复或修复后无法达到原有形状和性能的一种维修手段。在进行此项工作时，应利用经验并采用适当的技术和工艺规程，正确地分割、匹配和焊接各组件，这样才能保证钢板更换后的维修质量。

更换是指对受损部位进行局部切割后，在切割部位焊接与原来形状相同的板件。在更换车身钢板时，要根据实际情况，严格按照操作规程，在确保不改变车辆的原有性能和强度的前提下对钢板进行局部的切接更换。

7.1 车身板件的连接

一、汽车车身板件的连接方式

汽车车身（见图 7-1）是一个复杂的结构件。数百种薄板冲压成车门、翼子板、地板等不同的结构件，这些结构件采用不同的连接方式进行连接，从而组成汽车车身。将汽车车身零件连接在一起的方式分为可拆卸连接和不可拆卸连接两种。

车身板件的连接技术

1. 可拆卸连接

可拆卸连接有螺纹连接、卡扣连接和铰链连接（见图 7-2）。翼子板、保险杠、车门内饰件等处的连接采用螺纹连接，室内装饰件、装饰条、外部装饰件、线路等的安装采用卡扣连接，车门、发动机罩、行李厢盖等需要经常开关的部件采用铰链连接。

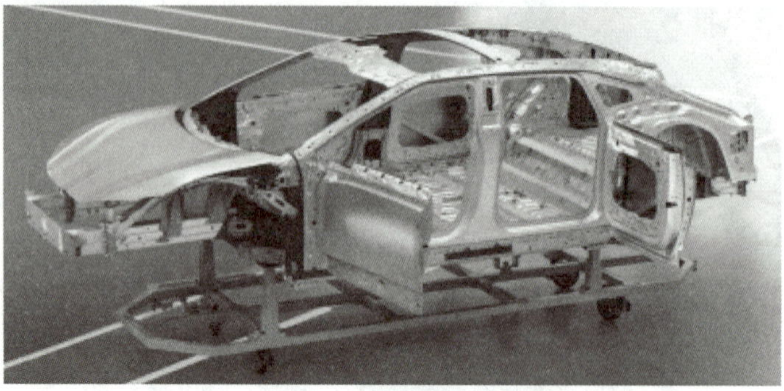

图 7-1　汽车车身

2. 不可拆卸连接

不可拆卸连接有折边连接(见图 7-3)、铆钉连接、黏结接连和焊接。车门内外板、发动机罩内外板、行李厢盖内外板的连接采用折边连接。

图 7-2　铰链连接

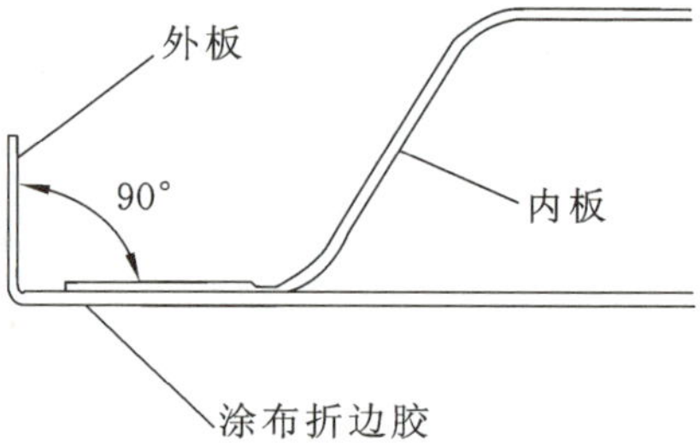

图 7-3　折边连接

铆钉连接用来连接车身上不同的材料(当其他方式不能有效连接时),或用来连接镁、铝、塑料车身。铝合金车身的铆钉连接如图 7-4 所示。

车身上需要密封的板件,如大面积面板、铝车身板件等采用黏结连接。黏结连接一般不单独使用,它配合螺栓连接、铆钉连接、电阻点焊连接、折边连接等方式一起使用。

焊接(见图 7-5)是对需要连接的金属板件加热,使它们共同熔化结合在一起的连接方式。车身制造中应用最多的是电阻点焊连接,它一般占焊接工作量的 60%;除此之外是二氧化碳保护焊连接,它主要用于车身骨架和车身总成的焊装。

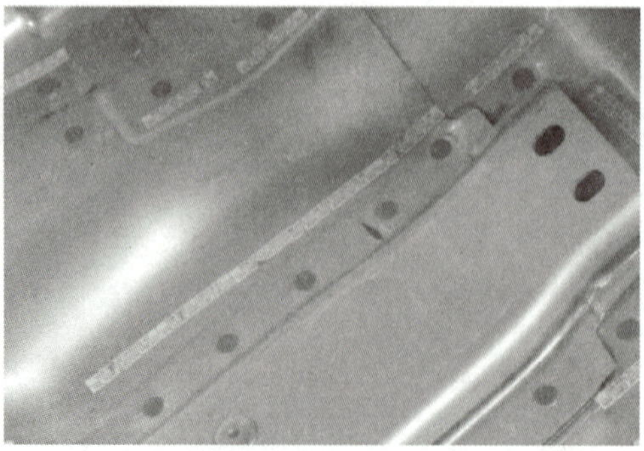

图 7-4　铝合金车身的铆钉连接

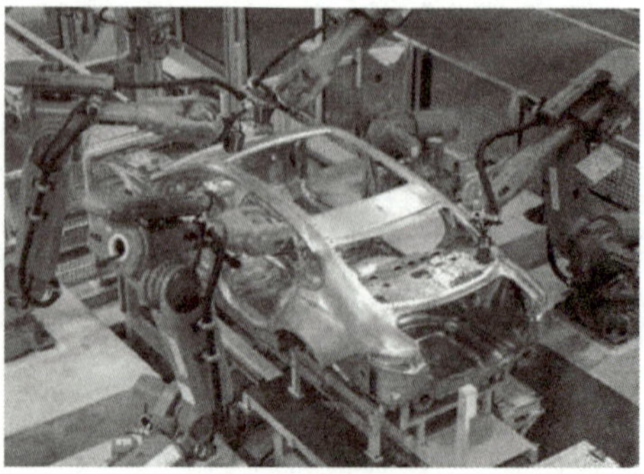

图 7-5　白车身的焊接

为了便于制造，设计车身时通常将车身划分为若干个分总成（见图 7-6），将各分总成又划分为若干个合件，合件由若干个零件组成。车身焊装的顺序是上述过程的逆过程，先将若干个零件焊装成合件，再将若干个合件和零件焊装成分总成，最后将分总成和合件、零件焊装成车身总成。

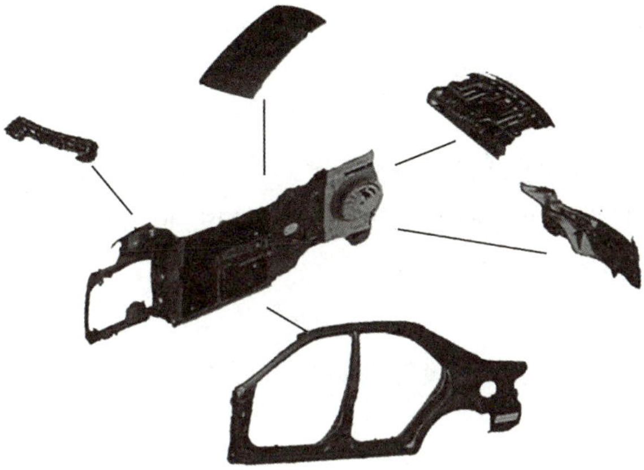

图 7-6　白车身的分总成

二、汽车车身电阻点焊

1. 电阻点焊概述

在汽车车身的生产中，除了在局部前立柱部位少量采用气体保护焊外，95％以上的焊接都采用电阻点焊，一辆车大约有 4000 个电阻点焊焊点。在生产中大量采用电阻点焊的主要原因是：可实现焊接自动化（大量采用焊接机器人），实现流水线大规模生产；焊接强度高，可保证每个焊点的强度一致；成本低，只需耗电，不需要其他耗材；速度快，一个焊点的焊接时间不超过 1 s。

电阻点焊是利用低电压、高强度的电流流过夹紧在一起的两块金属板时产生的大量电阻热，用电极的挤压力把两块金属板熔合在一起。电阻点焊原理如图 7-7 所示。

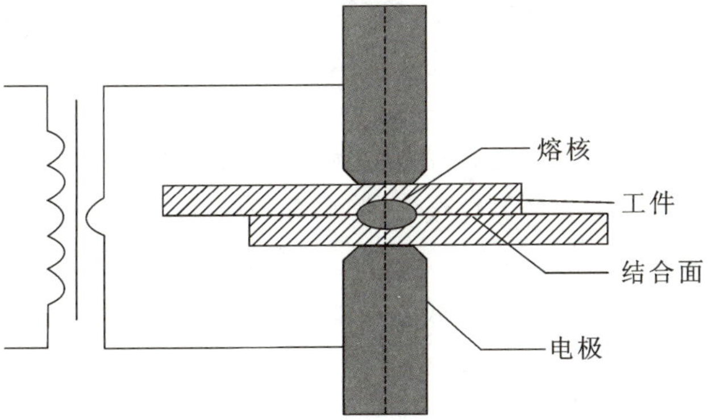

图 7-7　电阻点焊原理

2. 电阻点焊设备

电阻点焊设备有制造厂采用的悬挂式点焊机、自动焊接机器人等。修理过程中采用的电阻点焊设备一般是小型电阻点焊机。电阻点焊机(见图 7-8)一般由变压器、控制器和带有可更换电极臂的焊枪组成。

(1) 变压器。

变压器用于将低电流强度、220 V 或 380 V 的电压变为高电流强度、2～5 V 的焊接电压。

(2) 控制器。

控制器可以调节变压器输出的焊接电流的强弱,并可以调节出精确的焊接电流通电时间。实施焊接时,焊接电流被接通并通过被焊接的金属板,焊接完成后焊接电流被切断。焊接电流的大小由金属板的厚度和电极臂长度来决定。

(3) 焊枪。

焊枪(见图 7-9)通过电极臂向被焊接板件施加挤压力,并通入焊接电流。

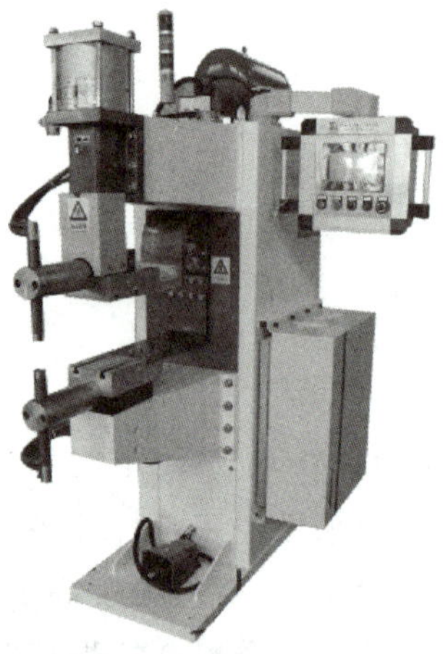

图 7-8　电阻点焊机

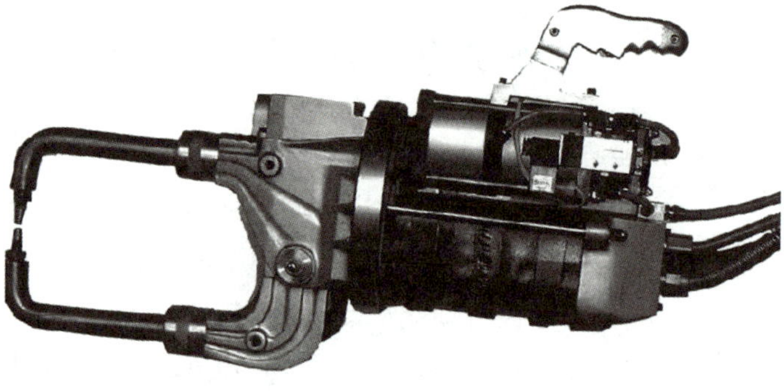

图 7-9　焊枪

3. 电阻点焊焊接质量的影响因素

根据公式 $Q=I^2Rt$ 可知,影响电阻点焊焊接质量的因素有电阻、电极压力、焊接电流和焊接时间等。

(1) 电极压力。

两块金属板的焊接机械强度与焊枪电极施加在金属板上的力有直接的关系。焊枪电极的压力太小、焊接电流过大都会产生焊接飞溅物,导致焊接接头强度降低。焊枪电极压力太大会使焊点过小,并降低焊接部位的机械强度。另外,焊枪电极压力过大会使电极压入被焊金属,电极压入深度过大使焊接质量降低。焊点被电极压入的深度不能超过板厚的一半。

(2) 焊接电流。

给金属板加压后,高强度的焊接电流流过焊枪电极,然后流入两块金属板。在金属板的结合处电阻值最大,电阻热使温度迅速上升,焊接电流不断流过,金属便熔化并熔合在一起。

焊接电流太大或电极压力太小，将会产生内部飞溅物。实施焊接时，应适当减小焊接电流的强度或增加电极压力，使焊接飞溅物减少到最少。

(3) 焊接加压时间。

焊接电流被切断后，焊接部位熔化的金属开始冷却，凝固的金属形成圆而平的焊点。对焊点施加的压力合适，焊点的结构紧密，有很高的机械强度。焊接加压时间是一个重要因素，焊接加压时间太短会使金属的熔合不够紧密。

(4) 影响电阻点焊焊接质量的其他因素。

使用电阻点焊机焊接时，除了焊机本身的焊接电流、电极压力、电极臂等因素影响焊接质量外，以下因素也会对焊接质量产生影响。

① 焊接表面间的间隙。

在实施焊接之前，应当把焊件表面整平。焊件表面之间留有任何间隙，都将导致焊接电流导通不良，尽管不消除这种间隙也能进行焊接，但是如果焊点面积变小，则会造成焊接强度不足。可通过用夹钳将焊件牢牢地夹紧，来消除这一间隙。

② 焊件表面状况。

如果焊件表面有漆膜、锈迹、灰尘或其他污物，就会降低焊接质量。应把焊件表面的污物清除干净，以使焊接电流畅通。

③ 点焊操作。

应使电极头与板件表面保持垂直，否则焊接电流会减弱，导致焊接强度不够。对于三层或更多层重叠的点焊，应焊两次。

④ 焊点数量。

由于汽车修理厂所用的电阻点焊机的功率一般都比汽车制造厂所用的电阻点焊机小，因此，汽车修理厂采用电阻点焊的方法进行焊接时，焊点数量应当比原有焊点多 30%。

⑤ 焊点间距。

焊接强度由焊点间距和边缘距离决定。焊点间距减小，板件连接强度就增加，但焊点间距小到一定程度后再减小，板件的连接强度也不会再增大，因为焊接电流会流向以前的焊点。随着焊点数量的增加，焊接电流分流也会增多，而这种分流流出的焊接电流又不会使焊点的温度升高。焊点间距的大小应控制在不致形成支路电流的范围内，一般要参照表 7-1 中给出的数值确定。

表 7-1 焊点间距和边缘距离

板厚/mm	焊点间距 s/mm	边缘距离 P/mm
0.4	≥11.0	≥5.0
0.8	≥14.0	≥5.0
<1.2	≥18.0	≥6.5
1.2	≥22.0	≥7.0
1.6	≥29.0	≥8.0

边缘距离是由焊接电极头的位置决定的。如果边缘距离不足，即使焊接正常，焊接强度

也会不够。在靠近板件端面焊接时，应参照表 7-1 中给出的值确定边缘距离。如果边缘距离太小，就会导致焊接强度不够，并引起板件变形。

⑥ 点焊顺序。

不要在一个方向上连续点焊，采用这种方法实施焊接，焊接强度较低。如果电极头过热变色，应停下来冷却。

三、二氧化碳气体保护焊

现在国内多数汽车修理厂采用的是半自动二氧化碳弧焊机。焊机的焊丝进给和二氧化碳气体的输送都是自动进行的，而沿焊缝的施焊则是手工操作的。它可以使用直径为 0.6 mm、0.8 mm、1.0 mm 的焊丝，对厚度为 0.8～4 mm 的工件（如低碳钢、低合金钢、不锈钢等工件）进行空间全位置的对焊、搭焊、角焊等，并能对铸铁进行补焊。

二氧化碳气体保护焊即熔化极惰性气体保护焊，是指用金属熔化极作电极，以惰性气体（二氧化碳气体）作保护介质的焊接方法，简称 MIG。

二氧化碳气体保护焊的特点是：以二氧化碳气体作为保护介质，使电弧及熔池与周围空气隔离，防止空气中的氧、氮、氢对熔滴和熔池金属产生有害作用，从而获得优良的机械保护性能；利用专用的焊枪，形成足够的二氧化碳气体保护层，依靠焊丝与焊件之间的电弧热，进行自动或自半动熔化极气体保护焊接。

二氧化碳气体保护焊使用一根焊丝，焊丝以一定的速度自动进给，在板件和焊丝之间出现电弧，电弧产生的热量使焊丝和板件熔化，将板件熔合在一起。二氧化碳气体保护焊工作原理如图 7-10 所示。

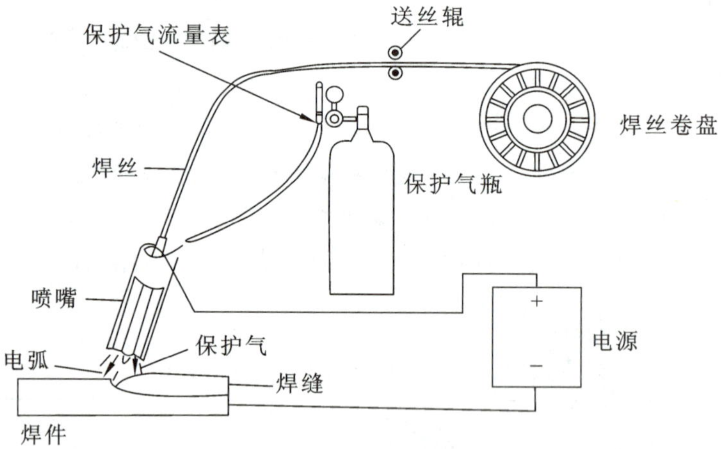

图 7-10　二氧化碳气体保护焊工作原理

1. 二氧化碳气体保护焊焊接设备

二氧化碳气体保护焊焊接设备主要由保护气源、送丝装置、焊丝、焊机电源、搭铁装置、焊枪、保护气、控制系统组成。

(1) 带有流速调节器的保护气源。

二氧化碳气体钢瓶（见图 7-11）用以贮存液态二氧化碳，钢瓶外表涂铝白色，并写有黑色

“二氧化碳”字样，瓶装压力为 5～7 MPa。

由于液态二氧化碳转变成气态时，将吸收大量的热，使温度下降，再经减压后，气体体积膨胀，也会使温度下降，因此，为防止管路冻结，在减压之前要将二氧化碳气体通过预热器进行预热。预热器一般采用电阻加热方式，采用 36 V 交流供电，功率为 100～150 W。

气体流量计用来调节气体流量的大小，常用转子流量计，但它的刻度是用空气作为介质，若通过的气体为二氧化碳气体，浮子材料为纯铝。带预热器的二氧化碳减压流量计如图 7-12 所示。

图 7-11 二氧化碳气体钢瓶

图 7-12 带预热器的二氧化碳减压流量计

(2) 送丝机构。

二氧化碳气体保护半自动焊在国内外的应用十分广泛。根据焊丝直径及施工要求，二氧化碳气体保护焊送丝机构(见图 7-13)通常有 3 种形式：推丝式、拉丝式和推拉丝式。

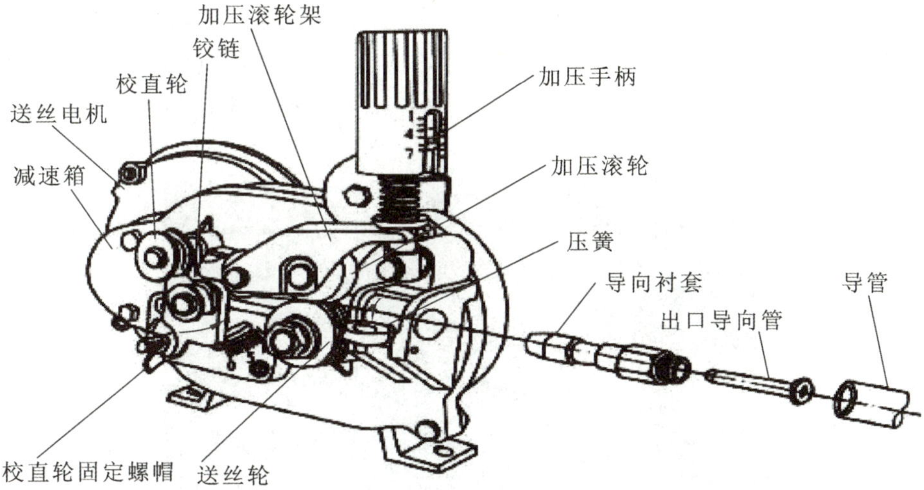

图 7-13 送丝机构

推丝式送丝方式主要用于直径为 0.8～2.0 mm 的焊丝，是应用最广的一种送丝方式。推丝机是应用最广的送丝机，送丝电机、送丝滚轮、校直机构、焊丝盘和插孔等都装在由薄铁板压制的机架上。

(3) 焊丝。

二氧化碳气体保护焊焊丝(见图 7-14)既是填充金属又是电极，所以既要保证含有一定的化学成分、具有一定的力学性能，又要保证具有良好的导电性能和工艺性能。

二氧化碳气体保护焊焊丝的直径有 0.5 mm、0.6 mm、0.8 mm、1.0 mm、1.2 mm、1.4 mm、1.6 mm、2.0 mm、2.5 mm、3.0 mm、3.2 mm。为了提高导电性能及防止二氧化碳气体保护焊焊丝表面生锈，一般在二氧化碳气体保护焊焊丝表面采用镀铜工艺，且要求镀层均匀、附着力强、总含铜量不大于 0.35%。

(4) 焊枪。

在二氧化碳气体保护焊中，执行焊接的部分叫焊枪，它的作用是将焊丝引导至焊接部位并喷出保护气体。鹅颈式焊枪如图 7-15 所示。

图 7-14　二氧化碳气体保护焊焊丝

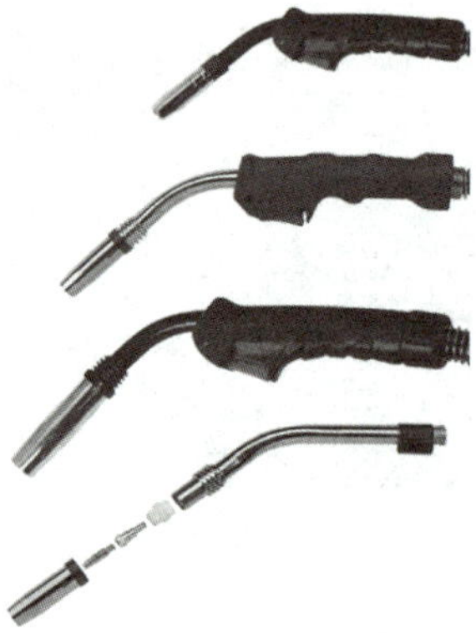

图 7-15　鹅颈式焊枪

(5) 控制系统。

控制系统由焊接参数控制系统和焊接过程程序控制系统组成。焊接参数控制系统主要由焊接电源输出调节系统、送丝速度调节系统和气流量调节系统组成。它们的作用是在焊前或焊接过程中调节焊接电流或电压、送丝速度、焊接速度和气流量的大小。焊机控制面板如图 7-16 所示。

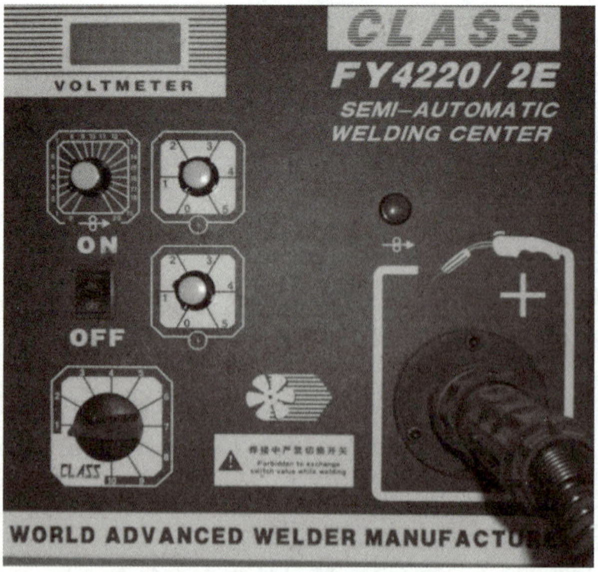

图 7-16　焊机控制面板

(6) 焊机电源。

焊机电源用于把 220 V 或 380 V 的电压变为 10 V 左右的低电压，同时把电流变大。焊接电压要求稳定，因此焊机电源要稳压，否则会影响焊接质量。

(7) 电缆和搭铁线。

焊接部位与搭铁线连接形成电流回路。

2. 二氧化碳气体保护焊焊接参数

二氧化碳气体保护焊的规范参数主要有焊接电流、电弧电压、导电嘴到工件的距离、保护气体的流量、焊接速度、送丝速度、焊枪喷嘴的调整、电源极性调整。选择这些参数的原则是在保证焊接质量的前提下，尽可能提高劳动生产率，并要注意焊接规范参数对飞溅物、气孔、焊缝形成及焊接过程稳定性的影响。

(1) 焊接电流。

焊接电流直接影响到焊件母材的熔透深度、熔丝的熔化速度、电弧的稳定性和飞溅量。随着焊件厚度的增加，焊丝直径和焊接电流也应相应加大。

(2) 电弧电压。

电弧电压是指从导电嘴端部到焊件之间的电压，主要根据焊接电流、焊丝直径等参数来选择。当电弧电压增大时，焊缝宽度相应增大，熔深减小；当电弧电压减小时，焊缝宽度相应减小，熔深增大。短路过渡时，不同直径焊丝相应选用的焊接电流、电弧电压的数值范围如表 7-2 所示。

表 7-2　焊接电流、电弧电压的选择

焊丝直径/mm	焊接电流/A	电弧电压/V
0.6	50～60	18～20
0.8	50～100	18～21
1.0	70～120	18～22

(3) 焊接速度。

焊接速度根据焊接电流、电弧电压、焊缝截面尺寸等参数来选择。焊接速度过高时，不但气体保护效果容易遭到破坏，焊缝成形不良，而且还使焊缝冷却太快，降低焊缝的塑性和韧性。焊接速度过慢，容易造成焊缝烧穿或形成粗大的焊缝组织。焊接速度可参考表 7-3 选择。

表 7-3　焊接速度的选择

板件厚度/mm	焊接速度/(m/min)	板件厚度/mm	焊接速度/(m/min)
0.6～0.8	1.1～1.2	1.2	0.9～1
1.0	1	1.6	0.8～0.85

（4）送丝速度。

送丝速度较慢，焊接接头较平坦，焊丝在熔池内熔化并熔敷在焊接部位，可听到嘶嘶声或啪嗒声，反光亮度增强；送丝速度太快，将堵塞电弧，焊丝不能充分熔化，焊丝将熔化成许多金属熔滴并从焊接部位飞走，产生大量飞溅物，弧光频闪。

（5）焊丝伸出长度。

焊丝伸出长度指焊丝从导电嘴出口到焊丝末端的距离，对焊接过程的稳定性和焊缝质量有影响。焊丝伸出长度越长，这部分的电阻热越大，焊丝熔化速度就越快。随着焊丝伸出长度的增加，飞溅物粘到喷嘴和导电嘴上的概率减小，为此，尽可能选用较大的焊丝伸出长度。但焊丝伸出长度过大，焊丝容易弯曲，端头会发生摆动，使气体保护效果变差、焊缝边缘不齐或对中性不好。同时，焊丝易过热，甚至造成飞溅，使焊接过程不稳，并引起气孔等缺陷，所以焊丝的伸出长度受到一定的限制。焊丝伸出长度也不能太短，否则会妨碍对熔池的观察，喷嘴和导电嘴容易过热，飞溅物往往粘在喷嘴上而堵塞喷嘴，影响保护气保护性能，引起焊缝气孔。焊丝伸出长度与焊丝直径和焊接电流有密切的关系，较细的焊丝选用较小的伸出长度，一般认为焊丝伸出长度约等于焊丝直径的十倍较合适。

（6）保护气体的流量。

CO_2气体流量应根据焊接电流、焊接速度、焊丝伸出长度及喷嘴直径等来选择，它直接影响到气体保护效果。CO_2 气体流量过小时，保护气流的挺度不足，焊缝易产生气孔等缺陷；CO_2 气体流量过大时，不仅浪费气体，而且氧化性增强，焊缝表面会形成一层暗灰色的氧化皮，使焊缝质量下降。为保证焊接区域免受空气的侵蚀，当焊接电流大或焊接速度快、焊丝伸出长度较长以及在室外焊接时，应增大 CO_2气体的流量。

为了有效地保护焊接区域而获得高质量的焊缝，对 CO_2气体应有一定的纯度要求。焊接用 CO_2气体的纯度不得低于 99.5%。同时，当 CO_2气瓶的压力低于 1 MPa 时，应停止使用，以免溶于液态 CO_2中的水分汽化量增大而产生气孔。细丝焊接时，CO_2 气体流量为 5～15 L/min。

（7）焊接时焊枪的角度。

焊接按焊接方向分两种，即正向焊接和逆向焊接。正向焊接熔深较小且焊缝较平；逆向焊接熔深较大，并会产生大容量的熔敷金属。正向焊接和逆向焊接的焊枪的角度都应该在10°～15°之间，如图 7-17 所示。

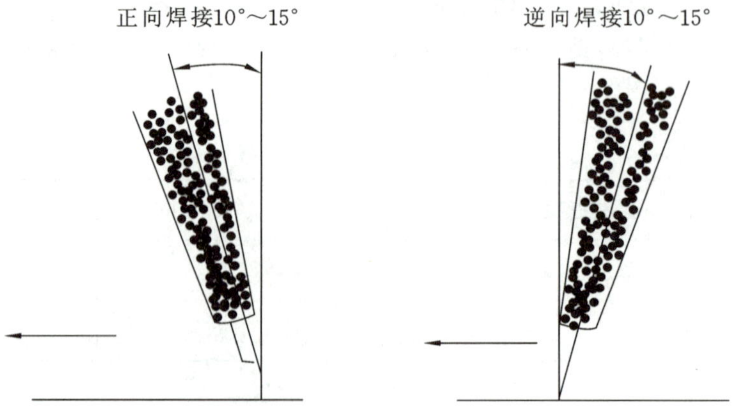

图 7-17　焊枪的角度

7.2 车身板件的分割

一、车身板件分割工具

车身板件的分割技术

在汽车车身板件更换过程中，常用到一些切割工具，包括气动切割锯、气动錾子、气动焊点削转机和等离子切割机。这些工具能帮助车身修理人员快速地切割板件。

1. 气动切割锯

在车身修理中，气动切割锯（见图 7-18）主要用于金属外部面板、结构件的分割。气动切割锯锯切间隙宽度小，适用于金属薄板的切割。

2. 气动錾子

气动錾子用于快速进行粗切割作业。它能节省大量时间，还能破开咬死的减振器螺母，以及去除焊接溅出物和破碎焊点。

3. 气动焊点削转机

气动焊点削转机（见图 7-19）可以实现车身电阻点焊焊点的去除。它配有进度限制装置，保证在分离板件的同时不会损坏下层板件。

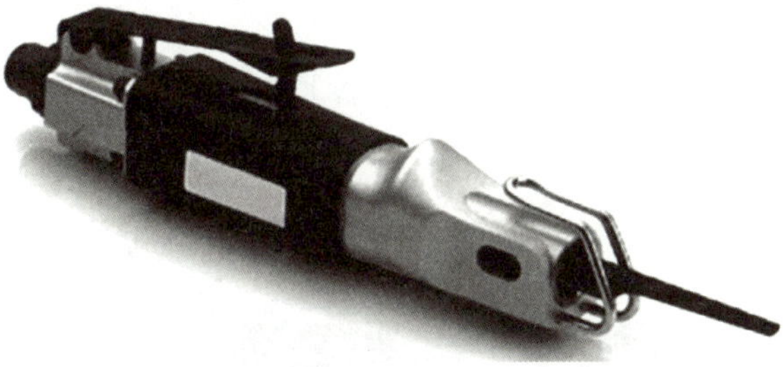

图 7-18　气动切割锯

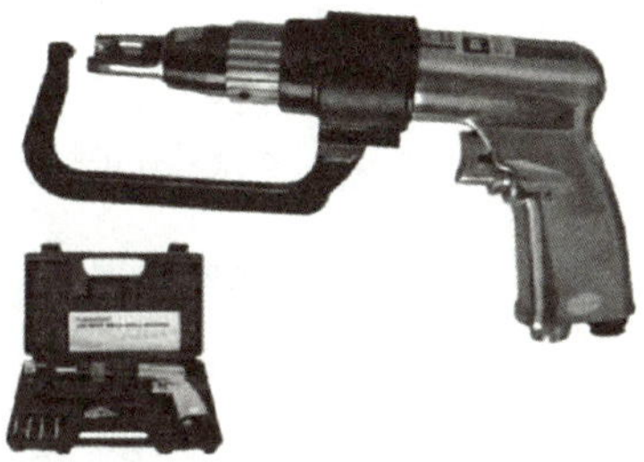

图 7-19　气动焊点削转机

4. 等离子切割机

等离子切割是利用高温等离子电弧的热量使工件切口处的金属部分或局部熔化和蒸发，并借高速等离子的动量排除熔融金属以形成切口的一种切割方法。等离子切割机如图 7-20 所示。

二、车身板件的切割

1. 确定电阻点焊焊点位置

为了找到电阻点焊焊点的位置，首先要去除底漆、保护层或其他覆盖物。一种去除底漆的方法是：用乙炔焰烧焦底漆，然后用钢丝刷将底漆刷除。也可用粗钢丝砂轮磨掉底漆。在

图 7-20　等离子切割机

加热底漆的过程中，要注意不要烧透涂层，防止金属薄板变色。对于保护层，也可采用去除底漆的方法去除，即加热软化后用铲刀剔除；也可用砂轮磨削，使焊点露出。

2. 电阻点焊焊点的去除和连续焊缝的分离

(1) 焊点的钻头钻除方式。

钻头钻除方式是经常用的一种焊点去除方式。在确定焊点的位置(见图 7-21)后，用普通钻头或钻孔器等钻除焊点(见图 7-22)后将板件分离。

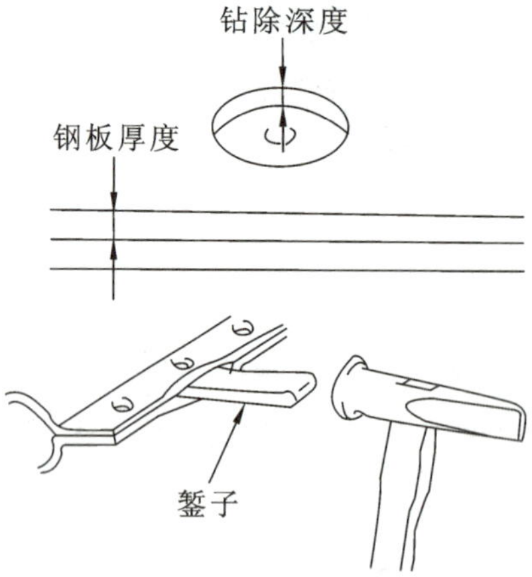

图 7-21　用錾子确定焊点位置

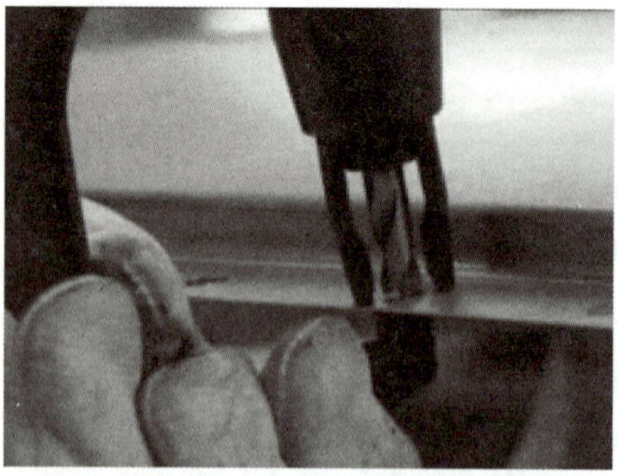

图 7-22　使用钻头式切割机钻除焊点

(2) 焊点的砂轮磨除方式。

对于钻头不能钻除的焊点或者由于太大因而用钻头钻除困难的焊点，可以采用砂轮磨除的方式去除。在操作过程中，应磨削上层板件，而不破坏下层板件。使用高速砂轮磨削清除焊点如图 7-23 所示。

(3) 连续焊缝的分离。

在汽车的局部板件连接中,板件是用惰性气体保护焊的连续焊进行焊接的。连续焊形成的焊缝长,分离困难,一般要用砂轮或高速砂轮机来分离板件,即用砂轮或高速砂轮机切削连续焊缝,去掉焊缝金属,进而把板件分离。

在用砂轮分离连续焊缝时,应注意切割的深度。要割透焊缝而不割进或割透板件,否则会导致板件损伤。操作时,要握紧砂轮,让砂轮以 45°角进入搭接焊缝。磨透焊缝后,再用锤子和錾子分离板件。图 7-24 所示是使用圆盘研磨机分离连续焊缝。

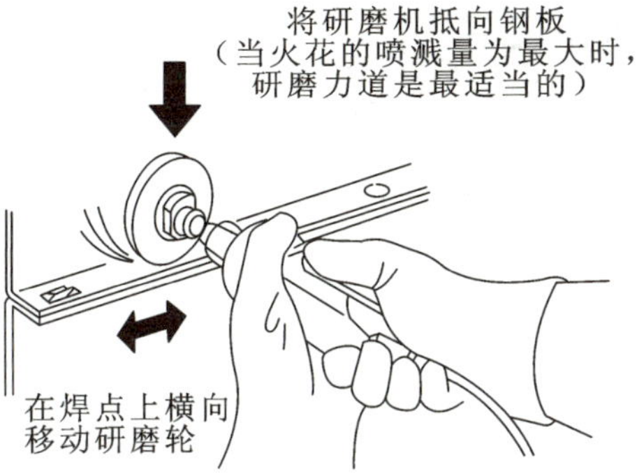

图 7-23 使用高速砂轮磨削清除焊点

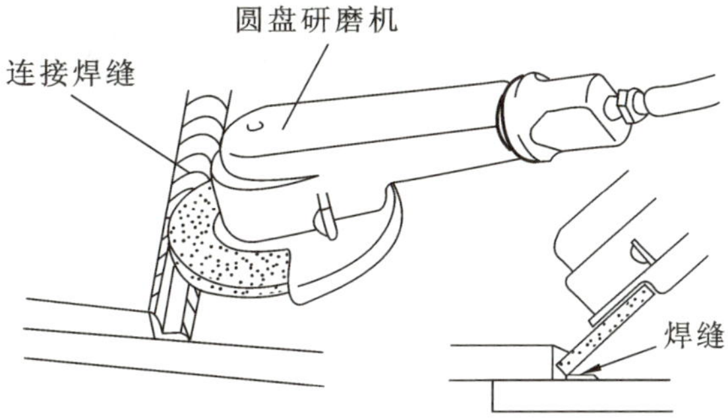

图 7-24 使用圆盘研磨机分离连续焊缝

3. 汽车车身板件的分割

整体式车身部件一般在接缝处进行更换,在分割时要考虑车辆的特殊设计,分割结构件要保持防撞吸能区的完整,使修理区域的强度和撞击以前一样,在遭碰撞时还具有吸收碰撞能量的能力。除了防撞吸能区外,还要考虑内部加强件、制造时的接缝位置以及理想的分割区域。当需要分割高强度钢板和超高强度钢板时,在确认分割将不危害车辆结构的完整性时才能实施分割。车身结构性板件的分割主要涉及门槛板、后侧围板、地板、前纵梁、后纵梁、行李厢地板、中立柱与前立柱。

(1) 防撞吸能区的分割。

有些结构件设计有防撞吸能区或褶皱点,尤其是前纵梁和后纵梁都有防撞吸能区。在修理中需要对前纵梁进行切割时,一定要避开前纵梁的防撞吸能区,要按照修理手册中指定的位置进行切割,否则就会影响设计的安全性。如果一根梁遭到较大的损坏,这根梁通常在防撞吸能区被压弯。图 7-25 所示是前纵梁的切割区。

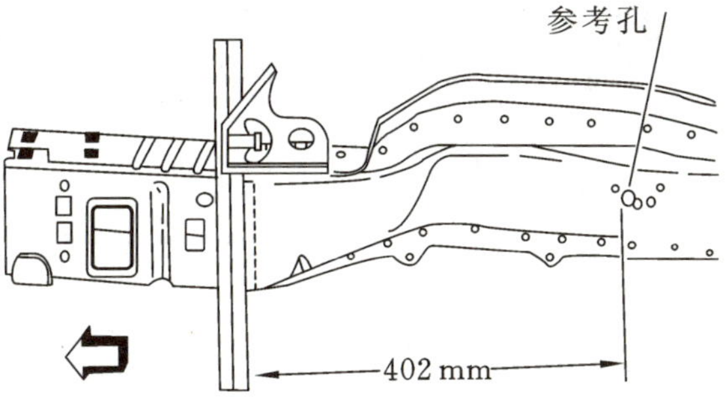

图 7-25 前纵梁的切割区

(2) 车身梁的切割与连接。

车身的前纵梁和后纵梁都是箱形截面构件，二者的结构有两种不同的形式，一种是封闭的箱形截面，另一种是开口的、槽板式的与其他构件连接而形成的箱形截面，修理时采用的工艺是用插入件对接。

在多数情况下，切割开口式梁后，焊接工艺是在搭接区域中用塞焊并沿着搭接边缘连续搭接塞焊。切割前纵梁或后纵梁时，谨记它们的吸能区，进行切割时必须避开这些区域，同时避开任何孔和加强件。图 7-26 所示是箱形截面梁的切割与连接。

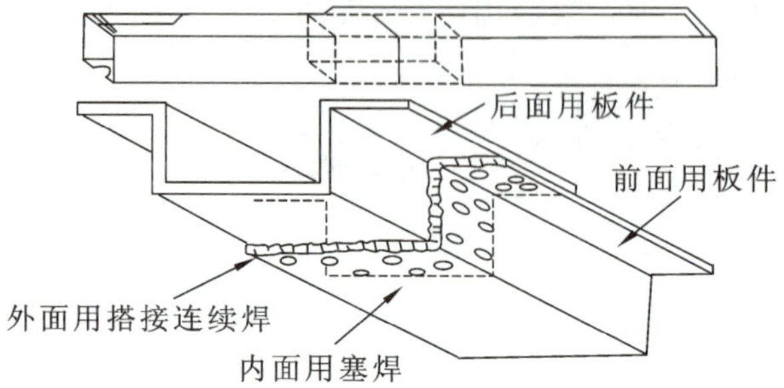

图 7-26　箱形截面梁的切割与连接

(3) 前立柱的分割与连接。

前立柱由两层板或三层板组成，在上端、下端或上下两端将它们加固。前立柱的切割应该在前立柱中间部位进行，避免割掉任何加固件。

对于前立柱，可以采用纵向切割，用插入件对接，或者采用没有插入件的偏置对接。用插入件对接修理时，采用与修理门槛板相同的方法，前立柱插入件的长度应该是 100～150 mm。对插入件沿长度方向清除所有凸缘以后，将插入件轻轻地敲入。用塞焊将插入件固定在适当的位置，并用连续对接焊封闭前立柱的周边。

进行偏置对接时，应尽量在制造厂实施焊接留下的焊点之间进行切割，以便钻除焊点。两切割线之间的间距不小于 50 mm，将截面对接在一起并将它们的四周连续焊接。图 7-27 所示是前立柱的插入件对接。

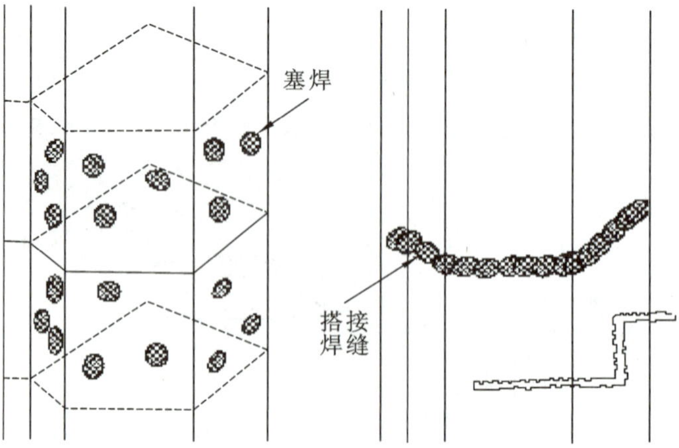

图 7-27　前立柱的插入件对接

技能训练　车身板件的更换

一、设备准备

完成本任务，需要使用的主要设备工具有个人防护用品、基本工具、各种分割工具、焊接设备、测量工具、变形车身、大梁校正仪、新板件。

二、注意事项

(1) 将车身放在校正平台上并进行定位，校正已损伤但不要求更换的板件。在更换板件之前，必须做好所有的板件校正工作，否则新的板件无法正确安装。

(2) 校正完成后，将新板件安装到指定部位，用夹具将新板件定位，使用测量系统检查新板件与汽车上完好的板件是否对齐、新板件的控制点尺寸是否符合误差要求。经必要的调整后，将新板件加固在正确的位置，然后将它与跟它相配合的板件通过焊接连接。

三、更换板件前的准备

(1) 磨掉点焊区域焊缝的痕迹，用钢丝刷清除掉连接表面上的油泥、锈斑、油漆、保护层及镀锌层等。不要磨削结构钢板的边缘，否则将磨去金属，使截面变薄并削弱连接强度。此外，还要清除板件连接表面后面的油漆和底漆，因为这些部位在安装时要实施点焊。图7-28所示是清洁连接钢板表面。

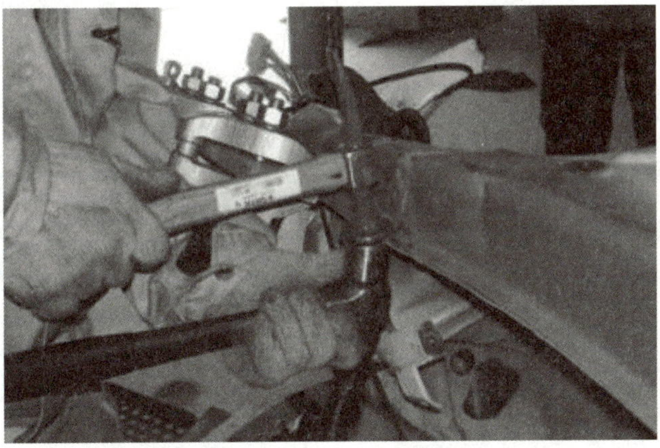

图7-28　清洁连接钢板表面

(2) 对于相配合的凸缘上的凹坑和凸起，要用锤子和顶铁弄平。

(3) 对于油漆和腐蚀物已从连接表面上清除、基体金属已经暴露的区域，应涂上可焊透的底漆。对于连接的表面或以后加工过程中不可能涂漆的区域，采用防锈底漆很重要。

四、更换门槛板步骤

(1) 穿戴个人安全用品。

（2）用气动切割锯按照安装尺寸切割新板件（见图 7-29）。

（3）切割好新板件后，将新板件安装定位到需要更换板件的部位，并用划针在旧板件上画出刻线（见图 7-30）。

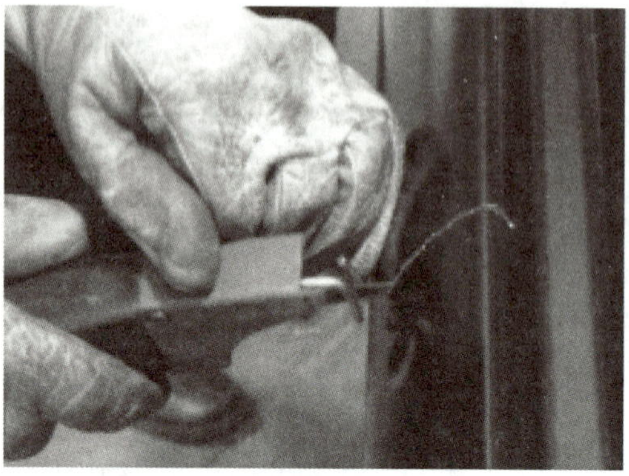

图 7-29　新板件的切割

图 7-30　在旧板件上划线

（4）用气动切割锯切割旧板件，磨平在钻除焊点时或剥离钢板时所产生的毛刺。

（5）用气动点焊钻除机在车身焊接裙边钻出塞焊孔。

（6）如果新板件要切割成与现有的板件搭接的形状，需要采用气动切割锯将新板件粗切到需要的尺寸，板件的搭接宽度应为 18～24 mm。

（7）用打磨机打磨掉板件焊接部位周围的密封胶和底漆层（见图 7-31），然后在板件焊接的结合面涂抹点焊防锈底漆。

（8）在新旧板件上打磨需要焊接的部位并进行点焊防锈底漆的喷涂。图 7-32 所示是喷涂点焊防锈底漆。

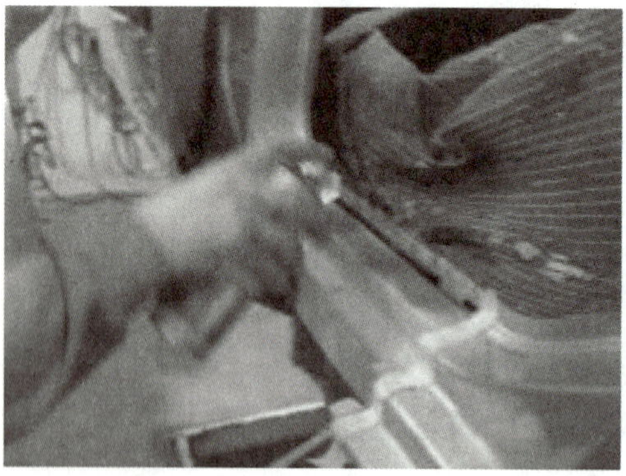

图 7-31　打磨底漆层

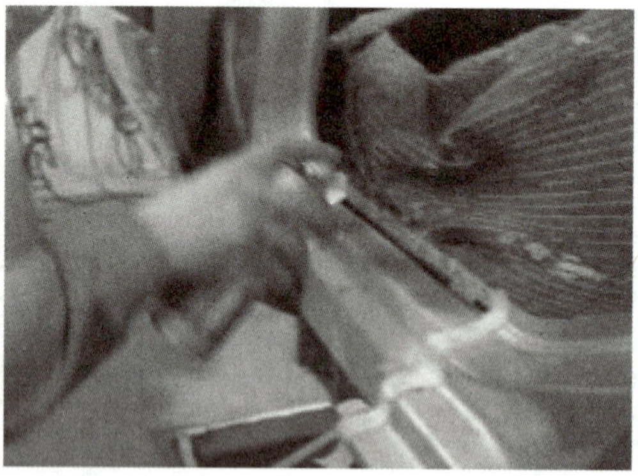

图 7-32　喷涂点焊防锈底漆

（9）将新板件和门槛板装配标记对准，并用大力钳将它们夹紧。

（10）焊接新板件。在焊接时应从强度较高的部位开始，焊接的两个板件要结合良好、没有缝隙。另外，焊接时采用分段焊接，以减小焊接应力与变形。

（11）焊接后拆除焊接夹钳，并研磨焊缝至与板件平齐，在焊接部位和裸板件上喷涂防锈底漆。

（12）检查焊接好的板件，加工完成后收拾工具，并清洁场地。

【课程思政】

汽车车身板件的更换涉及焊接工艺。焊接材料在焊接工艺中起着非常重要的作用，我国焊接材料的产量居世界第一位，但是焊接材料的产品结构与国外工业发达的国家相比还存在很大的差距。焊接技术水平发展到一定程度后，开发新材料变得越来越重要。焊接材料正在从黑色金属材料转向有色金属材料，由金属材料向非金属材料转化，由结构材料向功能材料转化，由多维材料向低维材料转化，由单一材料向复合材料转化。为了解决材料可焊接性之间的矛盾，需要将新型材料加入焊接材料中，用来提高焊接产品质量，提高焊接效率，综合提高焊接领域发展水平。焊接材料的质量决定了焊接产品的质量，虽然我国的焊接材料产量居世界前列，但焊接产品的质量却相对比较落后。我国目前对焊接材料的处理缺乏专业的技术，无铅连接材料技术的应用比较落后，因此，我们应注重高端焊接产品、特种助焊剂等方面的应用，研究更好的焊接工艺，以进一步提高焊接质量，有效提高焊接产品的质量。

【课后习题】

一、判断题

1. 当代车身上采用的焊接方式有电阻点焊、二氧化碳气体保护焊、电弧焊和钎焊。(　　)

2. 焊接电流增大会使熔深增加，导致熔穿。(　　)

3. 采用惰性气体保护焊时，要尽量加大保护气的流量，因为气流越大，保护效果越好。(　　)

4. 在修理结构性部件时，只能对在制造厂进行过搭接焊的地方进行搭接焊。(　　)

5. 更换车身结构性板件时，必须精确定位后才能进行焊接操作。(　　)

二、选择题

1. 更换车身板件时清洁很重要，原因是连接表面有污物(　　)。

A.妨碍板件对齐　　B.影响焊接强度　　C.影响配合尺寸

2. 当切割门槛板时，为了避免切割到中立柱下面的加强件，应避开中立柱的基础(　　)进行切割。

A.30 mm　　B.40 mm　　C.50 mm

3. 门槛板内的插入件要用(　　)的方法固定。

A.点焊　　B.定位焊　　C.塞焊

4. 车身封闭梁不能采用(　　)的方式进行连接。

A.插入件对接　　B.搭接　　C.偏置对接

5. 关于前纵梁的切割，以下说法错误的是(　　)。

A.不能切割有波纹或凹痕加工的表面

B.为了保证整个前纵梁的吸能效果，必须更换整个前纵梁

C.可以在规定区域进行切割

项目8 汽车涂装基础

项目任务

本项目的任务是：认识汽车涂装的概念，掌握汽车涂装的含义、汽车涂装的功能、汽车涂装的基本要素和汽车涂装的常用方法；学习涂料基础知识、涂料的组成、涂料的分类、涂料的作用、涂料的命名和涂料的编号。

涂料的
基本知识

项目分析

本项目介绍了涂装和涂料的基础知识，内容简单易懂，有助于为学生的后续学习打下好的基础。

8.1 汽车涂装的概念

一、汽车涂装简介

汽车涂装是指将涂料涂覆在经过处理的物体表面(基底表面)上，经干燥成膜的工艺。已经固化了的涂料膜称为涂膜(俗称漆膜)。由两层以上的涂膜组成的复合层称为涂层。汽车表面涂装是典型的多涂层涂装。

汽车涂装除使汽车车身具有优良的外观外，还使汽车车身耐腐蚀，从而提高汽车的商品价值和使用价值。汽车涂装具有保护、装饰、特殊标识等作用。

二、汽车涂装的功能

1. 保护作用

汽车用途非常广泛，活动范围宽广，运行环境复杂，经常会受到水分微生物、紫外线和其他酸碱气体、液体等的侵蚀，有时会被磨、刮而造成损伤。如果在汽车车身的表面涂上涂料，就能在一定程度上保护汽车免受损伤，延长汽车的使用寿命。这是因为，车身表面涂装可使零件的基本材料与大气环境隔绝，起到一种屏蔽作用，从而防止金属锈蚀。另外，有些涂料对金属来讲还能起到缓蚀作用，如磷化底漆可以借助涂料内部的化学成分与金属反应，使金属表面钝化。

2. 装饰作用

现代汽车不但是实用的交通运输工具，而且更像是一种艺术品。车身颜色与车内颜色相匹配，与环境颜色相协调，与人们的爱好以及时代感相适应，绚丽的色彩与优美的线形融为一体构成了汽车的造型艺术，如图 8-1 所示。

3. 特殊标识作用

涂装的标识作用是由涂料的颜色体现的。在汽车上涂装不同的颜色和图案可区别不同用途的汽车。例如，消防车涂成大红色；邮政车涂成橄榄绿色，文字多为白色；救护车为白色，如图 8-2 所示；工程车涂成黄色与黑色相间的条纹，文字多用黑色等。另外，颜色在指示、警告、禁令、指路等交通标志中的作用也非常明显。

图 8-1　汽车涂装的装饰作用

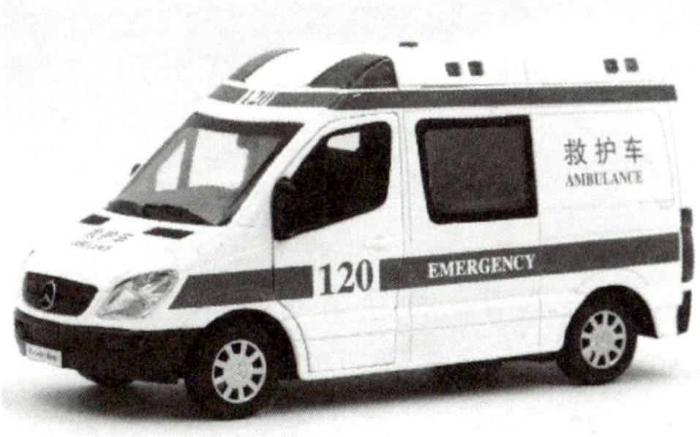

图 8-2　汽车涂装的特殊标识作用

三、汽车涂装的基本要素

为了使涂层满足汽车高保护性和高装饰性的要求，或恢复汽车原有涂层的保护性和装饰性，必须精心设计涂装施工工艺，熟练掌握涂装操作要点，控制影响涂装质量的各种因素，以保证涂装质量，获得最佳的涂装效果。

汽车涂装的基本要素包括涂装材料、涂装工艺、涂装管理。

1. 涂装材料

获得优质涂膜的基本条件是涂料的质量好，且配套性良好。汽车修补涂料和汽车制造涂料是不同的。因此，选用涂料时，一般应从涂料的作业性能、涂膜性能、经济效果等方面综合考虑。如果忽视涂膜的性能，单纯考虑涂料的价格，有时会明显地影响涂膜质量，缩短涂层的使用寿命，从而造成更大的经济损失。如果涂料选用不当，即使精心施工，所得涂层也不可能获得良好的效果。

2. 涂装工艺

涂装工艺的合理性和先进性可以从以下方面衡量：涂装技术的合理性和先进性；涂装设

备和涂装工具的先进性和可靠性;涂装环境条件和工作人员的技能、素质等。如果涂装工艺与设备选择和配套不当,即使采用优质涂料,要获得优质涂膜也是很困难的。若设备生产效率低,则势必造成涂装工程的成本增高,使经济效益下降。涂装环境的好坏直接影响到涂膜的质量,高级装饰性的汽车车身涂装必须在除尘、通风、照明良好的环境下进行。涂装操作人员的技能熟练程度和责任心是影响涂装质量的人为因素,加强操作人员的培训、提高人员的素质是非常有必要的。

3. 涂装管理

涂装管理是确保所制定的涂装工艺顺利实施、获得稳定的涂装质量、达到涂装目的、获得最佳经济效益的重要条件。涂装管理包括工艺管理、设备管理、工艺纪律管理、质量管理、现场环境管理、人员管理等。

涂装三要素是相互依存的制约关系,忽视任何一个方面都可能影响涂装的效果和优质涂膜的产生。

8.2 涂料基础知识

一、涂料基本概念

涂料是指一种涂覆在物体(被保护和被装饰的对象)表面并能形成牢固附着的连续保护薄膜,起装饰和保护功能的物质。涂料在国民经济和人民生活中起着重要作用,人均年使用涂料量是衡量一个国家生活水平的重要指标。

涂料既可以是无机物,如搪瓷釉、电镀铜、电镀镍、电镀锌、水泥等;也可以是有机物,如大多数有机高分子材料。企业目前生产的油性漆、建筑涂料均采用有机高分子材料作黏结物,因此我们在这里主要讨论有机高分子涂料。

二、涂料的组成

不论涂料的性能、形态和用途如何,涂料的基本组成均如图 8-3 所示。

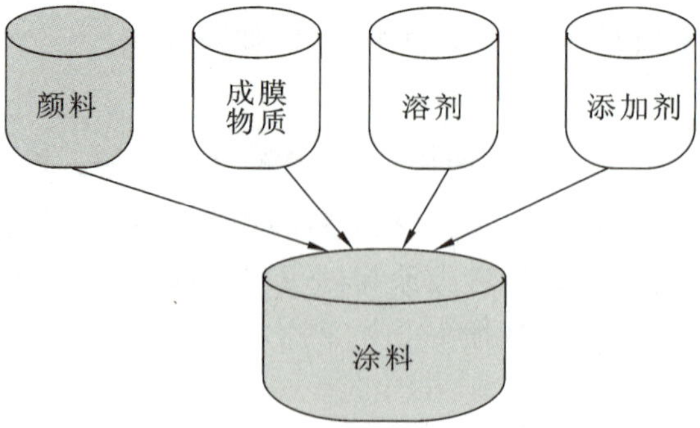

图 8-3　涂料的组成

涂料主要由成膜物质、颜料、溶剂和添加剂组成。

1. 成膜物质

涂料中的成膜物质主要是树脂。树脂是涂料中不可缺少的部分，涂膜的性质也主要由树脂决定，故又称树脂为基料。树脂在常温下可以以固态或液态方式存在。汽车涂料所用树脂一般为有黏性的透明液体，在被施涂到一个物体上干燥以后便形成一层薄膜。它结合湿润颜料，赋予涂膜附着力、硬度和耐久性等特性，同时也影响饰面的质量。

2. 颜料

颜料是涂料中的不挥发物质之一，呈微细粉末状，有颜色。它赋予面漆色彩和耐久性，起美观装饰作用，同时使涂料具有较高的遮盖力，提高涂料的强度和附着力，改善涂料的流动性和涂装性能，改变涂料的光泽度。颜料按用途不同可分为着色颜料、体质颜料、防锈颜料及特种颜料，按化学成分可分为无机颜料和有机颜料。无机颜料遮盖力强，相对密度大，色调不鲜明；有机颜料遮盖力弱，相对密度小，色调鲜明。

3. 溶剂

溶剂是涂料中的挥发成分，它的主要功能是充分溶解涂料中的树脂，使涂料呈液态，便于在表面正常涂布。大多数溶剂是从原油中提炼出来的挥发性配料，具有良好的溶解能力。优质的溶剂能改善面漆的涂布性能和漆膜特性，并能增强面漆的光泽度，同时也有助于更精确地配色。

溶剂按用途不同可分为真溶剂、助溶剂和稀释剂。真溶剂能够溶解树脂；助溶剂本身不能溶解树脂，但能够提高真溶剂溶解树脂的能力；稀释剂不能溶解树脂，但能够稀释树脂。

涂料中使用各种各样的树脂，不同的树脂用不同的溶剂来溶解和稀释。不同的稀释剂应用于不同的涂料，使用时可以按环境的温度选用蒸发速度最适合的稀释剂。

4. 添加剂

由于近年来涂料生产工艺发生了巨大变化，添加剂的使用越来越普遍。虽然添加剂在涂料中的比例不超过5%，但添加剂却对涂料贮存过程、施工成膜过程和漆膜性能、颜色调整方面起着重要的作用。

涂料常用的添加剂有柔软剂、固化剂、分散剂、防沉降剂、防分离剂、流平剂、增塑剂等。

(1) 柔软剂。柔软剂能够增加漆膜的柔软性，主要应用于塑料专用涂料的生产及塑料件涂装施工。

(2) 固化剂。固化剂也称催干剂、硬化剂、干燥剂，是一种具有催化作用的化合物。固化剂加入双组分涂料中，能与合成树脂发生交联反应，从而形成涂膜。固化剂主要应用于不能自然干燥和烘烤成膜的涂料中。

(3) 分散剂。分散剂能够促进颜料的分散，使颜料与树脂混合均匀。

(4) 防沉降剂。防沉降剂能够防止涂料在贮存中出现沉淀。

(5) 防分离剂。防分离剂能够防止涂料中的某些成分分离。

(6) 流平剂。流平剂又称抗鱼眼添加剂，能够提高漆膜的流动性和浸润性，防止涂装时漆膜出现缩孔(俗称鱼眼)现象。

(7) 增塑剂。增塑剂能够增加涂料的黏性及塑性，主要应用于塑料专用涂料的生产及塑料件涂装施工。

三、涂料的分类

涂料发展到今天，可以说是品种繁多、用途广泛、性能各异。涂料通常有以下几种分类方法。

(1) 按涂料形态分类：水性涂料、溶剂涂料、粉末涂料、高固体分涂料。

(2) 按施工方法分类：刷涂涂料、喷涂涂料(见图 8-4)、辊涂涂料、浸涂涂料、电泳涂料。

(3) 按施工工序分类：底漆、中涂漆(二道底漆)、面漆、罩光漆等。图 8-5 所示是电泳底漆，图 8-6 所示是中涂漆，图 8-7 所示是面漆。

图 8-4　喷涂涂料

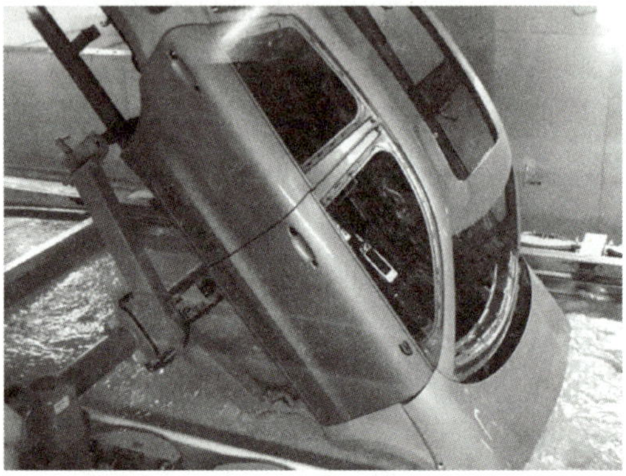

图 8-5　电泳底漆

图 8-6　中涂漆

图 8-7　面漆

(4) 按功能分类：装饰涂料、防腐涂料、导电涂料、防锈涂料、耐高温涂料、隔热涂料、防火涂料等。

(5) 按用途分类：建筑涂料、汽车涂料、飞机涂料、家电涂料、木器涂料、桥梁涂料、塑料涂料、纸张涂料等。

四、涂料的命名和编号

1. 命名原则

涂料的名称由三个部分组成，即颜色或颜料名称、成膜物质名称和基本名称，可以用下面这个公式来表示：

涂料全名＝颜色或颜料名称＋成膜物质名称＋基本名称

2. 命名规则

（1）颜色名称通常有红、黄、蓝、白、黑、绿、紫、棕、灰等，有时再加上深、中、浅（淡）等。若颜料对漆膜性能起显著作用，则可用颜料的名称代替颜色的名称，如铁红、锌黄、红丹等。

（2）成膜物质名称可做适当简化。例如，聚氨基甲酸酯简化成聚氨酯，环氧树脂简化成环氧，硝酸纤维素简化为硝基等。漆基中含有多种成膜物质时，选取起主要作用的一种成膜物质命名。必要时也可选取两种或三种成膜物质命名，主要成膜物质名称在前，次要成膜物质名称在后，如红环氧硝基磁漆。

（3）基本名称表示涂料的基本品种、特性和专业用途，如清漆、磁漆、底漆、锤纹漆、罐头漆、甲板漆、汽车修补漆等。

（4）在成膜物质名称和基本名称之间，必要时可插入适当的词语来标明专业用途和特性等，如白硝基球台磁漆、绿硝基外用磁漆。

（5）需烘烤干燥的漆，成膜物质名称和基本名称之间应有“烘干”字样，如银灰氨基烘干磁漆、铁红环氧聚酯酚醛烘干绝缘漆。若名称中无“烘干”一词，则表明该漆是自然干燥，或自然干燥、烘烤干燥均可。

（6）双（多）组分的涂料，在名称后应增加“双组分”或“三组分”等字样，如聚氨酯木器漆（双组分）。

3. 涂料型号

为了区别同一类型的各种涂料，需要给每种涂料规定型号。涂料型号由三个部分组成：

涂料型号＝主要成膜物质代号＋基本名称代号＋序号

第一部分用一个大写的汉语拼音字母表示涂料产品的主要成膜物质及其类别；第二部分用两位阿拉伯数字表示涂料产品的基本名称（见表 8-1）；第三部分用 1～2 位阿拉伯数字表示涂料产品的序号。前后两组阿拉伯数字之间加一短横线，从而把基本名称代号与序号分开。

例如：C04-2 醇酸磁漆，C 表示涂料的主要成膜物质为醇酸树脂，04 表示涂料的基本名称为磁漆，2 表示磁漆的一个品种；F53-33 铁红酚醛防锈漆，F 表示涂料的主要成膜物质为酚醛树脂，53 表示涂料的基本名称为防锈漆，33 表示防锈漆的一个品种。

表 8-1 涂料基本名称代号

代号	基本名称	代号	基本名称	代号	基本名称
00	清漆	07	腻子	14	透明漆
01	清漆	08	水溶（性）漆	15	斑纹漆
02	厚漆	09	天然漆	20	铅笔漆
03	调和漆	10	锤纹漆	22	木器漆
04	磁漆	11	皱纹漆	23	罐头漆
05	烘漆	12	裂纹漆	30	（浸渍）绝缘漆
06	底漆	13	晶纹漆	31	（覆盖）绝缘漆

续表

代号	基本名称	代号	基本名称	代号	基本名称
32	绝缘磁烘漆	50	耐酸漆	66	感光涂料
33	(黏合)绝缘漆	51	耐碱漆	67	隔热涂料
34	漆包线漆	52	防腐漆	80	地板漆
35	硅钢片漆	53	防锈漆	81	渔网漆
36	电容器漆	54	耐油漆	82	锅底漆
37	电阻漆	55	耐水漆	83	烟囱漆
38	半导体漆	60	防火涂料	84	黑板漆
40	防污漆	61	耐热漆	85	调色漆
41	水线漆	62	变色漆	86	马路划线漆
42	甲板漆	63	涂布漆	98	胶液
43	船壳漆	64	可剥漆	99	其他
44	船底漆	65	粉末涂料		

五、常用涂料简介

1. 硝基纤维素涂料

硝基纤维素涂料的主要优点是干燥速度快,施工周期短。一般油基涂料干燥需 24 h;而硝基涂料干燥只需十几分钟,是目前干燥最快的一种挥发性涂料。正因为硝基纤维素涂料干燥迅速,所以被涂物表面不易沾上灰尘,有利于保证表面质量、节省施工时间。此外,硝基纤维素涂料涂膜还具有坚硬耐磨、易于抛光打蜡,且便于修补和保养等优点。硝基纤维素涂料的缺点是涂膜的耐候性、三防性和耐化学药品性较差,易粉化,易变色,不宜在湿热地区使用,耐久性差。由于该涂料中固体含量低,干燥后涂膜较薄,因此一般施工要喷 4 层左右,装饰性要求高时甚至要喷 8 层以上。也因此,硝基纤维素涂料耗用有机溶剂较多,对环境污染大。

2. 醇酸树脂类涂料

醇酸树脂类涂料的主要优点是:①干燥后形成高度的网状结构,不易老化,耐候性好,光泽持久不褪,涂膜柔韧而坚实,耐摩擦,抗矿物油性能、抗醇类溶剂性能良好;②烘烤后的涂膜耐水性、绝缘性、耐油性都大有提高;③与其他各种树脂的混溶性好,如硝基漆、过氯乙烯漆等。若用醇酸漆作为底漆,则可提高和改进涂膜的质量。

醇酸树脂类涂料的缺点是:①表面成膜较快,但完全干透所需时间较长;②耐水性差,不耐碱;③防盐雾、防湿热、防霉菌等性能较差,在湿热条件下易长霉。目前,凡有烘烤设备的汽车修理厂,醇酸面漆大多被氨基漆取代,醇酸底漆逐渐被环氧底漆、水性电泳底漆取代。

3. 丙烯酸树脂类涂料

丙烯酸树脂类涂料是以甲基丙烯酸与丙烯酸酯的共聚树脂为主要成膜物质制成的涂

料。一般涂料行业用得最多的丙烯酸聚合物可分为两大类:不含任何活性官能团的聚合物——热塑性丙烯酸树脂类;含有某种活性官能团的聚合物——热固性丙烯酸树脂类。丙烯酸树脂类涂料的主要特性如下。

① 耐候性、保光性、保色性优良,比聚酯聚氨酯涂料的耐紫外光性能更好。

② 涂膜的力学性能和耐介质性优良。

③ 可室温固化,有些品种的表干特别快,特别适合用于汽车修补施工作业。

④ 较硝基纤维素涂料的施工固体含量高,施工次数大为减少,提高了劳动效率。

4. 聚酯聚氨酯涂料

聚酯聚氨酯涂料是当前汽车修补行业中使用较为普遍、市场份额占比较高的漆种之一,近年来大有取代丙烯酸聚氨酯涂料而跃居汽车修补面漆之首的趋势。聚酯聚氨酯涂料与丙烯酸聚氨酯涂料一样,也是双组分涂料。双组分聚酯聚氨酯类涂料之所以受到汽车修理厂的青睐,是因为它的性能指标,如涂膜丰满度、光亮度、机械强度以及耐候性等非常优良,它的施工性能、低温固化性能也优于其他任何一种汽车修补涂料。它的涂膜丰满度尤为突出。

5. 氨基树脂涂料

氨基树脂涂料的主要优点是:清漆颜色浅;涂膜外观光亮、丰满,色彩鲜艳;涂膜坚韧,附着力好,机械强度高;涂膜干后不回黏,耐候性、抗粉化性、抗龟裂性比氨基醇酸涂料好,具有较好的耐水性、耐油性、耐磨性和绝缘性等。

氨基树脂涂料的缺点是:氨基树脂涂料中氨基含量越高,成膜光泽度、硬度、耐油性、耐化学性能越好,而韧性及附着力越差,所以多采用氨基中等含量的氨基树脂涂料。

6. 过氯乙烯涂料

过氯乙烯涂料是以过氯乙烯树脂为主要成膜物质的一种挥发性涂料。单独使用过氯乙烯树脂制成的涂料,附着力差,光泽度差,很多技术要求都无法满足。为了增加涂膜的附着力,改善涂膜的丰满度与光泽度,并提高涂膜的特殊性能,通常与其他树脂,如醇酸树脂、松香改性酚醛树脂、失水苹果酸树脂、热塑性丙烯酸树脂等并用。

【课程思政】

核心技术是买不来的。自从美国对中国华为实施芯片禁令之后,各大芯片供应商受制于美国技术和设备,难以继续向华为供货,但华为自身通过不断攻坚,研制出了麒麟芯片710A,并应用于手机上,成功反制了美国禁令。目前汽车市场也是如此,汽车芯片的地位越来越高,高档芯片不仅具有特殊的诊断功能,还能起到防盗的重要作用。在未来,高新技术将会不断运用于汽车芯片上。现在我国汽车发展处于世界前列,但在课堂上要教育学生一定要居安思危,毕竟“核心技术靠化缘是要不来的”,想将中国发展成为一个科技强国,需要每一位青年大学生不懈努力。本门课既让学生学到专业知识,又融入当今时代的发展潮流,将学生所学与当今国情相结合,让学生在学习中接受思政教育,升华思想,了解国家的发展趋势。高校专业课程要引导大学生树立正确的世界观、人生观、价值观、道德观和法制观,这就要求专业教师要将课程思政教学始终融入专业课程教育过程中,做到“润物细无声”。

立德树人是高校立身之本,所有课堂都应有育人功能,要充分挖掘产业与专业课程的思政资源，把做人做事的基本道理、社会主义核心价值观的要求、实现中华民族伟大复兴的理想和责任融入课堂教学中，激励学生自觉把个人的理想追求融入国家和民族的事业，只有如此，才能为中国特色社会主义培养大批可靠的接班人。

【课后习题】

一、填空题

1. 涂料通过漆膜所起的作用，可概括为________作用、________作用和________作用。
2. 涂料的四大组成物质是________、________、________、________。
3. 涂料的成膜方式分为两大类：________方式和________方式。
4. 聚酯漆中的固化剂与水反应会生成________气体。

二、简答题

1. 涂料可以分哪几类？
2. 溶剂的种类有哪些？
3. 术语解释：清漆、色漆、无溶剂涂料、溶剂涂料、水性涂料。

项目 9

涂装工具和设备

项目任务

认识涂装材料，包括砂纸、百洁布和遮蔽纸；认识涂装工具与设备，涂装工具包括原子灰工具、喷枪、打磨机和红外线烤灯，涂装设备包括无尘喷漆房、无尘烤漆房等。

涂装材料、工具与设备

项目分析

涂料的选择对汽车车身涂装的品质起着举足轻重的作用。优良的车身表面涂装质量要通过维修人员的努力来获得。车身涂装所使用的工具和设备、车身涂装的作业环境，以及车身涂装前的准备等，都是影响车身涂装品质的关键因素。

9.1 涂装材料

一、砂纸

砂纸俗称砂皮，是一种供研磨用的材料，通常是在原纸上胶着各种研磨砂粒而制成，用以研磨金属表面、木材表面等，以使其光洁平滑。砂纸与打磨机或垫块一起使用，以打磨涂膜、原子灰或中涂底漆。砂纸有不同的形状、材料和砂粒。

1. 砂纸类型

(1) 按形状分类。

按形状不同，砂纸可分为卷形砂纸和片形砂纸。其中，片形砂纸又有圆形砂纸（见图 9-1）和方形砂纸（见图 9-2）之分。

(2) 按安装方法分类。

按安装方法不同，砂纸可分为黏合剂型砂纸、尼龙搭扣型砂纸、非黏合剂型砂纸。

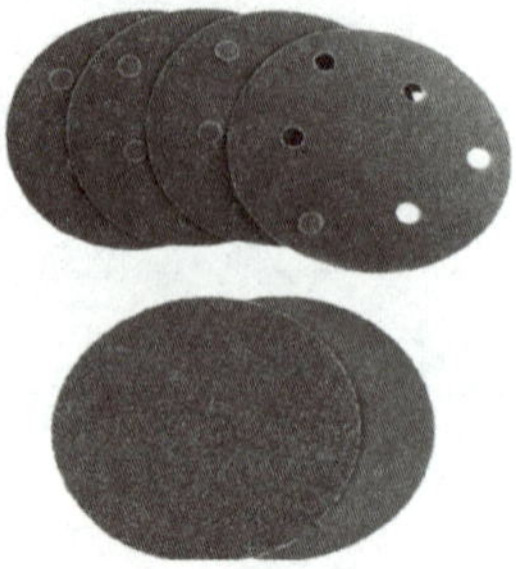

图 9-1　圆形砂纸

图 9-2　方形砂纸

(3) 按打磨材料分类。

砂纸由用黏合剂粘在背衬材料上的摩擦粒子组成，摩擦粒子主要有碳化硅和氧化铝两种类型。碳化硅摩擦粒子在打磨过程中会被粉碎，从而总是产生新的锐边，非常适合用于打磨比较软的涂料。氧化铝摩擦粒子非常结实，可形成非常耐磨的材料，所以非常适合用于打磨比较硬的涂料。

将摩擦粒子粘到背衬材料上有两种方法：稀疏磨粒法和稠密磨粒法。稀疏磨粒型砂纸磨粒间的距离较大，使打磨掉的摩擦粒子可以从磨粒上飞脱，并且防止砂纸表面积满摩擦粒子，主要用于干磨；稠密磨粒型砂纸磨粒排列得很紧密，主要用于湿式打磨。在湿式打磨中，砂纸表面不会积满摩擦粒子。

2. 砂纸型号

砂纸型号通常印在砂纸的背面，用“F××”和“P××”表示。F 是固结磨具用磨料的粒度标准，P 是涂附磨具的标准。数字越大，表示砂纸磨粒越细。汽车修补涂装过程中所用砂纸型号通常为 P60～P2000。

在使用砂纸以前，选择适当的砂纸型号非常重要，因为这会影响工艺及完成工作所需要的时间。例如，如果使用细砂纸如 P600 来清除旧漆层，那么就会浪费大量人力及时间；如果用 P60 砂纸打磨表面以后施涂面漆，那么不管施涂多少层，也不可能获得平滑的表面。

二、百洁布

除了砂纸以外，还有其他打磨材料，如百洁布(见图 9-3)。百洁布是含有合成纤维毡垫的材料，黏合剂将打磨粒子牢牢附着在每个纤维上。这种材料具有挠性，所以非常适合用于打磨外形比较复杂、不易触及的工件表面。它能防水，又耐用，在干式和湿式打磨中都可以使用。最常用的百洁布型号为 P320～P1500。

图 9-3　百洁布

三、遮蔽材料

1. 遮蔽胶带

为了很好地完成喷漆工作，所选用的遮蔽胶带（见图 9-4）必须满足能适应气候环境的变化及防止车间中脏物和灰尘对漆面的影响的要求。黏度既不能太强（太强导致拆除困难），也不能太弱（太弱导致粘贴不牢固）。遮蔽胶带应能很容易地粘贴到装饰条、铭牌、车窗密封条等处，并且应具有较好的伸展性，不影响所粘贴板件的强度和柔韧性。遮蔽胶带还应具有良好的黏附性，在涂层出现收缩、温度变冷或变热时不脱落，并且在拆除后不应有黏结剂残留在板件表面上。

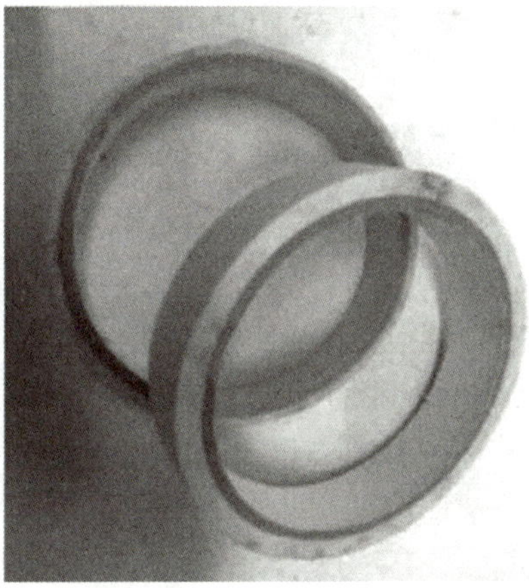

图 9-4　遮蔽胶带

遮蔽前，对所有的表面彻底进行清洗，并将灰尘全部清除，尽量不要拉伸遮蔽胶带。高质量的遮蔽胶带应具有防水功能，并且在湿打磨时不脱落。市场上出售的遮蔽胶带宽度有 3 mm、6 mm、12 mm、18 mm 等多种尺寸。另外，还有一种细胶带，这种胶带常用在两种颜色交界处或非专业喷漆场合，具有防止溶剂浸透功能。

2. 遮蔽纸

遮蔽纸（见图 9-5）是一种专门用于保护不需要喷漆的部位，防止涂料喷到被保护区域的材料。在使用前，应检查遮蔽纸是否有破损，以避免发生意外。遮蔽纸一般制成 100 cm、80 cm、50 cm 等不同宽度系列的纸卷，通过中间通孔装于专用的遮蔽纸机上。

汽车涂装遮蔽一般有以下两种方法。

① 正向遮蔽法（见图 9-6）。所谓正向遮蔽法，是指遮蔽纸的外面向外、里面向里的一种遮蔽方法。这种方法使用较广泛，在喷涂整块区域时使用较多，但对点修补或需要平滑过渡的喷涂不适用。正向遮蔽容易引起“台阶”，使喷涂漆面过渡不平整。

② 反向遮蔽法（见图 9-7）。反向遮蔽法是指先将遮蔽纸盖在待喷涂的部位，然后用胶带粘住遮蔽纸的一边，接着再将遮蔽纸沿固定的一边翻转到非喷涂区域固定，使得遮蔽纸里面向外、外面向里的一种遮蔽方法。这种方法可以避免产生“台阶”，使得喷涂区域与非喷涂区域过渡平滑。

图 9-5　遮蔽纸

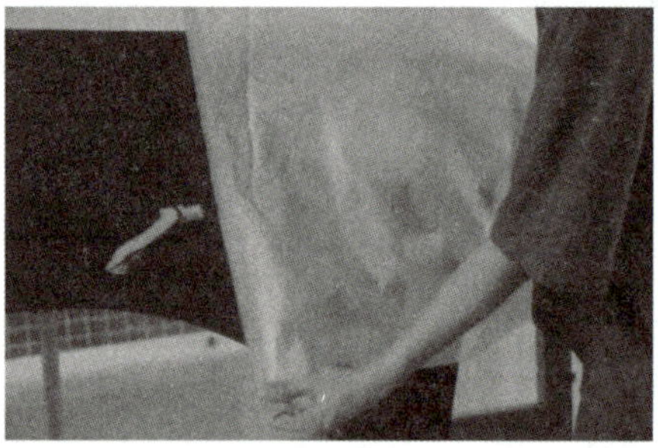

图 9-6　正向遮蔽法

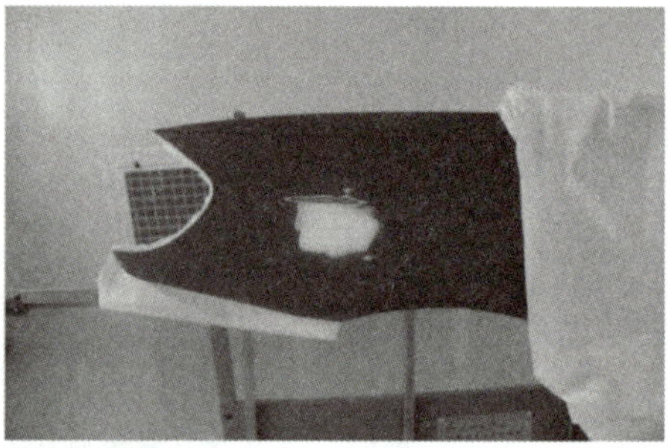

图 9-7　反向遮蔽法

遮蔽纸和遮蔽胶带的使用是为了防止某些区域被喷漆,因此不得将遮蔽纸和遮蔽胶带粘贴到需要喷漆的表面。喷涂清漆时,应采用双层遮蔽纸进行遮蔽,以防止涂料中的稀料渗入而损坏原漆面。当涂料足够干燥后,应立即拆除遮蔽纸和遮蔽胶带。由于遮蔽胶带拆除时会粘掉新喷的漆膜,因此不允许遮蔽胶带接触新油漆面或将遮蔽胶带粘贴到新油漆面上。

9.2　涂装工具与设备

一、涂装工具

1. 打磨垫块

在打磨垫块(见图 9-8)上附上砂纸,可用于手工打磨。用于手工打磨的打磨垫块有不同尺寸、形状和材料,可以按照工件的面积和形状选用。

2. 吹尘枪

吹尘枪(见图 9-9)主要用于维修时的除尘工作,最适合用于一些手接触不到的比较狭窄、高处的清洁工作。气动吹尘枪利用空气放大的原理,有效地减少压缩空气的消耗量,从而产生强大和精确的气流,并带动周围空气一起工作。

图 9-8 打磨垫块

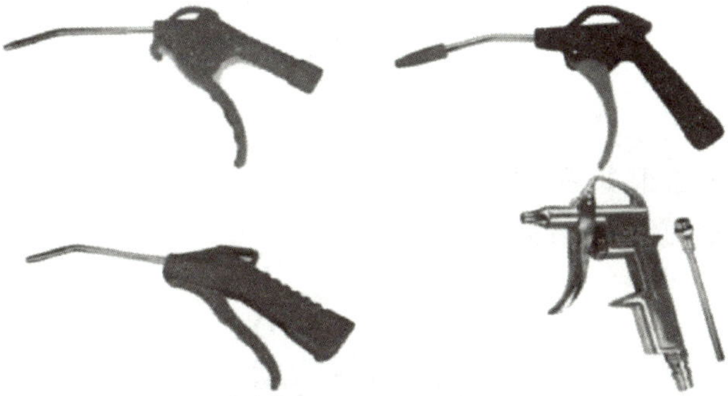

图 9-9 吹尘枪

3. 空气喷枪

空气喷枪是一种利用压缩空气将雾化涂料施涂至板件表面上的工具。汽车重涂所用的空气喷枪主要有重力式喷枪(见图 9-10)和虹吸式喷枪(见图 9-11),前者的涂料杯位于枪体的顶部,后者的涂料杯则位于枪体的下部。

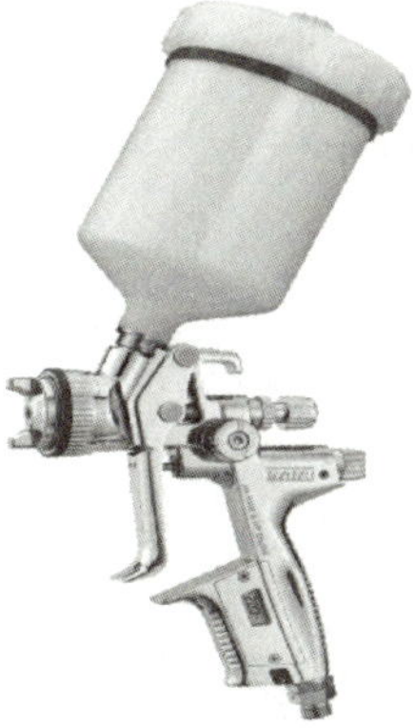

图 9-10 重力式喷枪

图 9-11 虹吸式喷枪

(1) 工作原理。

空气喷枪的原理(见图 9-12)与雾化器的原理是一样的。压缩空气从气孔中排出时,在涂料喷嘴处产生负压,该负压对杯中的涂料施加吸力,使涂料经过气孔处被雾化喷出。

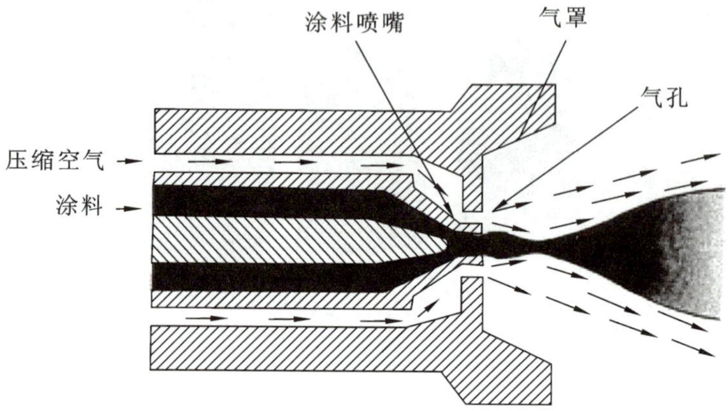

图 9-12　空气喷枪工作原理

(2) 结构组成。

虽然空气喷枪的种类很多,但它们的结构大体相同,一般都是由枪头、调节旋钮、枪体三个部分组成。空气喷枪的结构如图 9-13 所示。

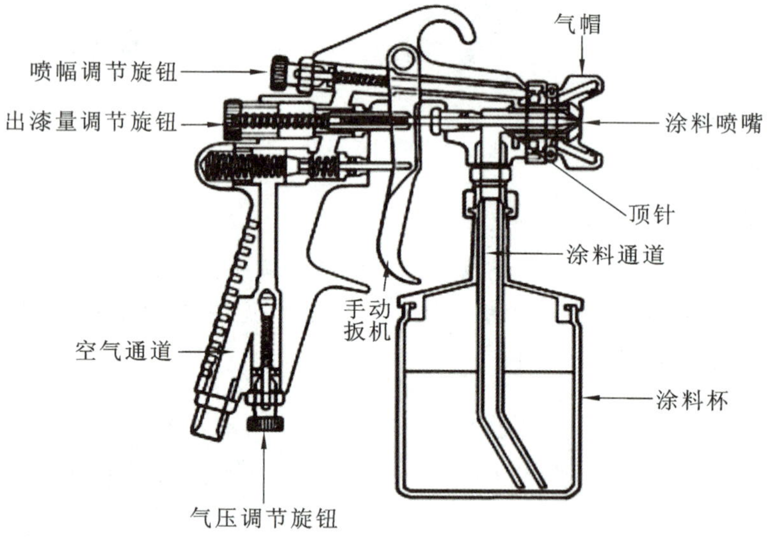

图 9-13　空气喷枪的结构

① 枪头。

空气喷枪的枪头主要由顶针、涂料喷嘴、气帽三个部分组成,是整把空气喷枪最核心、最贵重的部分。

顶针(见图 9-14)是细长的不锈钢零件,呈针状,用于调节涂料的喷涂量。顶针后端通过一个弹簧与出漆量调节旋钮相连,通过出漆量调节旋钮可以调节顶针位置。顶针位置越靠前,顶针前端与涂料喷嘴的缝隙就越小,这时空气喷枪的出漆量就越小;反之,顶针位置越靠后，顶针前端与涂料喷嘴的间隙越大，空气喷枪的出漆量越大。

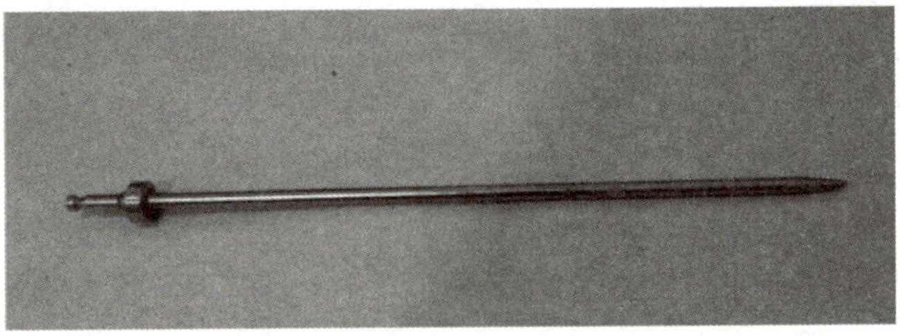

图 9-14　顶针

涂料喷嘴（见图 9-15）位于气帽的内部，跟枪体相连，是雾化涂料的关键部件，上面有涂料流出口和压缩空气出口。涂料流出口与空气喷枪气帽的中心雾化气孔为同心圆，二者交汇处就是涂料、空气混合处。涂料喷嘴长期流通高压空气和涂料，容易磨损，因此一般采用硬质、抗压的合金钢制作，并做热处理。涂料喷嘴口径即常说的空气喷枪口径，汽车修补漆常用的涂料喷嘴口径为 1.2～1.8 mm。

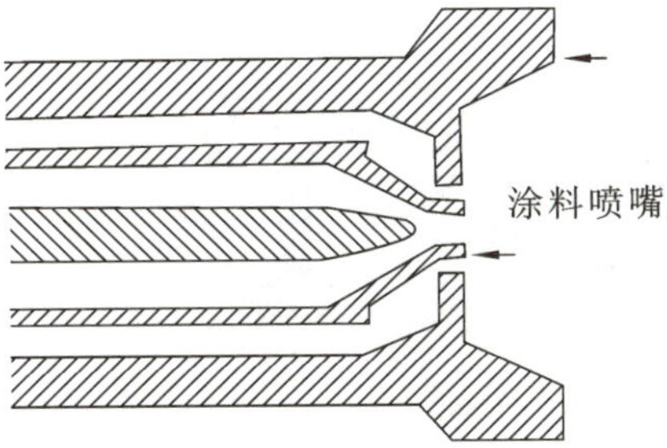

图 9-15　涂料喷嘴组合

气帽的主要作用是雾化涂料和控制涂料的喷雾形状，气帽上通常有三类细孔，即中央气孔、雾化气孔、扇面控制气孔，如图 9-16 所示。空气喷枪用途不同，这些细孔的位置、数量、孔径等会有所差异。中央气孔在涂料喷嘴处产生真空，喷出涂料；雾化气孔促进涂料雾化，雾化效果取决于雾化气孔的数量及布置情况，雾化气孔的数量及性能比较如图 9-17 所示；扇面控制气孔利用压缩空气控制喷雾形状。

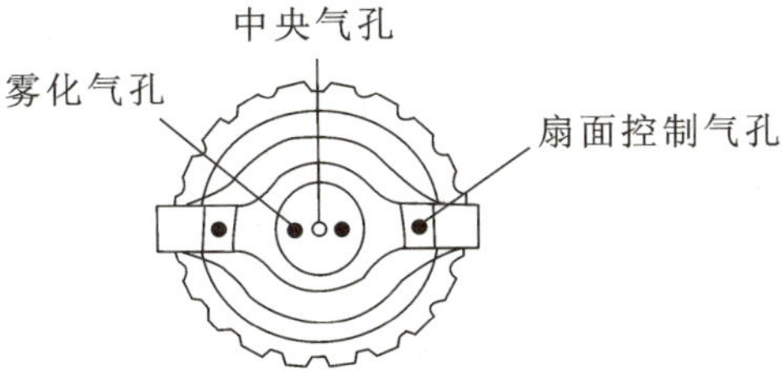

图 9-16　气帽上的气孔

气帽、涂料喷嘴和顶针是配套使用的，不可任意组合，实际使用中可根据涂料性质和实际情况选择空气喷枪的种类。

② 调节旋钮。

空气喷涂利用压缩空气和涂料混合使涂料雾化，雾化程度取决于空气喷枪中央气孔和

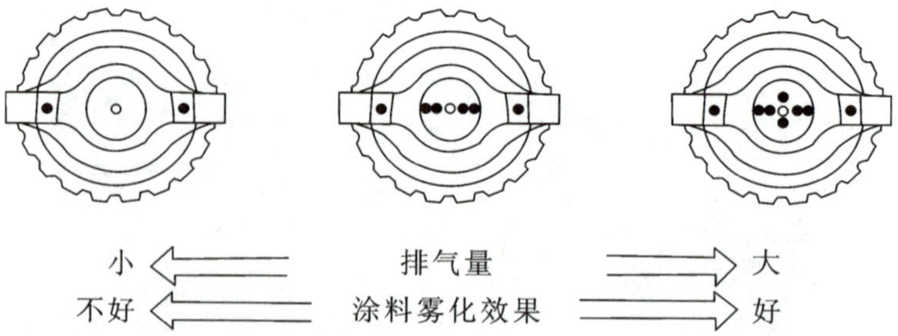

图 9-17　雾化气孔的数量及性能比较

雾化气孔喷射出来的空气的流速和流量，而扇面控制气孔流出的压缩空气则决定喷雾形状和喷幅。空气喷枪调节旋钮有三个：气压调节旋钮、出漆量调节旋钮、喷幅调节旋钮。

气压调节旋钮（见图 9-18）用于调节空气压力，拧松旋钮可以增加空气压力，拧紧旋钮则可以降低空气压力。空气压力不足会降低涂料雾化的程度；而空气压力过大，则会使更多的涂料喷溅，增加所需要的涂料量。

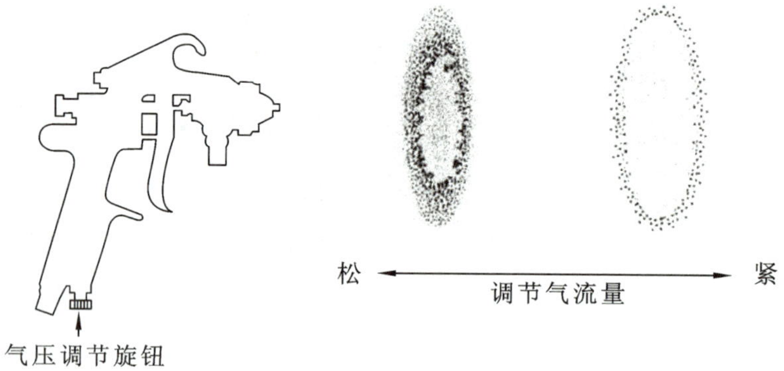

图 9-18　气压调节旋钮

出漆量调节旋钮（见图 9-19）通常位于顶针后端，通过调节顶针位置来控制涂料的喷出量。旋钮拧得越紧出漆量越少，旋钮拧得越松出漆量越多，出漆量需要配合合适的气压才能喷出理想效果。

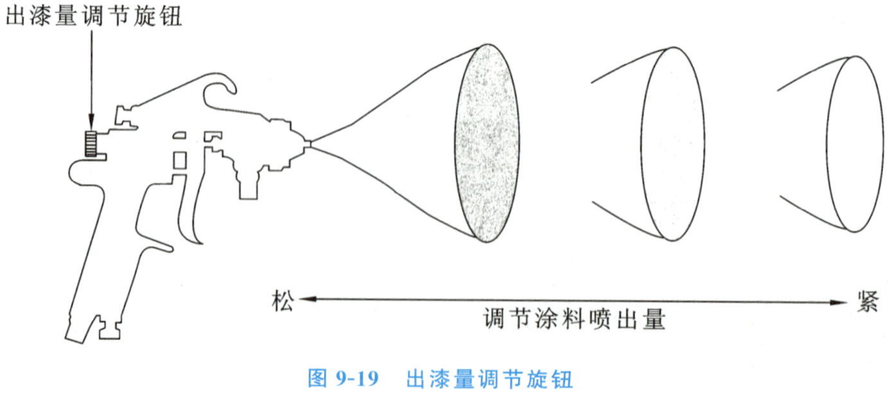

图 9-19　出漆量调节旋钮

喷幅调节旋钮(见图 9-20)位于出漆量调节旋钮正上端,也有的空气喷枪位于枪体侧面。它的作用是通过调节流进空气喷枪的空气流量,来控制喷涂漆雾的形状。旋钮拧得越紧,喷幅就越小;完全拧紧,漆雾形状为一个圆。

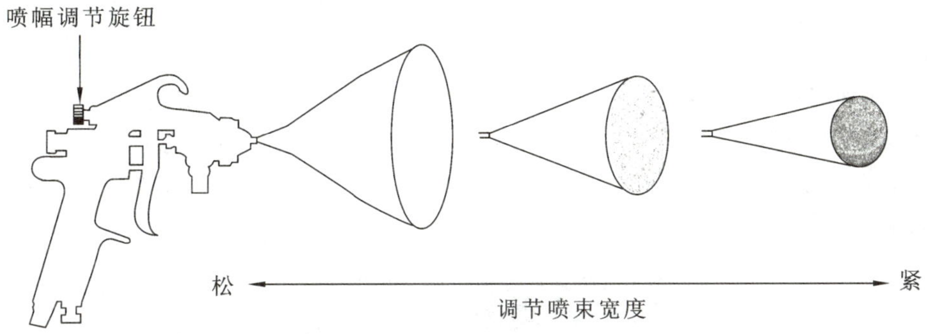

图 9-20 喷幅调节旋钮

③ 枪体。

空气喷枪枪体结构基本相同,主要由手动扳机和空气通道两个部分组成,有的空气喷枪还会在枪尾装上气压表,便于显示空气喷枪进气压力。工作时手动扳机完全由人控制,既可以调气,又可以调漆。枪体材质要求有足够的强度,且不可太重。好的表面处理技术可以使空气喷枪美观耐用。空气喷枪表面处理一般有镀镍和镀铬两种工艺。

4. 红外线烤灯

涂装维修中,红外线烤灯用于腻子、油漆的干燥。红外线的传热形式为辐射传热,由电磁波传递热量。红外线按照波长可分为短波红外线、中波红外线、长波红外线。汽车烤漆专用短波红外线烤灯(见图 9-21)。红外线烤灯的优点是:烘烤渗透力强,直入漆层,使漆层温度迅速升高,由内向外挥发,漆层表面光泽度与丰满度高,镜面更加清晰,涂层附着力强,不易产生橘皮、流挂现象,避免返工;不需要预热时间,所以能有效地节省时间和费用,油漆烘干后不需要另外打光,不受场所和干燥部位限制,红外线烤灯烘烤是极为先进的烤漆方法。

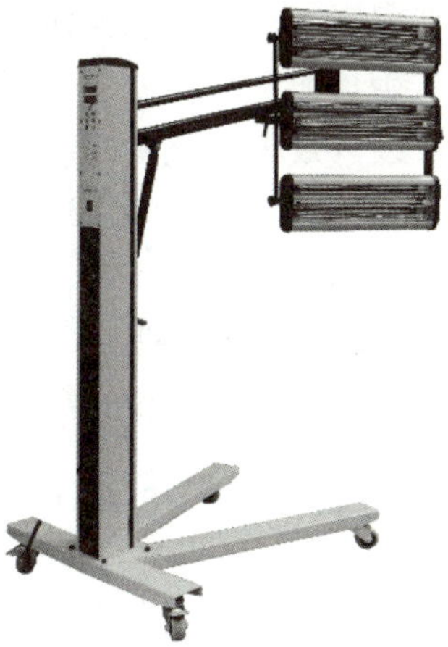

图 9-21 短波红外线烤灯

二、涂装设备

车身涂装修理过程中会不断产生粉尘和污染，而许多微小尘粒的散发方向几乎无法控制，在这样的环境中进行喷漆显然是不合适的，因此需要设置一个独立的空间，为喷漆提供一个清洁、安全、照明良好的密封环境。这样既可隔开其他工序对喷漆的影响，又可使喷漆所造成的污染得到有效的控制和治理，这个设备称为喷漆房。利用房内热空气对流将已喷漆表面漆层加速烤干的专用设备称为烤漆房。它可以独立设置，也可与喷漆房做成一体。在现今的汽车维修行业中，喷漆房和烤漆房大多是合并在一起的，被叫作喷烤漆房（见图 9-22）。喷烤漆房实质上是喷漆、烤漆两用设备。

图 9-22 喷烤漆房

现代喷烤漆房的空气供应系统一般采用上送下排式（又称下行式）。气流从天花板吹进来后，经过车身，从气坑排出。干净、适温的气流经过车身表面有利于减少喷涂表面的污染和多余的漆雾，可通过调整排风门的开度来调节风速。

喷烤漆房最重要的部件是空气滤清系统。它有湿式和干式两种，一般多采用干式空气滤清系统。它的工作原理类似于筛网，空气通过滤清器时，可将其中的颗粒和其他污物分离开。过滤系统可以过滤掉能导致产生肉眼可见的涂层缺陷的小颗粒，而且房内压力要求大于房外压力，形成正压状态，这样可以有效地防止房外颗粒物的进入。

有些维修企业烤漆质量较差，主要是由喷烤漆房不达标造成的。维修人员在工作中应该注意以下几点：①工作服应尽量整洁，衣服上的纤维或灰尘会影响漆面质量；②车辆进入喷烤漆房之前一定要冲洗干净；③烤漆时不要开照明灯，以免温度过高；④进出风口过滤装置、顶棉和底面应按照保养要求及时更换；⑤定期检查滤清器的滤芯。

技能训练　空气喷枪的使用与维护

一、工作准备

(1) 检查涂料杯上的气孔有没有被污垢堵塞、涂料杯上的密封圈有无渗漏。

(2) 压力调整。严格按照涂料厂商提供的产品说明书中相应的施工参数调整空气喷枪的压力。由于有管道阻力的存在,压缩空气经干燥器调压阀流到空气喷枪时压力会有损失。可以在软管接头和空气喷枪之间接一个带压力表的调压阀,用来检查和控制空气喷枪的压力。

(3) 喷幅调整。把喷幅调节旋钮拧到底可得到最小的圆形喷幅;逐渐拧松喷幅调节旋钮,则喷幅逐渐加大成椭圆形状;喷幅调节旋钮全拧出得到最大喷幅。

(4) 出漆量调整。出漆量调节旋钮旋出时出漆量增大,出漆量调节旋钮旋入时出漆量减小。

(5) 通过雾形测试观察流挂情况,检查空气喷枪调整是否正确。

二、注意事项

(1) 施工作业中,若需暂停工作,应将喷枪头浸入溶剂中,以防涂料干燥、结皮、堵塞喷嘴。

(2) 不能将空气喷枪平放于工作台面上,必须用专门的喷枪架来放置空气喷枪,避免空气喷枪碰撞台面或落地而造成损坏。

(3) 空气喷枪一般不要大拆大卸,以防损坏零件。必须拆检时,应注意各通道、阀、气孔等部位不能有异物,密封垫、涂料喷嘴、气帽等不能损坏。安装后应正确调整和试验,使拆检后的空气喷枪达到技术要求。

三、空气喷枪的使用

空气喷枪虽然结构简单,但需要采用正确的使用方法。影响空气喷枪使用的因素很多,包括涂装对象、涂装材料,甚至季节(温度、湿度)等。空气喷枪的操作要领涉及旋钮的调节、喷涂距离的把握、喷枪移动速度的控制以及喷幅重叠量的调节等方面。

1. 旋钮的调节

在喷漆前必须将空气喷枪调节到最适宜的喷涂条件,也就是将空气喷枪的空气压力、出漆量、喷幅三者调整好,达到理想状态。空气喷枪在正式装入涂料之前,先用水或稀料进行喷涂调试(见图 9-23)。

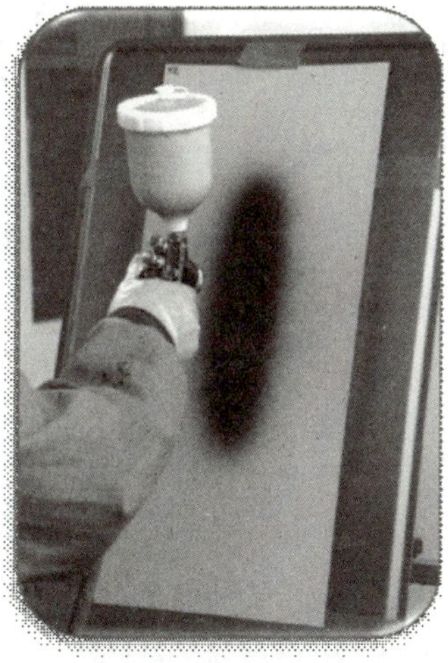

图 9-23 喷涂调试

2. 喷涂距离的把握

喷涂距离是指喷枪头到被涂板件表面的垂直距离。一般小型空气喷枪的喷涂距离为15～20 cm,大型空气喷枪的喷涂距离为 20～30 cm。如果喷涂距离过近,喷涂气流速度就较高,会使涂层出现波纹;如果喷涂距离过远,过多的溶剂在到达被涂板件表面前蒸发,导致涂层出现“橘皮”或发干,并影响颜色效果。

3. 运行方式的选择

空气喷枪运行方式包括空气喷枪与被涂板件间的角度和空气喷枪的移动速度两个方面。空气喷枪无论是在竖直方向移动还是在水平方向移动时,都必须与被涂板件表面始终保持垂直;空气喷枪的移动速度与涂料的干燥速度、涂料黏度以及环境温度有关,空气喷枪一般以 30～60 cm/s 的速度匀速移动。如果空气喷枪倾斜并呈圆弧状运行或运行速度多变,则都得不到均匀的涂膜,涂膜易产生条纹和斑痕。

4. 手动扳机的控制

空气喷枪手动扳机扣得越紧,涂料流速越大。扣手动扳机的正确操作一般分四步:先从遮蔽纸上开始走枪,扣下手动扳机一半,仅放出空气;当走枪到被涂板件表面边缘时,完全扣下手动扳机,喷出涂料;当走至另一边缘时,松开手动扳机一半,涂料停止流出;反向喷涂前再向前移动几厘米,然后重复上述操作。

在点修补或润色加工新喷涂层与旧涂层的边缘时,需要进行“收边”操作。走枪开始时不扣死手动扳机,供漆量很小,随空气喷枪的移动,逐渐加大供漆量,直到走枪行将结束时,再将手动扳机逐渐松开,使供漆量减少,从而获得一种特殊的过渡效果。

5. 喷幅重叠量的调节

由于喷涂漆雾呈椭圆形状,中部漆雾密度大于两端,因此相邻涂层必须进行搭接。涂层搭接必须均匀,否则漆膜厚度就不均匀。

喷涂方法有纵行重叠法、横行重叠法、纵横交替重叠法。喷涂应按从高到低、从左到右、从上到下、先里后外的顺序进行。在行程终点关闭空气喷枪,空气喷枪第二次单向移动的行程与第一次相反,涂料喷嘴与第一次行程的边缘平齐,本次雾形的上半部与第一次雾形的下半部重叠,重叠幅度为喷雾图形的 1/3 或 1/2。

四、空气喷枪的维护

空气喷枪使用后应及时清洗,否则容易出现空气喷枪堵塞现象,影响下次正常使用。清洗空气喷枪的步骤如下。

(1) 倒出涂料杯中剩余的涂料,并注意剩余涂料的回收处理,防止造成环境污染。

(2) 接上压缩空气,在试喷台上扣动手动扳机,清除空气喷枪中遗留的涂料。

(3) 将适量稀释剂倒入涂料杯中,试喷数次。

(4) 在气帽前罩一块擦拭布,并用手压紧,扣动手动扳机,用压缩空气逆向冲洗空气喷枪。

(5) 用毛刷将涂料杯清洗干净,并用干净的擦拭布将涂料杯擦拭干净。

(6) 用软毛刷和清洗剂清洗气帽、涂料喷嘴及枪体。

(7) 用干净的擦拭布擦拭空气喷枪外表,并仔细装复喷枪。

(8) 清洗结束后,对空气喷枪中有相对运动的部位可滴少许轻质机油,进行必要的润滑。

【课程思政】

2016年工匠精神首次出现在政府工作报告中:"鼓励企业开展个性化定制、柔性化生产,培育精益求精的工匠精神,增品种、提品质、创品牌。"这说明工匠精神已经得到了党和国家的高度重视。工匠精神是一种职业精神,是职业道德、职业能力、职业品质的体现。中国商飞上海飞机制造有限公司数控机加车间钳工组组长胡双钱就是一位拥有非凡技术的大国工匠。至今,他还是一名拥有工人身份的老师傅,但这并不妨碍他成为制造中国大飞机团队里不可缺少的一分子。要做好一件事,不难;要做好一天的工作,也不难;但要在几十年间不出差错,做好每一件事,却是难上加难。出色的工作技能,良好的工作习惯,谦虚谨慎的工作态度,精益求精的工作作风,最终锻造出了胡双钱这样的大国工匠。我们在使用涂装工具和设备时,一定要拿出工匠精神,努力做到少出错或不出错,严格按照国家标准的规定执行,绝不可马虎了事。

【课后习题】

一、选择题

1. 涂装作业中常用的烘干设备是(　　)。

A.烤箱　　B.中波红外线烤灯

C.短波红外线烤灯　　D.长波红外线烤灯

2. 空气喷枪使用时要注意的要素有(　　)。

A.喷涂距离　　B.空气喷枪角度

C.空气喷枪的移动速度　　D.喷涂形状重叠量

3. 清除旧漆层最适用的砂纸型号为(　　)。

A.P600　　B.P240　　C.P180　　D.P80

4. 空气喷枪的气帽上有多种气孔,(　　)与枪幅大小有关。

A.主雾化气孔　　B.辅助雾化气孔　　C.扇幅控制气孔　　D.出漆气孔

5. 前后两次喷幅重叠区域的大小一般为幅宽的(　　)。

A.1/2～2/3　　B.2/3～3/4　　C.1/8～1/6　　D.1/4～1/3

二、简答题

1. 汽车涂装常用的工具有哪些?

2. 红外线烤灯快速固化技术的特点有哪些?

3. 空气喷枪的操作要领有哪些?

4. 空气喷枪的组成及功用是什么?

5. 如何正确维护空气喷枪?

6. 空气喷枪气帽上有哪几类孔?它们各起什么作用?

项目10 底材处理

项目任务

底材处理是指涂装前对被涂物表面进行的一切准备工作。底材处理是为了表面涂装顺利进行而采取的物理和化学作业的总称。底材处理使金属或非金属材料表面的化学成分、组织结构、物理形貌发生变化，从而使漆膜更好地附着在底材之上，充分发挥自身的性能，起承上启下的作用，是修补涂装的第一道工序。

板件底材处理

项目分析

底材处理的目的，主要是清除表面上的污垢、损伤的旧漆膜、底材的锈蚀等，使新涂的漆膜对被涂工件表面具有良好的附着能力，并保证漆膜具有良好的性能。漆膜质量的影响因素中，工件表面处理的质量约占到49%。底材处理包括两个具体工作环节，即漆膜损伤的评估和表面预处理。

10.1 漆膜损伤的评估

正确地评估损伤程度，是确定维修成本、保证涂装质量的关键手段之一。对漆膜损伤进行了正确的评估后，才能确定修补范围，从而确定各道工序处理的范围、过渡区域、需遮盖保护的部位、需拆卸的零件等，为后续工作的正确实施及获得满意的修补质量奠定基础。

一、漆膜损伤程度的评估

评估车身表面损伤程度的常用方法有目测评估法、触摸评估法和直尺评估法。

1. 目测评估法

目测评估法（见图10-1）是指根据光照射板件的反射情况，来评估损伤的程度及受影响的面积大小。稍微改变人的眼睛相对于板件的位置，即可看到微小的变形和损伤。目测评估车身损伤的内容主要有观察车身有无划伤和锈蚀损伤、车身覆盖件有无凹坑和凸起变形等。

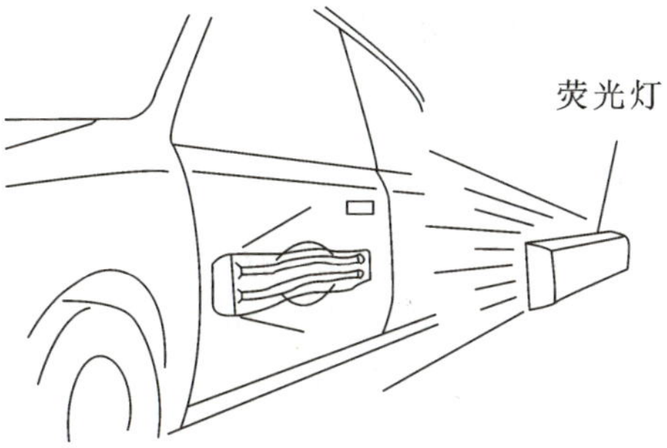

图 10-1 目测评估法

(1) 板件外表因破损而形成锈蚀的部位，一般都会有红色或黄色的锈迹，观察起来很简单。需要注意的是，有些锈蚀是从板材的底部开始的，尤其是经过车身修复的部位，从外表看不到锈迹，只是在板件表面有不规则的凸起。把凸起部分敲破就能看到板材的锈蚀情况。一般情况下，已经在表面产生凸起的板材基本上已经锈蚀了。修复锈蚀损伤部位时，必须处理到金属板材，并做适当的防腐处理。

(2) 观察车身覆盖件的凹坑和凸起变形。根据光照射到板件后反射的情况判别板件有无发生凹坑和凸起变形。观察时，目光不要与板件垂直，而是与板件成一定的角度，且角度的大小根据光线来调整，以能看清板件表面情况为准。如果板件表面有变形，由于变形部位与良好部位反射光线不同，眼睛会很容易地观察到变形的部位。找到损伤部位以后，要及时做好标记，以便于维修。

2. 触摸评估法

触摸评估法是指戴上棉质手套，从各个方向触摸受损的区域，但不要施加任何压力。触摸的时候要将注意力集中在手掌上，以感觉不平度及漆膜损伤情况。为了能准确地找到受影响区域的不平整部分，手的移动范围要大，包括未损伤区域和损伤区域。此外，对于有些损伤的区域，手沿某个方向移动时可能比手沿另一个方向移动时更易感觉到，如图 10-2 所示。

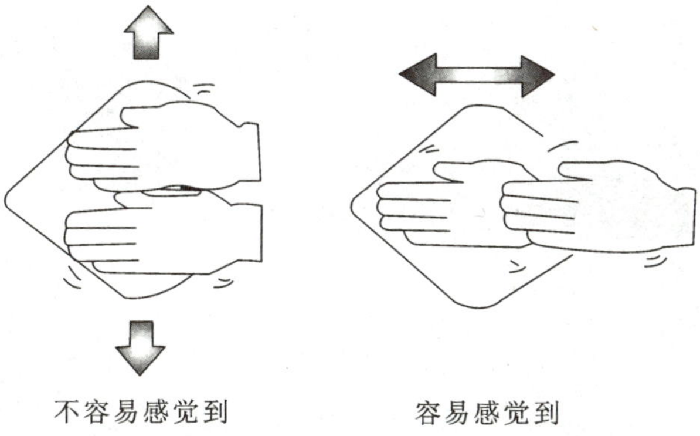

图 10-2 触摸评估法

3. 直尺评估法

直尺评估法(见图 10-3)是指将一把直尺放在与受损区域对称的未受损区域,检查未受损区域和直尺的间隙;然后将直尺放在受损区域,检查受损区域和直尺的间隙,评估这两个间隙相差多少,从而判断损伤情况。

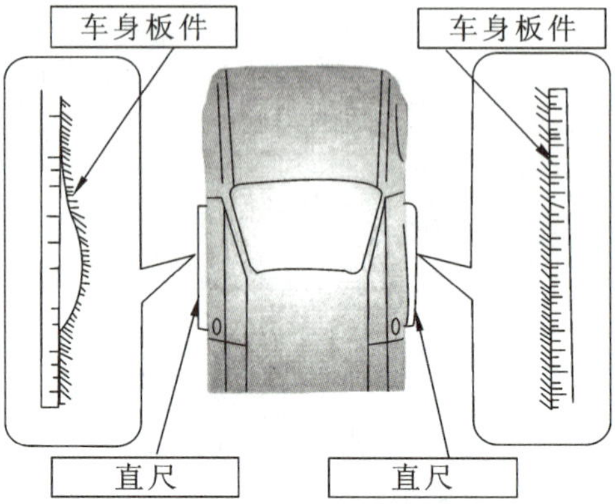

图 10-3　直尺评估法

在用直尺评估时,受损板件有凸出部分将影响评估操作。此时可用冲子或鸭嘴锤将凸起的区域敲平或敲至稍稍低于正常表面。

二、涂层类型的鉴别

1. 溶剂擦拭法

溶剂擦拭法(见图 10-4)是指用普通的硝基稀释剂在原涂层上进行涂抹擦拭,通过观察有无溶解现象判别原涂层是否为溶剂挥发干燥型涂料。

检查时使用白色的除油布浸适量的硝基稀释剂在受损涂层周围或在车身隐蔽处轻轻擦拭,如果原涂层溶解,并在布上留下颜色痕迹,则说明原涂层属于溶剂挥发干燥型涂料;如果原涂层不溶解,则说明原涂层属于烘干型或双组分型漆。若原涂层为自然挥发干燥型涂料,则在修补喷涂时要充分考虑新涂层中的溶剂成分会溶解原涂层、造成咬底等漆膜缺陷。

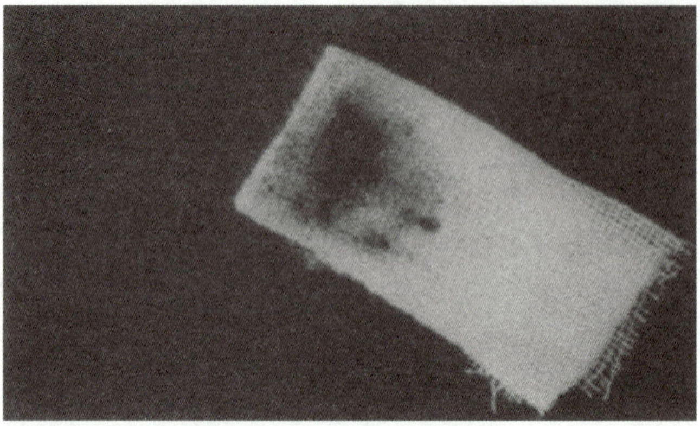

图 10-4　溶剂擦拭法

2. 加热判定法

加热判定法(见图 10-5)用来判别原涂层是热固性涂料还是热塑性涂料。如果原涂层为热塑性涂料,则在修补喷涂时应选用同类型的涂料,或将原涂层完全打磨掉再进行涂装。利用红外线烤灯对漆膜进行加热,如果漆面软化,则证明为热塑性涂料。

图 10-5　加热判定法

3. 硬度测定法

各种面漆干燥后漆膜的硬度不同。大体上来讲,双组分漆和烘干漆硬度较高,而自干漆硬度较低。基于此,可使用硬度计测定涂层类型。

4. 厚度测试法

由于各种面漆性质不同,涂层厚度是不一样的,因此可通过使用漆膜仪(见图 10-6)测定漆膜厚度来判定面漆的大致类型。这种方法测定结果并不十分准确,因此多用来检测漆膜的损伤情况。因为修补过的涂层厚度基本都会超过 150 μm,要比原厂漆膜厚,所以这种方法不会损伤漆面。

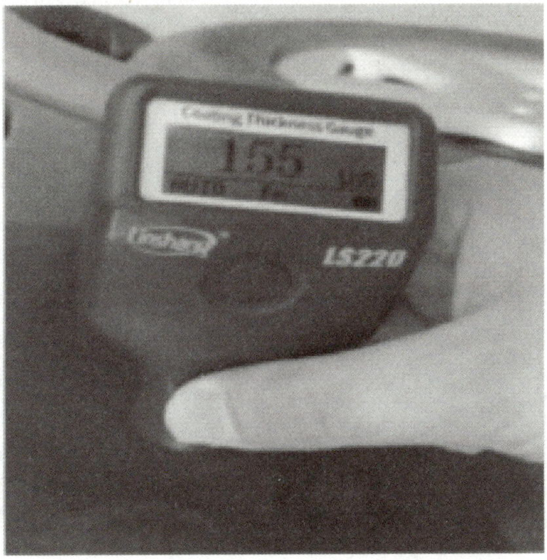

图 10-6　漆膜仪

5. 电脑检测仪法

利用电脑调色系统可直接获得原车面漆的有关资料，这是目前涂装行业中普遍使用的检测方法。此方法方便快捷，只需利用原车车身加油口盖和仪器就能很快准确无误地判别面漆的类型。

10.2 表面预处理

汽车清洗好后，要仔细检查车身漆面，寻找漆膜破损痕迹，如气泡、龟裂、脱落、锈蚀以及在烤补和气焊等修理过程中引起的部分损坏。对于上述破损，必须清除旧漆膜。可根据旧漆膜的损伤程度和重新涂装后的质量要求，全部或部分清除旧漆膜，以达到可以进行后续工作（如施涂原子灰、喷底漆等）的状态。

一、清除旧漆膜

可根据损伤程度和重新涂装后的质量要求，全部或部分清除旧漆膜。

清除旧漆膜的常用方法有手工除漆法、机械除漆法、化学除漆法、喷砂除漆法、火焰烤铲法五种。其中，手工除漆法、机械除漆法和化学除漆法相较喷砂除漆法和火焰烤铲法更为常用。

1. 手工除漆法

手工除漆法是漆工施工中常用的方法，也是部分清除旧漆膜的唯一方法，主要依靠铲刀、刮刀、钢丝刷、砂纸等工具清除车身构件表面上的旧漆。这种方法简单，但劳动强度大、工作效率低。采用手工除漆法清除旧漆膜时，先用铲刀把旧漆膜铲掉，再用砂纸、钢丝刷将铲后留在表面的浮漆、粗糙口子打磨干净。

2. 机械除漆法

机械除漆法（见图 10-7）是指使用电动或风动工具，如打磨机代替手工铲磨。使用这种除漆方法不但可以提高工作效率，还能降低劳动强度。机械除漆法是车身修补作业中应用较广的除漆方法。

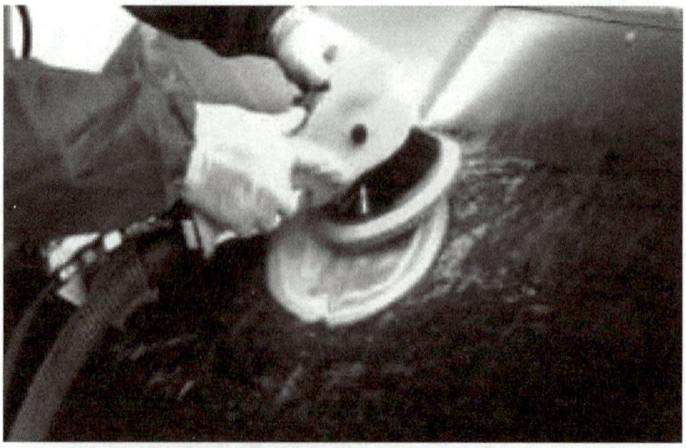

图 10-7　机械除漆法

3. 化学除漆法

化学除漆法是指用脱漆剂去除旧漆膜，具体操作步骤如下。

(1) 涂脱漆剂前，把不需要除漆的部位用遮蔽纸盖好。一般要覆盖两三层遮蔽纸，所有缝隙都要覆盖住，以防止脱漆剂渗入面板下表面。

(2) 使用脱漆剂时，先在漆面上稍稍地划出痕道，这样可以使脱漆剂渗透得更快。

(3) 用漆刷沿着整个处理区域刷一层厚厚的脱漆剂。

(4) 脱漆剂对大部分漆层都能快速起作用，但有些漆层比较牢固，如丙烯酸漆会变黏，很难去除，这时需要涂几次脱漆剂。

利用脱漆剂清除旧漆面，必须清除彻底，不能留下任何旧漆痕迹(包括脱漆剂溶液)，这是因为脱漆剂都含有蜡质，残留在金属表面将会使新涂底漆、腻子及面漆不能正常附着、干燥和固化，漆膜会有“回粘”现象。脱漆剂中的溶剂具有挥发性和可燃性，在使用时，施工现场应通风良好，避免脱漆剂接触皮肤或眼睛、引起刺激和灼伤。

4. 喷砂除漆法

有一定规模的汽修店，经常采用喷砂的方式清除旧漆膜(见图 10-8)。喷砂除漆法利用压缩空气、高压水流和机械离心力将磨料、砂子或金属颗粒喷射到旧漆表面，利用冲击和摩擦去除旧漆。喷砂有干喷、湿喷两种，选用的砂料必须是有棱角的石英砂。干喷后构件表面清洁、干燥，不会立即生锈，为重涂油漆创造了有利条件，但砂尘及旧漆粉末在空气中浮动，严重影响了操作人员的身体健康。湿喷与干喷原理相同，不同的是湿喷时水与砂同时随压缩空气从喷嘴喷向旧漆面。水可以压制砂尘飞扬，同时还能将金属表面的旧漆粉、铁锈等冲洗掉，但金属表面会出现浮锈，影响后面工序的进行，所以一般会在水中加入 1%～1.5%的防腐剂(如磷酸三钠、亚硝酸钠)，使金属表面钝化，防止短期生锈。

图 10-8 喷砂除漆法

5. 火焰烤铲法

火焰烤铲法适用于旧漆膜中腻子较厚的构件表面。它是指先用一种喷灯将旧漆烧软，随后用铲刀将旧漆膜铲除。经火焰烤烘的旧漆面必须彻底清除干净，可先用钢丝刷、砂纸打磨，再用溶剂全面洗净，以防新涂膜起泡脱落。对于大面积构件，特别是中央部位，不宜烘烤过长时间，以防温度过高导致变形。

二、打磨羽状边

清除旧漆膜后，边缘是比较厚的，如果不做处理，在后续施涂面漆以后会出现一个鲜明的边界，从而无法完成正常的维修作业。为了使漆面边缘变得宽而平滑，可以打磨漆膜的边缘，修磨出一个平滑的斜坡(叫作羽状边)。打磨羽状边时，将整个打磨垫块压在车身板件上，仅向打磨区域边缘施压，然后沿边界线移动打磨机。打磨过程中，边界线和打磨机之间的位置关系必须保持恒定。打磨时需要注意，切勿提起打磨机使之离开凹穴，更不要将打磨机移向涂装区域，否则只能磨出涂料。这样做的结果是只会扩大裸露金属区域，而不会产生羽状边。

正确的打磨方法如图 10-9 所示。

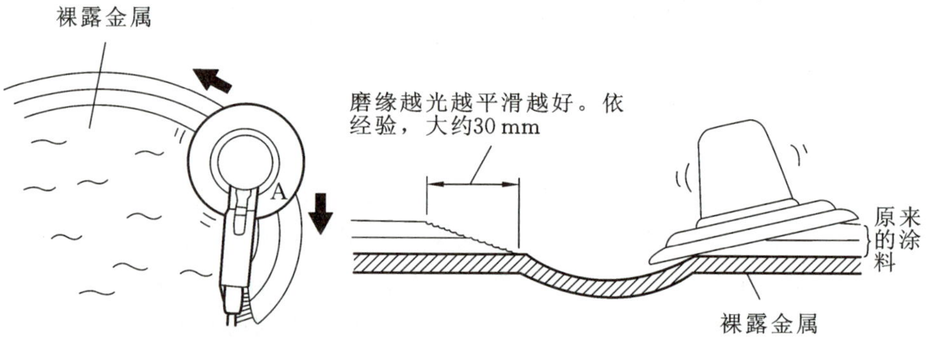

图 10-9　正确的打磨方法

三、施涂环氧底漆

环氧底漆具有坚硬耐久、附着力强、耐化学腐蚀等优点，漆膜可烘干也可自干，主要用于轿车基层表面打底防锈，借此来提高涂层质量。

要在裸露金属区域施涂底漆，以防其生锈并增强附着力。底漆施涂可以采用漆刷(毛刷)刷涂或空气喷枪喷涂。底漆有单组分和双组分两种，一般使用双组分底漆。由于有些底漆不能很好地附着在原子灰上，因此一定要按制造商的指示，正确施涂底漆。

技能训练 1　羽状边打磨

一、设备准备

完成本任务，需要使用的主要设备工具有吹尘枪(见图 10-10)、干磨系统(见图 10-11)、砂纸、除尘布(见图 10-12)、除油剂。

二、劳保防护

对工件进行羽状边打磨时，施工人员需要穿戴防尘口罩(见图 10-13)、工作服(见图 10-14)、安全防护眼镜(见图 10-15)、帽子、棉纱手套(见图 10-16)和工作鞋等劳保用品。

图 10-10　吹尘枪

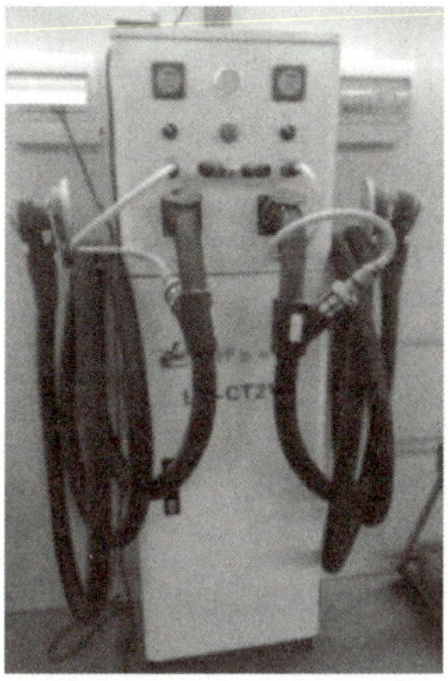

图 10-11　干磨系统

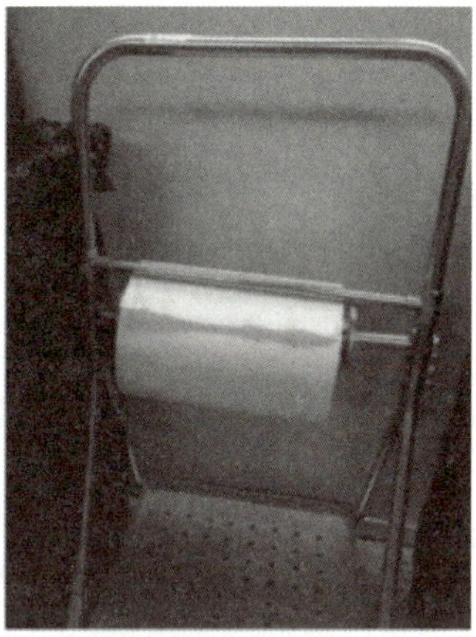

图 10-12　除尘布

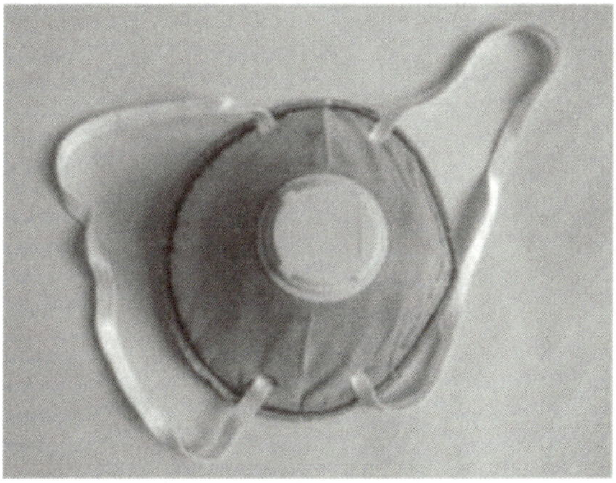

图 10-13　防尘口罩

图 10-14　工作服

图 10-15　安全防护眼镜

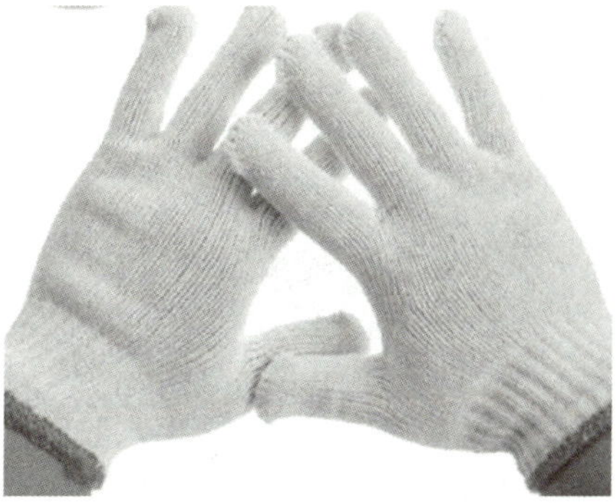

图 10-16　棉纱手套

三、施工过程

(1) 清洁(见图 10-17)。清洁的目的是准确地找出受损部位,避免修复造成损伤遗留。

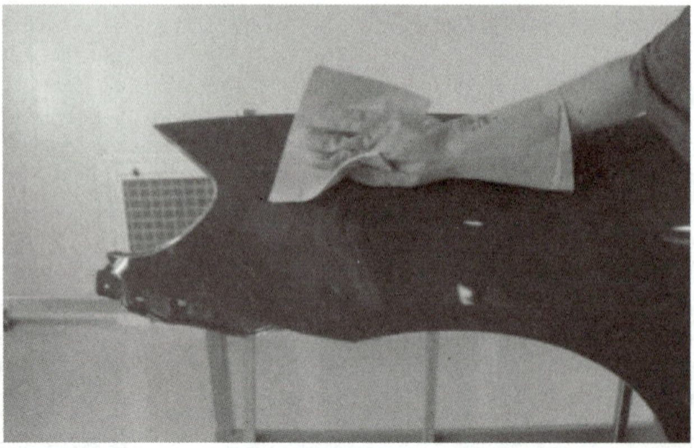

图 10-17　清洁

(2) 穿戴好劳保用品，将 P80 砂纸粘贴在打磨头上。在打磨机转动之前应先将打磨头放在要打磨的工件受损部位后再开启打磨机，以免发生危险或打磨不必要的工件表面。打磨操作如图 10-18 所示，打磨效果如图 10-19 所示。

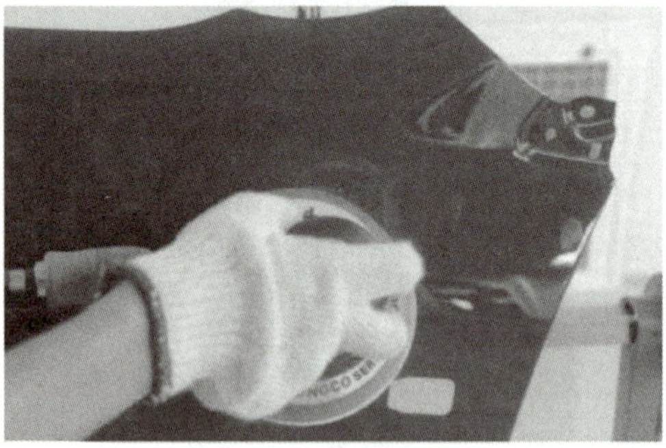

图 10-18　清除旧漆

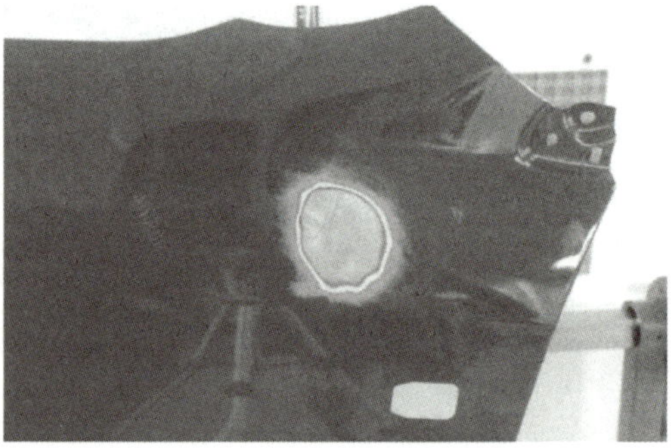

图 10-19　旧漆清除完毕

(3) 将 P120 砂纸粘贴在打磨头上，对受损部位进行羽状边打磨，要求裸露金属表面与漆面平滑过渡，边缘均匀，羽状边宽约 2 cm，漆面毛边打磨 3～5 cm。打磨操作如图 10-20 所示，打磨效果如图 10-21 所示。

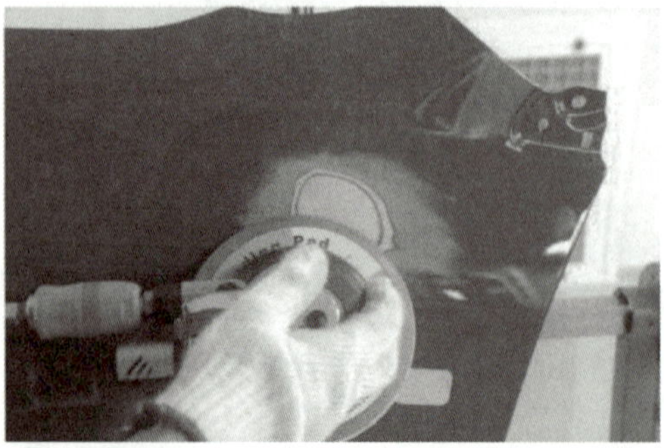

图 10-20　打磨羽状边

图 10-21　羽状边打磨完毕

(4) 使用吹尘枪和除尘布进行除尘。

技能训练 2　环氧底漆施工

一、设备准备

完成本任务，需要使用的主要设备工具有调漆杯（见图 10-22）、调漆尺（见图 10-23）、漆刷。

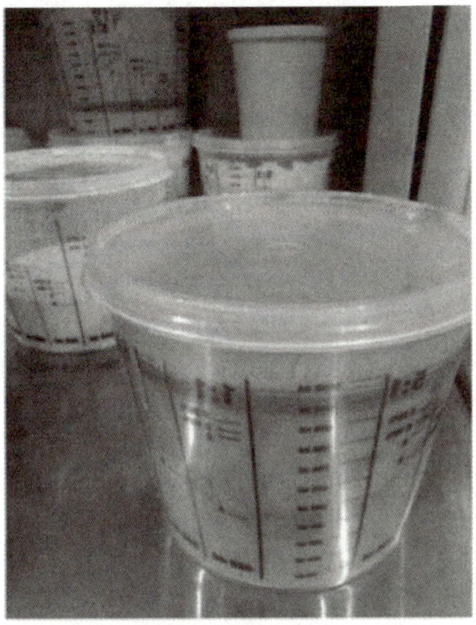

图 10-22　调漆杯

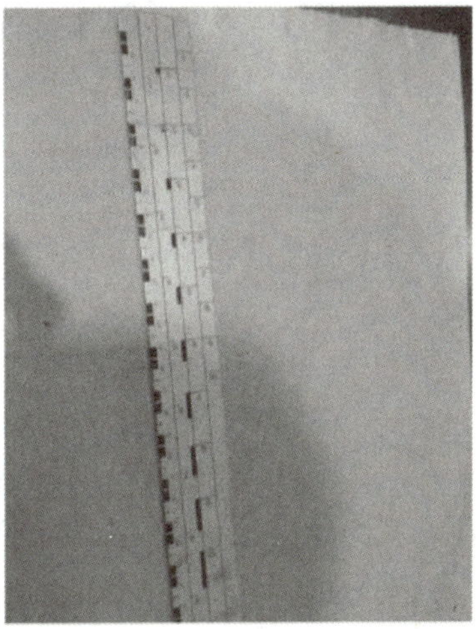

图 10-23　调漆尺

二、劳保防护

调配底漆时，会有有毒溶剂挥发。为了确保人身安全，操作人员必须穿戴防毒面具（见图 10-24）、安全防护眼镜、喷漆服（见图 10-25）、无硅乳胶手套（见图 10-26）、抗溶剂手套（见图 10-27）、工作鞋等。

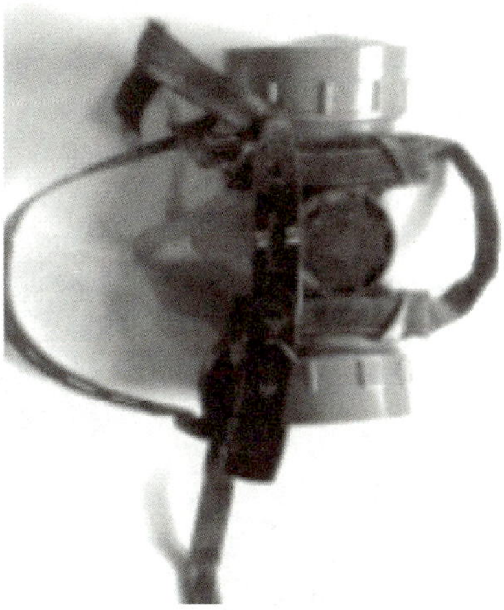

图 10-24　防毒面具

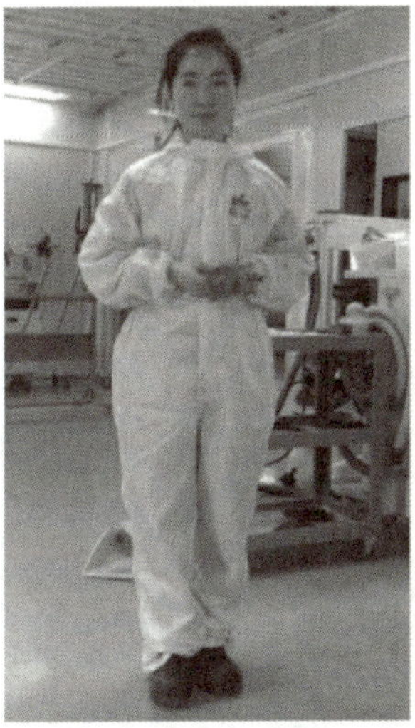

图 10-25　喷漆服

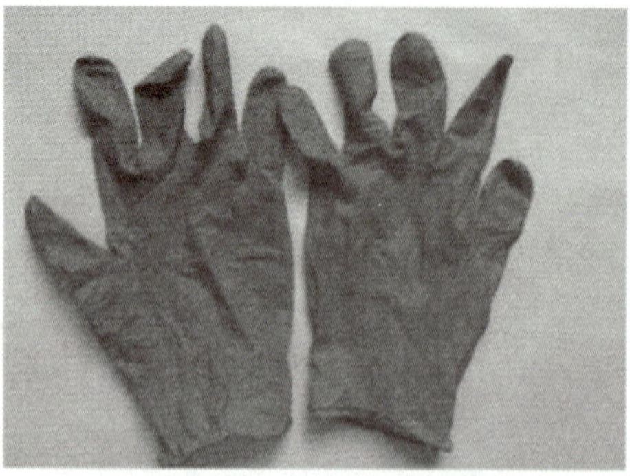
图 10-26　无硅乳胶手套

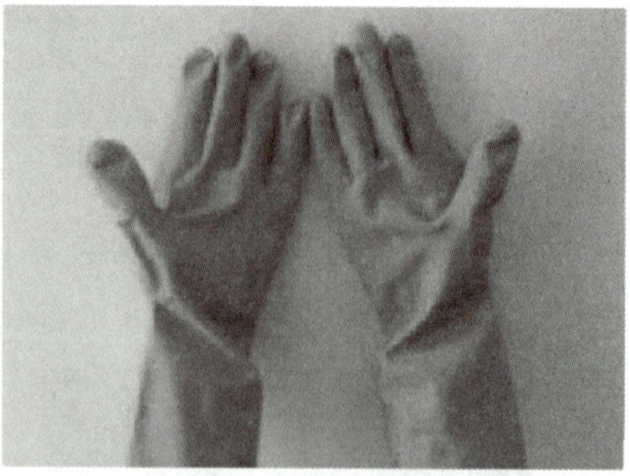
图 10-27　抗溶剂手套

三、底漆调配

（1）核对涂料的类型、名称、型号和品种，应与所选取的涂料一致。取料前应充分搅拌均匀。

（2）按照涂料生产厂家提供的混合比，加入涂料、固化剂和稀释剂，搅拌均匀。底漆属单组分型时，加入稀释剂即可。

（3）检查黏度。黏度过高时，涂层表面粗糙、不均匀，产生针孔和气孔等缺陷；黏度过低，会使涂层产生失光、流挂、不饱满等缺陷。不同的涂层有不同的黏度要求，要根据具体的技术要求调整涂料的黏度。

（4）过滤。用合适的过滤网对底漆进行过滤，以减少对空气喷枪的堵塞，提高涂层质量。

四、底漆施涂

环氧底漆施涂如图 10-28 所示。

（1）刷涂前必须将涂料搅拌均匀，并调配到适当的黏度。

（2）用漆刷醮取少许涂料，然后自上而下、从左至右纵横刷涂，边缘可用毛刷轻轻涂抹棱角，使表面形成一层薄而均匀且光亮平滑的漆膜。

（3）刷涂时涂膜的厚度要适中。漆膜过厚容易起皱皮，且附着力变差；漆膜过薄容易漏底，达不到底漆的刷涂目的。

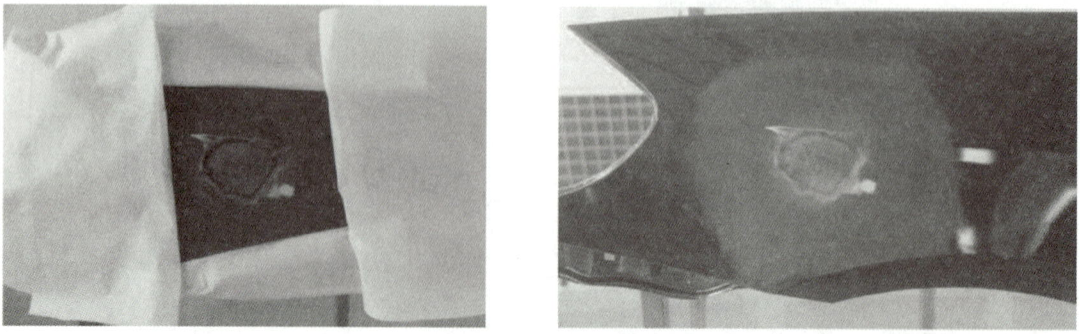
图 10-28　环氧底漆施涂

五、底漆干燥

底漆干燥有自然干燥和短波红外线烤灯(见图 10-29)干燥两种方式。

(1) 自然干燥。在 20 ℃左右的环境下自然干燥 30 min 即可。

(2) 短波红外线烤灯干燥。灯管与工件保持 65～80 cm 距离,烘烤 10 min 即可。

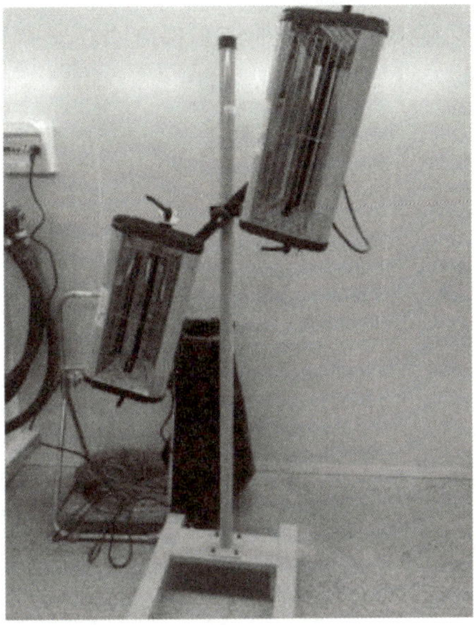

图 10-29 短波红外线烤灯

【课程思政】

工匠精神从个人层面来讲就是认真精神、敬业精神。它的核心是不仅把工作当作赚钱养家糊口的工具,而且树立起对职业敬畏、对工作执着、对产品负责的态度,极度注重细节,不断追求完美和极致。

本项目所讲的底材处理,看起来难度不大,按步骤操作即可。其实不然,如果没有一丝不苟的工作态度,就不能完成本项工作,从而影响后续涂装的质量。我们都是社会中普通的一员,要在不同的岗位上承担不同的角色。我们要学习螺丝钉精神,即使做一颗螺丝钉也要做到最好,认真学习,掌握一定的专业技能,做一个对社会有用的人,在社会中默默无闻地奉献个人的聪明才智,为祖国的发展进步贡献自己的力量。

【课后习题】

一、填空题

1. 打磨羽状边时,操作人员需穿戴的劳保防护用品有________、________、________、________、________、________。

2. 环氧底漆是以环氧树脂为主要成膜物质制成的底漆,可根据需要制成多种形式的产品,如高温烘烤型、双组分型和________等。

3. 一般会在水中加入________的防腐剂(如磷酸三钠、亚硝酸钠)来钝化金属表面，防止金属表面短期生锈。

二、简答题

1. 什么是底材处理？为什么要进行底材处理？

2. 为什么要进行漆膜损伤程度的评估？

3. 说明评估车身表面损伤程度的三种方法。

4. 清除旧漆膜应遵循什么原则？处理到什么程度合适？

项目 11

原子灰施工

项目任务

一辆大众轿车左前翼子板受损，底漆施涂已完成，却发现有一些小的凹陷清晰可见。这时需要用原子灰填补凹陷，从而平整表面、恢复原状。如何施涂原子灰呢？

原子灰施涂

项目分析

对于非常平整的板件，喷涂完底漆后，即可进行中涂底漆或面漆的施工。但是，对于不够平整的表面，特别是经过钣金处理后的表面，由于凸凹程度较大，底漆很难填平，此时就应用施涂原子灰的方法来处理。

11.1 原子灰的刮涂

一、原子灰的组成

原子灰（见图 11-1），又称为聚合型腻子，是一种膏状或厚浆状的涂料。它容易干燥，干后坚硬，能耐砂磨。原子灰一般使用刮具刮涂于底材的表面，用来填平底材上的凹坑、缝隙、孔眼、焊疤、刮痕以及加工过程中所造成的其他表面缺陷等，使底材表面平整、匀顺，使面漆的丰满度和光泽度满足要求。

原子灰硬化时间短，在常温下半小时即可干燥硬化，可以进行打磨。经打磨后的原子灰表面细腻光洁且坚硬，基本无塌陷，对其上面的涂料吸收很少甚至不吸收；附着能力强，耐高温，正常使用时不出现开裂和脱落现象。因此，原子灰现在广泛应用于汽车的制造和修补工作中。

原子灰是涂料，所以也是由树脂、颜料、溶剂和填充材料等组成的。现在较为常用的原

图 11-1　原子灰

子灰有聚酯树脂原子灰和环氧树脂原子灰等。环氧树脂原子灰具有良好的附着能力、耐水性和防化学腐蚀性能，但所形成的涂层坚硬、不易打磨，可以刮涂得较厚而不脱落、开裂，多用于涂有底漆的金属或裸露金属表面；聚酯树脂原子灰也有着优良的附着能力、耐水性和防化学腐蚀性能，而且干后涂膜软硬适中，容易打磨，经打磨后表面光滑圆润，适用于很多底材表面（不能用于经磷化处理的裸露金属表面，否则会发生盐化反应，造成接触面不能干燥而影响附着能力）。这种涂膜经多次刮涂后，膜厚可达 20 mm 以上而不开裂、脱落。现在常见的原子灰基本都是聚酯树脂原子灰。

原子灰中的颜料以体质颜料为主要物质，配以少量的着色颜料。填充材料主要使用滑石粉、碳酸钙、沉淀硫酸钡等，起填充作用并提高原子灰的弹性、抗裂性、硬度以及施工性能等。着色颜料以黄、白两色为主，主要用来降低彩度，提高面层的遮盖能力。

原子灰多为双组分产品，需要加入固化剂（见图 11-2）后方能干燥固化，以提高硬度和缩短干燥时间。聚酯树脂原子灰多用过氧化物作为固化剂，环氧树脂原子灰多用胺作为固化剂。

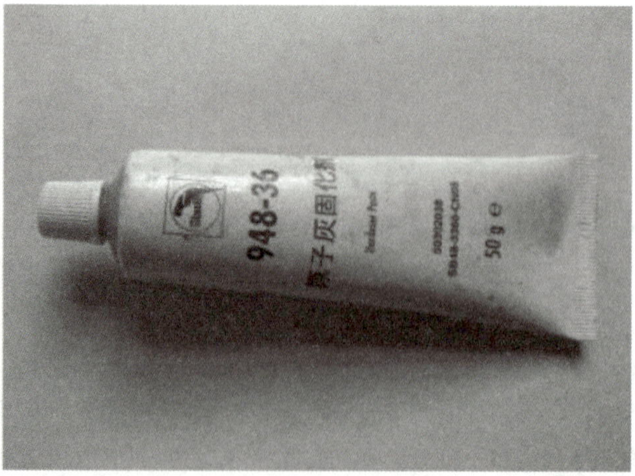

图 11-2　固化剂

二、原子灰的类型

原子灰的种类很多，经常使用的原子灰有以下几种。

1. 普通原子灰

普通原子灰多为聚酯树脂型，膏体细腻，操作方便，填充能力强，适用于大多数底材，如良好的旧漆层、裸钢板表面等。因具有良好的附着能力和弹性，故普通原子灰也可用于车用塑料保险杠和玻璃钢件，但刮涂不宜过厚。普通原子灰不适用于镀锌板、不锈钢板、铝板和经磷化处理的裸金属表面，但在这些金属表面首先喷涂一层隔绝底漆后即可正常使用普通原子灰。

2. 合金原子灰

合金原子灰也称金属原子灰，相比普通原子灰性能更加良好，除可用于普通原子灰所用的场合外，还可直接用于镀锌板、不锈钢板和铝板等，而不必首先施涂隔绝底漆，但不适用于经磷化处理的裸金属表面。合金原子灰因性能卓越、使用方便，故应用也很广泛。合金原子灰的价格要高于普通原子灰。

3. 纤维原子灰

纤维原子灰的填充材料中含有纤维物质，干燥后质轻但附着能力很强、硬度很高，因此纤维原子灰能够一次刮涂得很厚，可以直接填充直径小于 50 mm 的孔洞或锈蚀部位而无须进行钣金修复。纤维原子灰对孔洞的隔绝防腐能力也很强。纤维原子灰对有比较深的金属凹陷的部位填补效果非常良好，但表面呈多孔状，需要用普通原子灰来填平。

4. 塑料原子灰

塑料原子灰专用于塑料制品的填补工作。调和后呈膏状，可以刮涂，也可以揩涂，干燥后像软塑料一样，与底材附着良好。虽然干后质地柔软，但是打磨性很好，可以机器干磨，也可以用水磨。塑料原子灰常用于塑料件的修复。

5. 幼滑原子灰

幼滑原子灰也称填眼灰，有双组分的，也有单组分的，以单组分产品较为常见。幼滑原子灰膏体极其细腻，一般在打磨完中涂层之后、喷涂面漆之前使用，主要用途是填补极其微小的坑、眼等，提高面漆的装饰性。因填补能力比较差，且不耐溶剂，易被面漆中的溶剂咬起，故幼滑原子灰不能用于大面积刮涂场合。幼滑原子灰干燥时间很短，干后较软、易于打磨，用于填补小坑非常适合，可以提高生产率并能保证质量，所以也是涂装必备的用品。

三、原子灰的施工方法

原子灰是一种加有添加剂的底层涂料（见图 11-3），填充在表面缺陷部位，以提高表面质量。所谓填充，就是把足够的填充物堆积到一个表面上，当填充物干燥、收缩后，可以对多余的填充物进行打磨，从而减小整个表面的不平度，便于施涂面漆层。

为达到上述目的，要求原子灰中包含大量的固体成分，涂抹在板件表面上后能够快速固

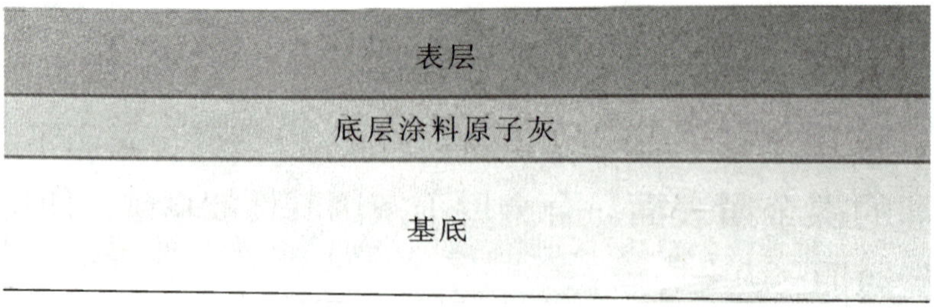

图 11-3　原子灰施工

结，形成有一定厚度的涂层。原子灰可以采用刷涂、喷涂等方法施工，所选用的原子灰必须能够适应相应的施工方法。

刮原子灰又称打原子灰，是一项手工作业。常用工具有原子灰调拌盒、原子灰托板、原子灰铲刀、原子灰刮刀(包括牛角刮刀、橡胶刮刀、金属刮刀)等。刮原子灰常用工具如图 11-4 所示。

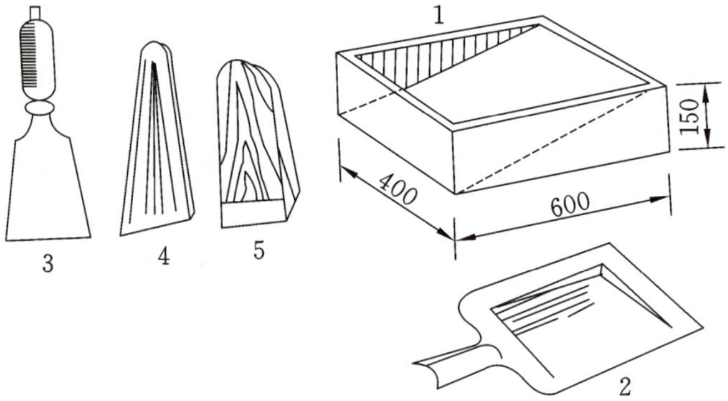

图 11-4　刮原子灰常用工具

1—原子灰调拌盒；2—原子灰托板；3—原子灰铲刀；4—牛角刮刀；5—橡胶刮刀

原子灰调拌盒采用厚 1.0～1.5 mm 的低碳钢板制成，用于调配或盛装原子灰。

原子灰托板用钢板或木板等制成，在刮涂时盛放少量原子灰以方便施工。原子灰托板也可用较厚的大型刮刀代替。

橡胶刮刀采用耐油、耐溶剂的橡胶板制成，新制的橡胶刮刀用砂纸将刃口磨齐磨薄。橡胶刮刀有很好的弹性，非常适合用于刮涂形状复杂的表面，尤其是圆角、沟槽等处橡胶刮刀的刃口还可根据工件形状做成相应形状。

金属刮刀主要有钢片刮刀、轻质合金刮刀等，可根据个人使用习惯进行选择，是目前施工中使用最多的一种原子灰刮刀。金属刮刀具有一定的弹性。一般钢片刮刀厚度为 0.5～4 mm，刮口宽度为 120～150 mm。

四、原子灰的施涂工艺

常用的刮原子灰工艺如图 11-5 所示。

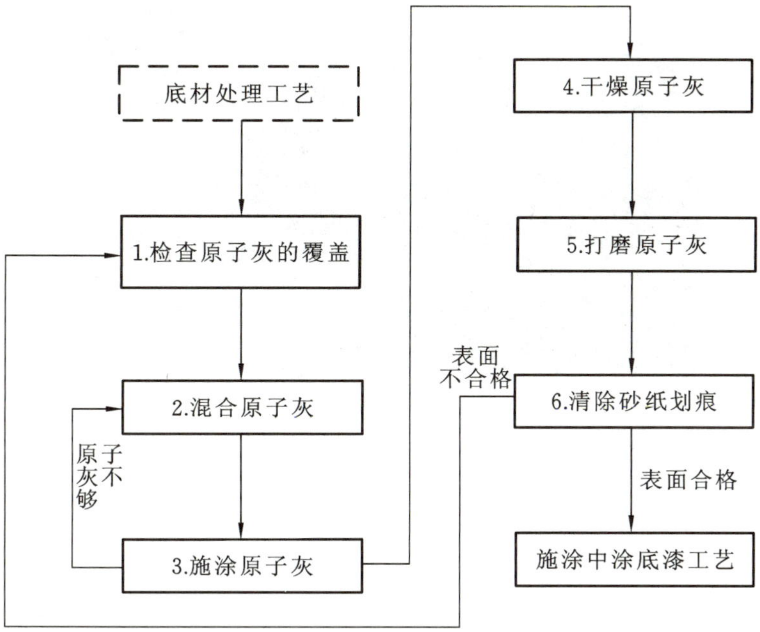

图 11-5　刮原子灰工艺流程

11.2　原子灰打磨

在汽车涂装施工中，打磨操作通常采用手工打磨和机械打磨两种方式。手工打磨适用于对小面积原子灰的粗磨、对大面积原子灰的细磨以及对需精工细磨的部位（如型线、曲面、转角及圆弧和弯曲等部位）的修整。

一、手工打磨

手工打磨（见图 11-6）有手工干磨和手工水磨两种方式。手工干磨时，砂纸很容易被堵塞，需要不断进行清理。同时，手工干磨会产生大量的粉尘，影响施工人员的身体健康以及涂装质量。对原子灰采取手工水磨的打磨方式在过去极为普遍，手工水磨至今在修理作业中也仍有使用。但是现在使用的原子灰一般为双组分聚酯树脂原子灰，不同于以往的腻子，干燥后坚硬耐磨，用手工水磨方式进行打磨，工作效率低，劳动强度大，费时费力，同时需要不断用水，易造成水的浪费和工作环境的污染，而且涂膜容易产生“橘皮”、气泡、砂痕等质量缺陷。现今大多数维修企业都引进了无尘干磨设备，传统手工水磨逐渐处于次要地位。

采用手工打磨方式时，可使用手工打磨板或手刨，配合相应的砂纸进行打磨，直至底材最高点露底后，以该点为基准，再打磨平整。打磨要平稳，用力要均匀，防止过度打磨再次形成凹坑。打磨局部刮涂的原子灰层时，要注意原子灰与旧涂面间的羽状边及边缘的平整性，以防产生边缘痕迹。

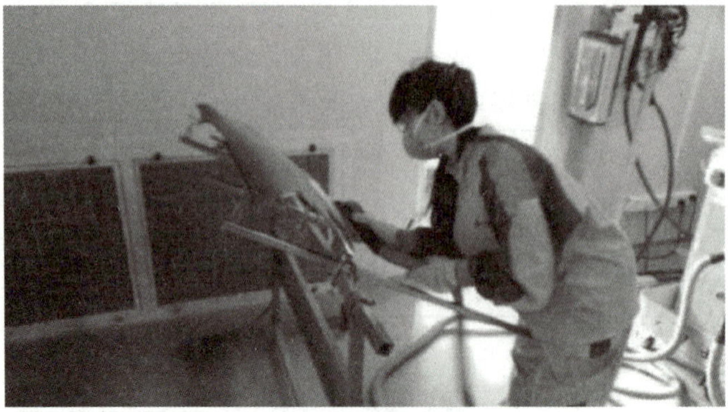

图 11-6　手工打磨

二、机械打磨

采用机械打磨(见图 11-7)方式时,一般视打磨原子灰的情况,采用双作用打磨机或轨道式打磨机。在打磨机上安装固定好 P80 号干磨砂纸,把打磨头贴在原子灰表面上后再启动打磨机,在原子灰施涂的范围内使打磨头作连续直线移动运动,将原子灰表面打磨出大致形状。

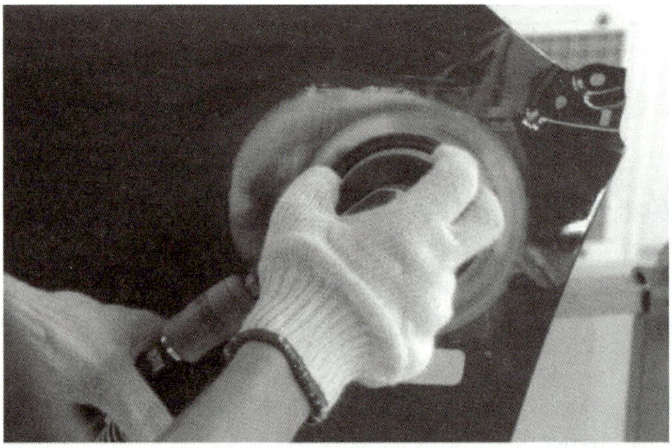

图 11-7　机械打磨

更换干磨砂纸时,按 P120 砂纸—P180 砂纸—P240 砂纸—P320 砂纸逐级渐进,不能跳号,细磨原子灰表面。每次更换砂纸时,前后两张砂纸的目数差不得超过 100,否则后面的砂纸太细,很难打磨掉前面留下的砂纸痕,最终导致返工。

随着打磨层数的增加,底材上的凹坑、砂孔全部被消除,达到既平整又光滑的程度,平整度恢复原样。细打磨以沿车身流线型水平方向为主,要注意凸出底材的折线、外形线的平直性,一般不要沿垂直方向或斜方向打磨。若底材需垂直打磨,最后也要沿车身流线型水平方向打磨修整,以防产生垂直方向上的打磨痕迹。

技能训练 1 刮涂原子灰

一、工作准备

1. 刮涂准备

(1) 在刮涂原子灰之前，应先对底漆进行必要的打磨和清洁。

(2) 按要求穿戴好合适的个人防护用品、准备原子灰调配及施工中需要用到的工具。

(3) 检查原子灰的施涂面积。原子灰调配好之后会很快固化而失去施涂性能，如果在施涂于规定部位之前固化，则调配的原子灰便不能再用，因此需要根据施涂面积的大小确定一次施涂原子灰的用量。在一般情况下，原子灰的施涂范围应在羽状边的范围内。

2. 取原子灰

取原子灰时，左手拿调灰板，右手拿原子灰刮刀进行取灰，把取出来的原子灰抹到调灰板上。取原子灰时要注意以下几点。

(1) 原子灰在取出之前必须彻底搅拌(见图 11-8)、调和均匀，以使上下黏度一致，防止各种成分分离。固化剂也是如此，在取出之前先打开盖子，将空气挤出；再拧上盖子，用手充分揉搓、挤压固化剂袋，将固化剂调和均匀。

图 11-8 搅拌原子灰

(2) 原子灰罐每次用后必须及时盖好，以防止溶剂蒸发。如果溶剂蒸发了，需要向罐中加入专用的溶剂。

(3) 在取出原子灰以后，不要在罐口刮除粘在搅拌棒上的原子灰。所有粘在罐口的原子灰最后都会固化，并跌入罐内。如果是新手，取出的原子灰最好用电子秤称量，以便确定需要加入的固化剂的重量。

(4) 取固化剂时，不要将固化剂直接挤到原子灰基料上。如果有原子灰粘在固化剂管口上，就会发生化学反应，引起固化剂固化。应该将适量的原子灰基料放在调灰板上，然后按规定的混合比例添加一定量的固化剂。

3. 调和原子灰

根据所取原子灰的量，按照原子灰与固化剂 100：(2～3)的比例加入固化剂(见图 11-9)，然后将两者混合均匀(见图 11-10)。在这个过程中注意观察混合物颜色的均匀程度，直到充分拌和原子灰和固化剂。

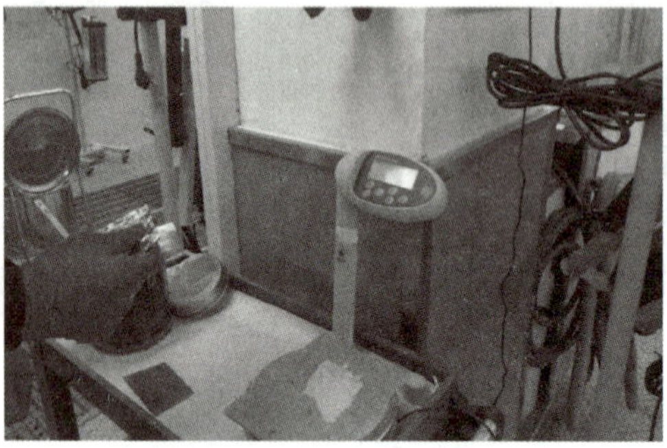

图 11-9 添加固化剂

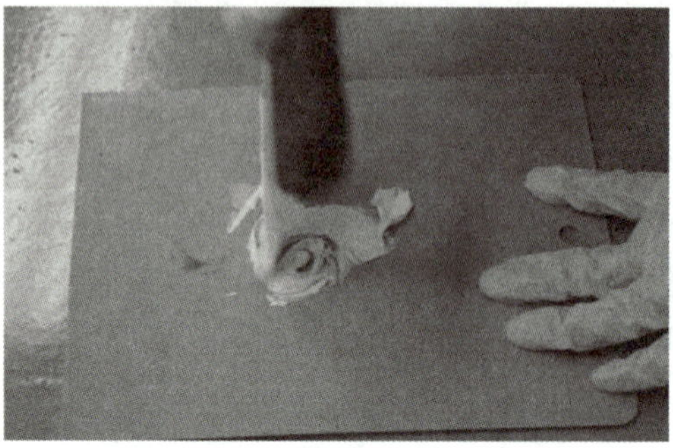

图 11-10 原子灰和固化剂混合

由于原子灰的活化时间只有 5～7 min，在温度较高的季节，原子灰的活化时间会进一步缩短，因此应在原子灰固化时间内尽快完成施工。

二、刮涂原子灰

1. 原子灰刮刀的握法

正确使用原子灰刮刀既能保证刮涂质量，又能减轻劳动强度。执拿原子灰刮刀的方法有直握法、横握法和其他握法。

(1) 直握法。食指和中指压紧刀板，拇指和另外的手指握住刀柄。这种方法适用于小型钢片刮刀。

(2) 横握法。拇指和食指夹住原子灰刮刀靠近刀柄的部分，另外三指压在刀板上。

(3) 其他握法。根据原子灰刮刀的大小及形状的不同，还可采用其他握法，以方便施工、保证质量。

2. 原子灰刮涂

(1) 第一遍刮涂原子灰(见图 11-11)时一定要薄，以提高原子灰和底漆的附着力，原子灰刮刀与板件的角度控制在 45°～70°之间。对于较大的凹坑，可选用较宽的硬质刮刀，沿底材薄薄地挤压施涂，确保原子灰透入细小的划痕和针孔。此层原子灰只求平整，不求光滑，不要为了一次刮平而使原子灰层厚度超过 5 mm。对于汽车车身表面轮廓线处，施涂时要注意造型及平直性，为以后施涂各层原子灰打下良好的基础。

(2) 第二遍刮涂原子灰(见图 11-12)时应着重大面积覆盖受损区域。根据凹坑的形状，通过多次刮涂填补，将凹坑最深处先填起来。每次刮涂的厚度不应该超过 2 mm，以防止沙眼和气孔的产生。原子灰刮刀和板件之间的角度控制在 35°～45°之间。此层原子灰仍以填平为主，不求光滑。施涂时的面积应略大于第一层原子灰的面积，注意边缘原子灰的平直性。较大底材施涂时与上一层原子灰的接口应错开，即不要使各层原子灰的接口在同一部位，以免产生缺陷。施涂时尽可能拉长一些，以减少施涂接口。

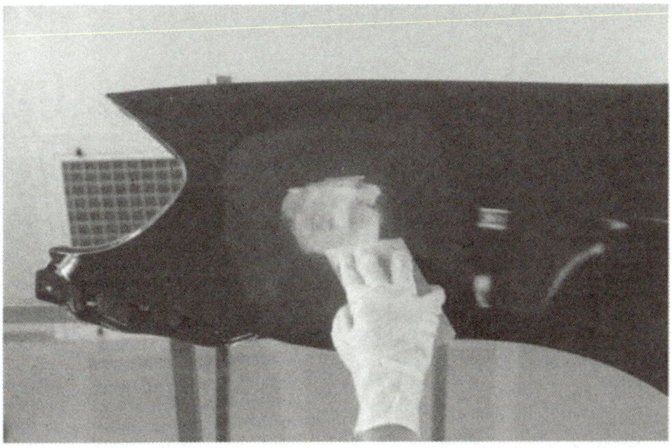

图 11-11　第一遍刮涂原子灰

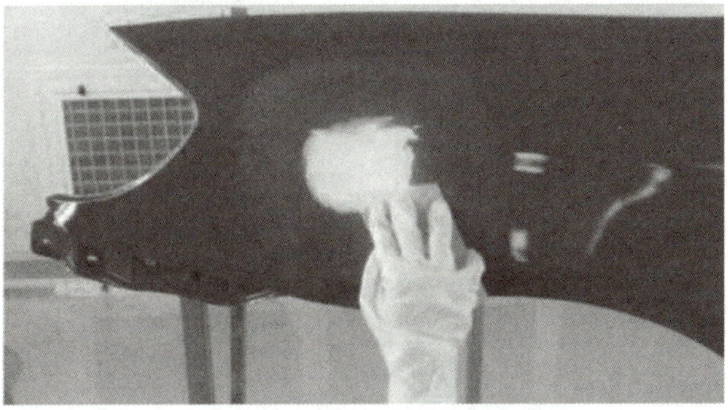

图 11-12　第二遍刮涂原子灰

(3) 第三遍刮涂原子灰(见图 11-13)时进行收边处理,边缘薄中间高,但应避免将原子灰刮涂到未打磨区域。沿羽状边形状刮涂,原子灰刮刀一侧稍微翘起来,角度控制在 5°~10°之间。这一层原子灰主要填充前两层原子灰留下的砂孔以及遗漏的轻微凹陷。施涂时以手的压力与原子灰刮刀弹性相结合,使施涂的原子灰层光滑平整,在刮平表面的同时,将原子灰边缘刮薄。注意,原子灰层边缘应与旧涂层过渡平和;对于汽车车身表面的轮廓外形线,施涂时要注意其平直性。

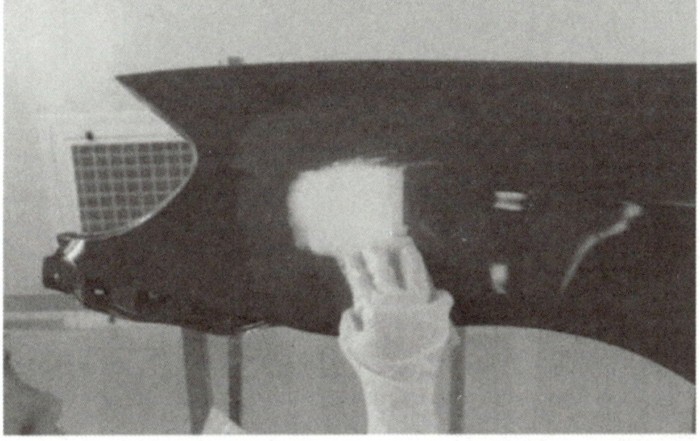

图 11-13　第三遍刮涂原子灰

(4) 第四遍刮涂原子灰，填平遗留的微小砂孔。利用硬质刮刀薄薄地均匀施涂一层光滑的原子灰，硬质刮刀呈倒平状。

(5) 刮涂完毕(见图 11-14)，将多余的原子灰放入有水的容器，用橡胶水清洗刮涂工具。

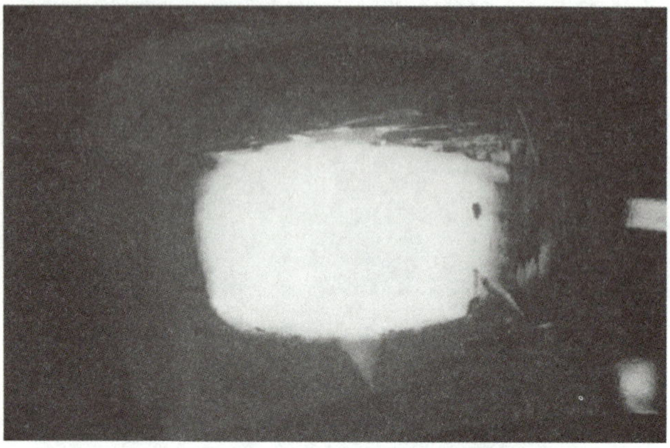

图 11-14　刮完效果

(6) 干燥原子灰(见图 11-15)。烘烤 8～10 min，检查原子灰干燥程度。待施涂的原子灰半干燥时，揭去遮蔽胶带。

图 11-15　干燥原子灰

技能训练 2　打磨原子灰

一、工作准备

1. 选择打磨设备

合理地选择打磨头(见图 11-16)，并接上气管。3 号打磨头离心率小，打磨细腻，打磨速度较慢；7 号打磨头离心率大，打磨速度较快。

2. 选择打磨砂纸

根据原子灰的刮涂情况，合理地选择打磨砂纸。选用机磨砂纸的原则是先粗后细，相邻砂纸的目数差不能超过 100，否则很难消除前一层砂纸留下的打磨痕迹。使用干磨系统打磨

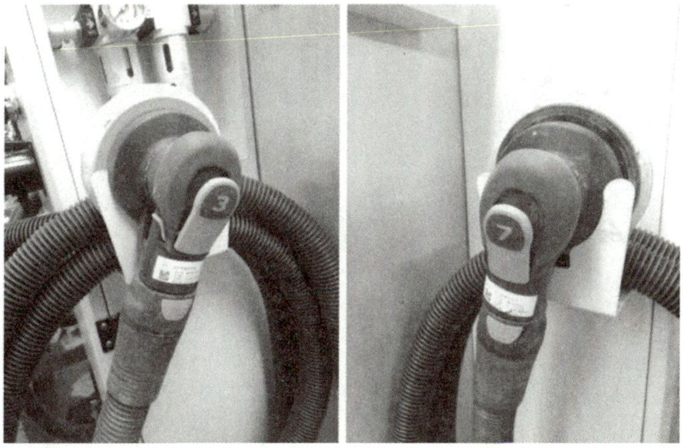

图 11-16　打磨头

原子灰时，砂纸孔应与打磨头的吸尘孔对齐，砂纸从 P80 逐渐过渡到 P320。

二、打磨流程

（1）启动打磨机。将打磨机开关调到自动吸尘“AUTO”挡。

（2）将炭粉均匀涂抹于将要打磨的原子灰上，用来做打磨指示层，这样可以更加直观地看出打磨的平整度。用 P80 砂纸打磨（见图 11-17）。打磨速度不要太快，打磨范围不可以超出原子灰的范围，以免对原子灰周围的漆面造成伤害。

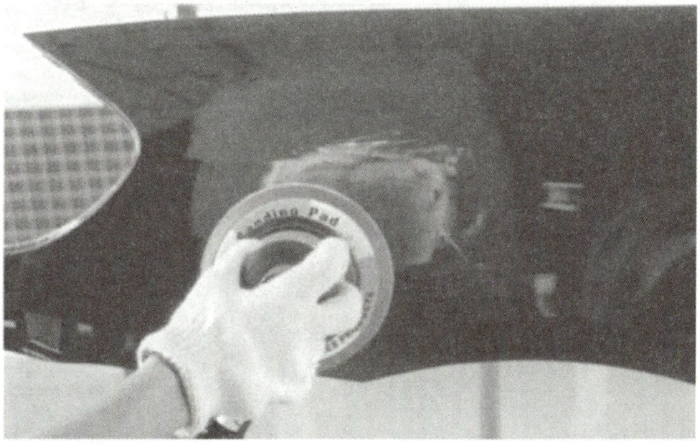

图 11-17　用 P80 砂纸打磨

（3）涂炭粉，用 P150 砂纸打磨（见图 11-18）。打磨时，打磨头应尽量放平，与原子灰充分接触，采取“米”字或“井”字打磨法，用力要均匀，打磨范围不要超出原子灰的范围。

（4）涂炭粉，用 P240 砂纸打磨（见图 11-19）。打磨时，打磨头尽量放平，来回幅度适当大一些，以去除 P150 砂纸打磨痕迹。打磨范围可适当比原子灰范围大一点，使原子灰与漆面自然衔接。

（5）涂炭粉，用 P320 砂纸打磨（见图 11-20）。打磨手法同上，打磨之后原子灰平整光滑，无砂眼和砂纸打磨痕迹，打磨原子灰周围漆面 15 cm 以上，使原子灰与漆面自然衔接，达到喷涂中涂底漆的施工要求。

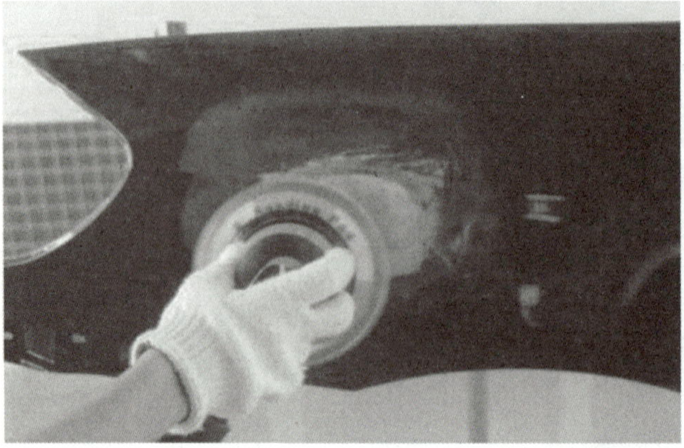

图 11-18　用 P150 砂纸打磨

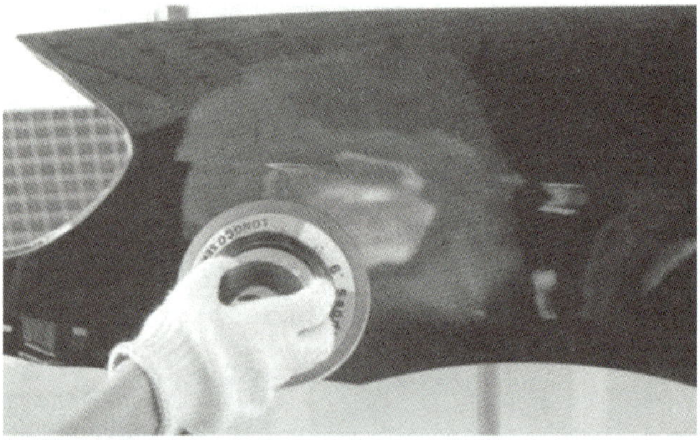

图 11-19　用 P240 砂纸打磨

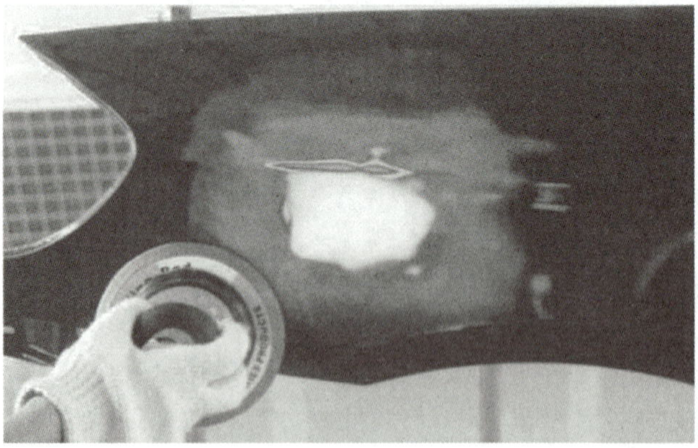

图 11-20　用 P320 砂纸打磨

(6) 清洁除油(见图 11-21)。用吹尘枪将工件表面的粉尘吹干净,检查是否有砂眼。如果有需要,再次刮涂幼滑原子灰并进行打磨。对打磨后的原子灰进行除油处理。

(7) 做好 5S 工作。打磨完毕,收拾整理工位,将设备还原归位,打扫场地。

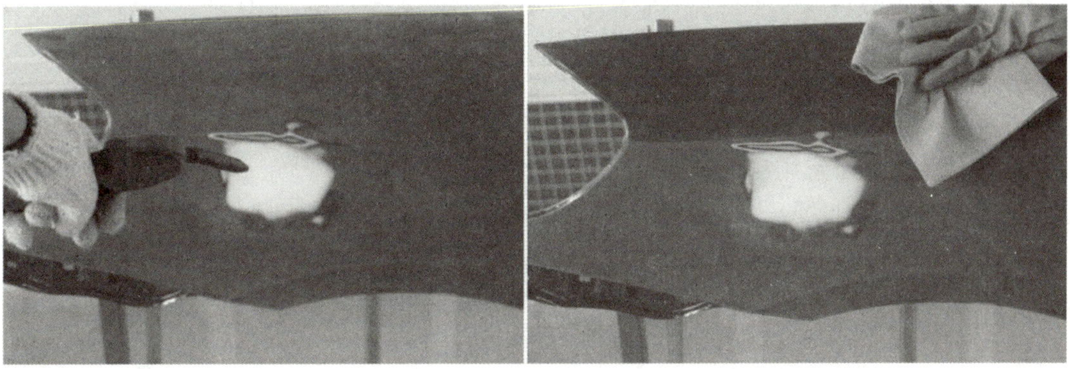

图 11-21 清洁除油

【课程思政】

工匠精神的核心是精益求精，已经做得很好了，还要求做到更好。作为职业院校的学生，在学习汽车钣金与涂装技术的过程中，要勤于动脑、乐于动手，只有手脑并用，才能收到良好的学习效果。除了在课堂上认真听讲外，课下必须勤动手，反复操练。只有完成一定量的作业练习，才能掌握岗位技巧。做练习时，切忌马马虎虎、应付差事，要逐步养成认真负责的工作态度和一丝不苟的工作作风，为传承工匠精神打下初步基础。

【课后习题】

一、判断题

1. 原子灰与固化剂调和后，隔日可再次使用。（　　）
2. 原子灰一般用刮具施工，刮涂的次数主要取决于底材的表面状况。（　　）
3. 目前所用的原子灰一般由聚酯树脂制成。（　　）
4. 刮涂第二层原子灰以填平为主要作用，不求光滑。（　　）
5. 刮涂第一层原子灰，原子灰刮刀相对于底材的倾斜角度以 30°为宜。（　　）
6. 使用炭粉做打磨指示层的目的是显示未打磨区域及砂眼。（　　）
7. 如果原子灰没有完全干透就进行下道工序，喷完面漆后会出现原子灰印。（　　）
8. 打磨原子灰时最后需沿车身流线型水平方向打磨修整。（　　）

二、选择题

1. 下列关于原子灰作用的叙述，错误的是（　　）。

A.能提高涂层的丰满度　　B.能填补较深凹陷

C.填补性能好　　D.一般涂在底漆上

2. 固化剂太少，原子灰干燥速度（　　）。

A.变快　　B.变慢　　C.不变

3. 原子灰的刮涂范围（　　）。

A.在羽状边内　　B.可超过羽状边　　C.无明确规定

4. 下列关于固化剂的叙述，正确的有（　　）。

A.有催化作用

B.能与合成树脂发生化学反应

C.种类越来越多

5. 下列关于原子灰施涂的叙述，错误的是（　　）。

A.第一次施涂时，原子灰刮刀几乎垂直于被施涂表面

B.在每一次施涂以后，都要逐步扩大原子灰施涂的面积

C.在最后一次施涂时，原子灰刮刀要与工件表面垂直

6. 下列因素中，不影响打磨速度与光洁度的有（　　）。

A.运动方式　　B.砂纸的粗细度　　C.振幅大小　　D.施工环境温度

项目 12

中涂底漆喷涂

项目任务

一辆大众轿车左前翼子板受损，原子灰打磨已完成，下面要进行中涂底漆喷涂工作。如何正确地开展中涂底漆喷涂呢？

项目分析

对原子灰表面的气孔进行幼滑原子灰填平后，幼滑原子灰干燥后收缩，会导致原子灰表面产生凸凹不平点，如图 12-1 所示。此时尽管对原子灰表面实施手工精打磨操作，原子灰表面仍不能满足喷涂面漆的需要。另外，原子灰表面经打磨后，仍有细小的划痕，也不适合直接喷涂面漆，所以需要喷涂一层中涂底漆。

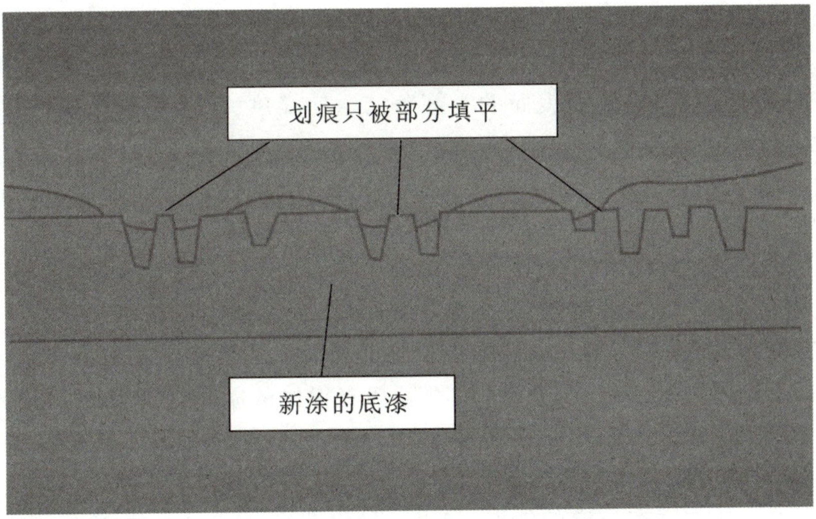

图 12-1　幼滑原子灰收缩后的情形

12.1 中涂底漆的选配

一、底漆介绍

1. 中涂底漆的作用

中涂底漆是位于底漆涂层与面漆涂层之间的底漆，常常被称为二道底漆或二道浆。中涂底漆的主要作用是增加面漆涂层对下面涂层的附着力，提高面漆涂层的平整度和丰满度，隔绝和封闭下面涂层，防止面漆往下渗透产生涂膜缺陷，同时填充针孔、细小划痕，消除细小缺陷。

2. 底漆的分类

（1）根据使用目的分类。

根据使用目的的不同，底漆可分为头道底漆、头二道合用底漆、二道底漆、封闭底漆等。应用于金属件表面的头道底漆主要是防锈漆。封闭底漆用在木材表面上，一般用作头道底漆；而在金属件表面，封闭底漆大多用在二道底漆层上面。

① 头道底漆。头道底漆颜料含量最低，填充性能较弱，具有较强的附着能力，较难被砂纸打磨。头道底漆由于含黏结剂较多，上层涂料容易与之牢固结合。头道底漆施工后，只要轻轻磨去一些浮粉即可，不必仔细打磨。

② 头二道合用底漆。头二道合用底漆颜料含量比头道底漆多，黏结剂含量较少，附着能力不如头道底漆强，但具有较强的填充性能，往往被用作单独的底漆，也可充作头道底漆。头二道合用底漆多应用于具有很好的平整度，而不必用原子灰填嵌的工作表面上。

③ 二道底漆。二道底漆具有最高的颜料含量，功能是填塞针孔、细眼等，具有良好的打磨性。在涂装过程中，原子灰层表面经打磨后，往往产生很多针孔、磨痕，在原子灰层表面施涂二道底漆，可使这些缺陷得到补救。二道底漆与封闭底漆有着相似的功能，但附着能力较差，所以在涂二道底漆后，必须把表面的大部分二道底漆磨去，否则会影响面层涂料的附着能力，造成面层涂料产生浮脆、气泡等现象。

④ 封闭底漆。封闭底漆含颜料成分较低，主要用于填平打磨的痕迹，给面层涂膜提供最大的光滑度，使面层涂膜丰满，并防止面层涂膜产生失光、斑点等现象。

（2）按构成底漆的主要树脂分类。

① 环氧树脂底漆。环氧树脂底漆简称环氧底漆，是物理隔绝防腐底漆的代表。环氧树脂是线型的高聚物，以环氧丙烷和二酚基丙烷缩聚而成。环氧底漆具有如下优点：附着能力极强，对金属、木材、玻璃、塑料、陶瓷、纺织物等都有很好的附着能力和黏结能力；涂膜韧性好，且硬度比较高；稳定性和耐化学性优良，对水及溶剂、酸、碱和其他化学品都有良好的抵抗力；具有良好的绝缘性、耐久性、耐热性。

环氧树脂类涂料也存在一定的缺点，如表面粉化较快，这也是它主要用作底层涂料的原因之一。环氧底漆使用胺类作为固化剂，对人体和皮肤有一定的刺激性，因此在使用时要加以注意。

② 磷化底漆。磷化底漆作为有色及黑色金属的防锈涂料，能够代替金属的磷化处理，在提高抗腐蚀性和绝缘性、增强涂层对金属表面的附着能力等方面比磷化处理更好，而且工

艺和设备要求比较简单。但磷化底漆涂膜很薄，因此一般不单独作为底漆使用，在涂装磷化底漆后通常仍用一般底漆打底。

在使用磷化底漆时要注意，不能用金属容器调配磷化底漆，喷涂磷化底漆时使用的喷枪壶也应使用塑料罐，且在喷涂完毕后应马上清洗喷枪。磷化底漆施涂完毕后不要马上喷涂其他底漆，应等待一段时间再进行下一步操作。

环氧底漆与磷化底漆对底材都具有良好的防腐性，对其上的涂层也都具有良好的黏结能力。一般在汽车修补中常使用环氧底漆打底，而在汽车制造或大面积钣金操作后对裸露金属进行防腐处理时采用磷化底漆。

(3) 其他分类方法。

按汽车油漆涂层的分组和等级分类，底漆可分为优质防腐蚀性底漆、高级装饰性填充底漆、中级装饰性保护底漆、一般防锈保护性底漆；按所用漆料和颜料的不同，底漆可分为醇酸底漆、酚醛底漆等。

3. 底漆的性能要求

(1) 对经过表面处理的工件表面应有很好的附着能力，所形成的底漆漆膜应具有极好的机械强度。

(2) 底漆本身必须是腐蚀的阻化剂，底漆涂层必须具有极好的耐腐蚀性、耐水性和抗化学试剂性。

(3) 与中间涂层和面漆涂层的配套性应良好。

(4) 底漆应具有良好的施工性能。

为具备上述特性，制造汽车底漆用的主要漆基是各种环氧树脂、酚醛树脂和一些优质水溶性树脂。底漆中都加有优质的防锈颜料，涂膜的强度和黏结能力取决于涂膜的厚度、均匀度及其干燥度。底漆涂膜一般不能太厚，以厚度为 15～25 μm 为宜，过厚则涂膜干燥缓慢，并容易造成涂膜强度不够和附着不良。

二、中涂底漆的选择

汽车修补涂装常用的中涂底漆有硝基底漆、环氧底漆、聚氨酯底漆和丙烯酸底漆。前三种常用中涂底漆的性能对比如表 12-1 所示。面漆涂料不同，与之配套使用的中涂漆层涂料也应不同。中涂漆层涂料的合理选用是避免涂装出现质量问题的关键。

表 12-1 常用中涂底漆的性能对比

中涂底漆类型	特点	用途
硝基底漆	为单组分型涂料，干燥迅速，易于打磨，经打磨后表面平整光滑但成膜较慢。 注意事项： ① 使用时应彻底搅拌均匀，以防颜料沉淀； ② 工作黏度一般为 15～20 s，黏度可以用硝基稀释剂调整，一般需要喷 3 道以上，每层间隔 10 min 左右； ③ 可与各种硝基面漆以及双组分丙烯酸聚氨酯面漆配套使用	在汽车修补涂装中一般用于要求快干的场合，或装饰性要求不高的汽车部件，或面积较小的非主要装饰面

续表

中涂底漆类型	特点	用途
环氧底漆	一般为双组分型涂料，防锈性好，附着能力好，填充性好，耐溶剂性好，机械强度好，干燥较慢。不仅可以作为底漆使用，而且可以作为中涂底漆使用，还可以作为底漆、中涂底漆二合一的底漆使用	主要用于有裸露金属的工件打底
聚氨酯底漆	为双组分型涂料，附着能力、耐水性、耐热性、耐化学性好，填充能力强，干燥较快，打磨性能好，对面漆的保光性很好，在汽车修补涂装中应用广泛。 注意事项： ① 一般以喷涂为主，也可刷涂或滚涂； ② 直接用于金属表面时，材质必须经过处理，保证无水、无油、无酸碱、无灰尘、无机械杂质； ③ 严格按照生产厂商的要求配制，搅拌均匀后方可使用，并在使用时效内用完	可用于各种底漆、原子灰层及旧漆层之上

当旧涂膜为烤漆涂料或丙烯酸聚氨酯涂料时，选用硝基类中涂底漆问题不大，但要注意所选用硝基类中涂底漆的质量、层间黏着能力和耐水性一定要满足要求。

当旧漆膜是改性丙烯酸或合成纤维素丙烯酸硝基漆时，以采用聚氨酯类中涂底漆为宜。这类中涂底漆漆膜性能好，覆盖效果好，即使旧漆膜有轻微缺陷，也不易出质量问题。但应注意，这类中涂底漆不适宜用于局部修补，因为局部喷涂了聚氨酯类中涂底漆后，再喷涂面漆，往往会在修补原子灰与旧漆膜的边缘交接处出现起皱现象。这类中涂底漆只适宜用于对旧漆膜或原子灰的整块覆盖。

厚涂型合成树脂中涂漆层的涂膜性能比不上聚氨酯类中涂漆层，但由于它所使用的溶剂溶解力较弱，不会侵蚀底漆，干燥速度也比较快，因而这类中涂底漆应用较多。对于这类中涂底漆，重点应关注其层间黏着能力和耐起泡性。

硝基类和丙烯酸类中涂底漆，若耐起泡性和层间黏着能力好，则覆盖效果差；反之，若覆盖效果好，则耐起泡性和层间黏着能力差。因此，有必要检查它的溶剂挥发性能、覆盖效果、耐水性、丰满度、施工性能等。

在全涂装、原子灰涂装面积大的场合以及当旧涂膜起皱时，使用聚氨酯类中涂底漆效果最好。除此之外，从作业性方面考虑，厚涂型合成树脂中涂底漆也是一个很好的选择。这些中涂底漆的使用方法，有时会随厂家的不同而不同，故应注意不要弄错。若需对中涂底漆进行稀释，应使用指定的专用稀释剂，否则会影响性能。

有的聚氨酯类中涂底漆被称为无须打磨型二道浆，但实际上随着中涂漆层的不断硬化，层间黏着力往往会下降。为提高层间黏着力，仍需轻轻打磨，在表面留下打磨痕，以提高对面漆层的黏着力。

12.2 中涂底漆的施工

一、施涂流程

在原子灰施涂完成以后，表面必须经过一道施涂中涂底漆工序。该工序包括表面修饰、清除打磨划痕、防锈及封闭等内容，基本流程如图 12-2 所示。

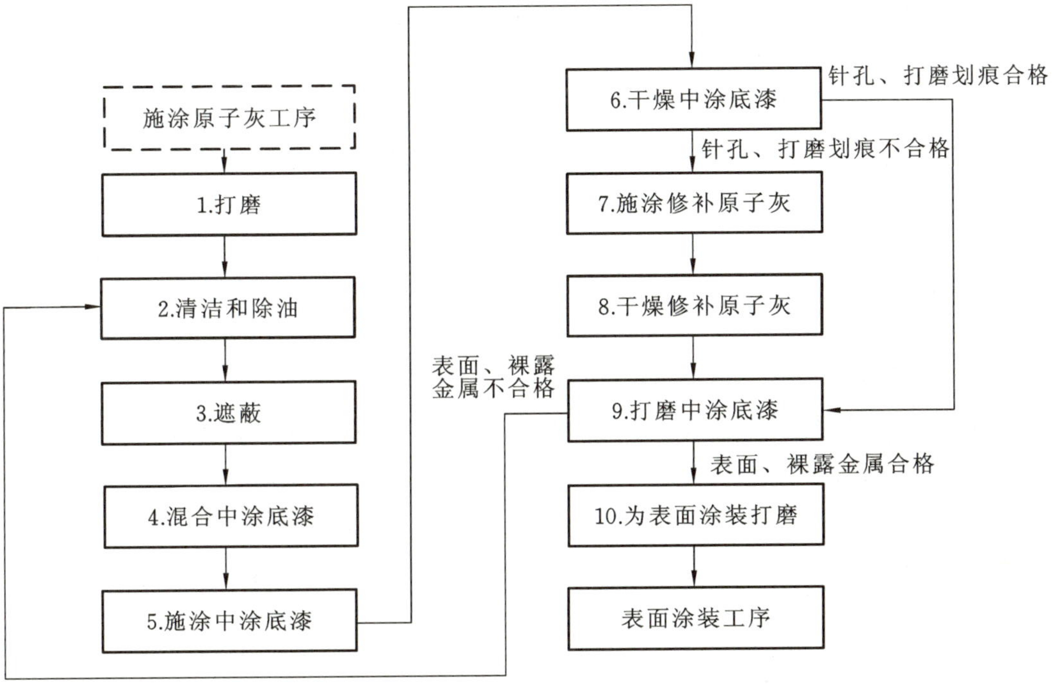

图 12-2 中涂底漆基本施涂流程

1. 打磨

如果不做任何处理而将中涂底漆或涂料直接施涂到重修的表面上，那么涂层之间的附着力是很差的，当受到振动或弯曲力时涂层往往会分离，如图 12-3 所示。因此，在施涂任何涂层以前，必须加工出一些砂纸划痕等，以暴露工件的活性表面，并增加表面积，从而提高附着力，如图 12-4 所示。这道加工工序叫作打磨。在施涂原子灰之前的打磨羽状边也是本道工序的一部分。

图 12-3 未经打磨的涂层表面受力

用双作用打磨机配合 P300 砂纸对准备施涂中涂底漆的表面进行打磨。由于中涂底漆要

图 12-4　经过打磨的涂层表面受力

覆盖整个原子灰表面，要打磨的面积应该在原子灰区域边缘以外大约 100 mm。双作用打磨机打磨原子灰边缘如图 12-5 所示。为了防止重涂面积不必要地扩大，即使宽度不到 100 mm，也要沿车身板件接缝或特征线停止打磨。

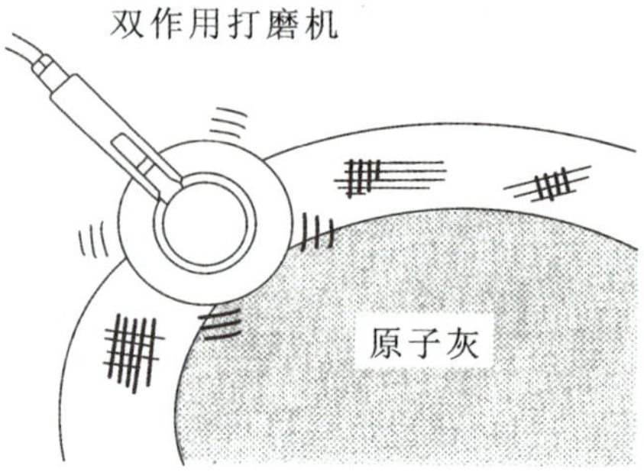

图 12-5　双作用打磨机打磨原子灰边缘

2. 清洁和除油

要特别注意从针孔和其他缝隙中清除打磨微粒，用压缩空气吹表面及周围区域(见图 12-6)，然后用除油剂进行正常的除油工序。

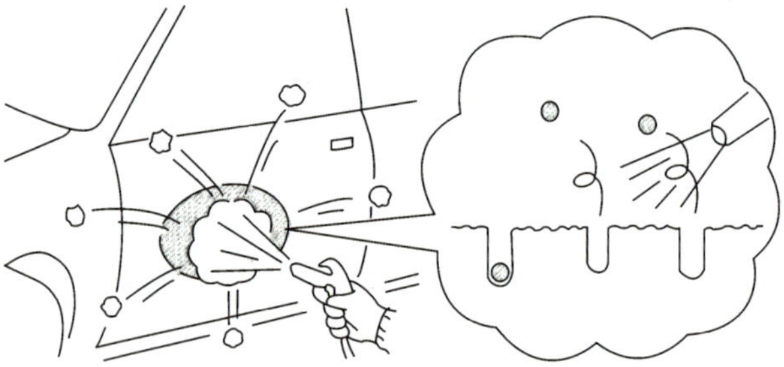

图 12-6　除尘

3. 遮蔽

用遮蔽纸遮盖有关区域(见图 12-7)，防止中涂底漆喷到不需喷涂的表面上。为了防止在涂有中涂底漆的区域边缘产生台阶，要用反向遮蔽法来粘贴遮蔽纸。

4. 混合中涂底漆

按中涂底漆制造商的指示，使用适当的计量仪器，向中涂底漆中添加固化剂，如图 12-8 所示，并且用稀释剂稀释混合物。中涂底漆中的颜料往往会沉入底部，所以中涂底漆在使用以前必须充分混合，混合方法与混合面漆的方法相似。

通常，制造商对稀释剂的混合量都规定了一定的宽容度。如果稀释剂比较少，涂层会比较厚，不过表面会比较粗糙；如果稀释剂比较多，那么中涂底漆就比较容易施涂，但是往往会垂流。

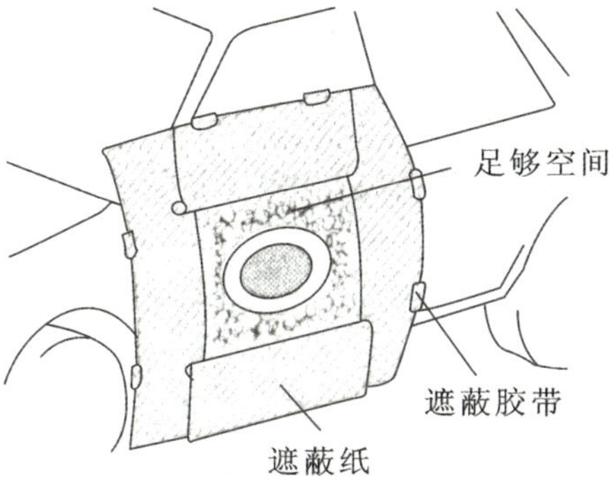

图 12-7 遮蔽

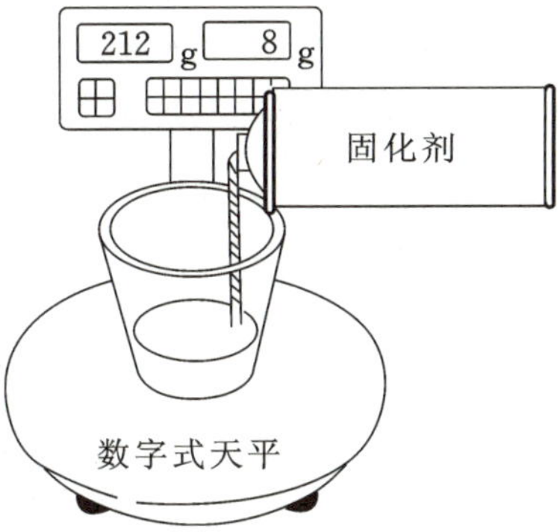

图 12-8 使用适当的计量仪器，向中涂底漆中添加固化剂

5. 施涂中涂底漆

用搅拌棒充分搅拌中涂底漆、固化剂和稀释剂混合物，然后将其通过滤网倒入空气喷枪的涂料杯（见图 12-9）；将第一层中涂底漆施涂至整个原子灰表面，直至表面变湿；要留足够的闪干时间，以使中涂底漆中的溶剂蒸发，直至中涂底漆失去部分光泽；用相同的方法，再涂两至三层中涂底漆。

中涂底漆喷涂

每次施涂中涂底漆时，稍稍扩大施涂面积。如果施涂面积过大，以致中涂底漆喷到遮蔽纸上，就会产生“溜边”。如果原子灰表面有轻微凹陷，则要喷涂足够量的中涂底漆，以便盖住凹陷，但不能有垂流。中涂底漆喷涂操作如图 12-10 所示。

图 12-9 中涂底漆过滤并倒入涂料杯

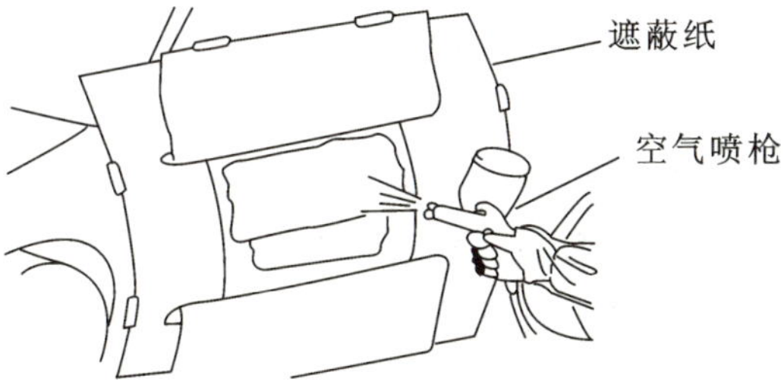

图 12-10 中涂底漆喷涂

中涂底漆施涂注意事项如下。

(1) 中涂底漆的选用。

当面漆采用聚氨酯涂料时,中涂漆层也应采用聚氨酯涂料。当面漆采用聚氨酯涂料而中涂漆层采用硝基涂料时,涂膜的形成就会不完全,引起起泡和开裂。

(2) 中涂底漆一次不能喷涂太厚。

分几次喷涂表面看起来更花时间,但实际上,喷涂两道涂料时,边喷边用吹风机加快溶剂的挥发,比一次性厚厚地喷涂干燥速度快,作业效率也更高。比如,将分三次涂装的膜厚一次喷涂,挥发速度反而大大减慢,打磨和修补无法进行,最终结果是作业速度下降。如果一次喷涂过厚,则溶剂残留在漆膜内难以挥发,原子灰边缘的旧漆膜会被浸润膨胀,在喷涂了面漆之后就会起皱。所以,中涂底漆切忌一次喷涂过厚。

(3) 在寒冷季节和雨天喷涂中涂漆层时需采取加热去湿气措施。

当气温低和湿度大时,应采用红外线灯管或热风加热器,将涂装面加热到 25 ℃左右,以除去湿气。加热干燥时,不能突然提高温度,而要渐渐加热,否则容易产生大量的气孔。

6. 干燥中涂底漆

中涂底漆在打磨前一定要充分干燥(见图 12-11)。中涂底漆干燥不充分,不仅打磨时涂料会填满砂纸,使作业难以进行,而且在喷涂面漆之后,往往会出现涂膜缺陷。

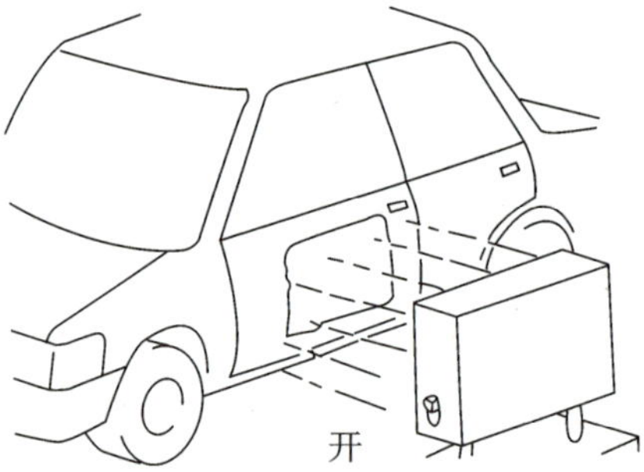

图 12-11　中涂底漆干燥

为了确保溶剂完全蒸发,在寒冷的冬天可以采用红外线烤灯进行强制干燥,这样做不仅能加速干燥,提高作业效率,还能提高涂膜质量。使用强制干燥方法时,要遵循中涂底漆制造商的指示,确定适当的固化和干燥时间。温度为 20 ℃时,干燥前的固化时间一般为 5～15 min,干燥时间为 90～120 min;温度为 60 ℃时,干燥时间为 15～20 min。

7. 打磨中涂底漆

中涂底漆的打磨一般有干、湿两种打磨方法。

(1) 干式打磨。

若采用双作用打磨机进行干式打磨(见图 12-12),所用砂纸粒度宜为 P320～P400。用打磨机进行干式打磨时不要用太大的力将打磨头压在涂膜上,只能稍用点力沿车身表面移动打磨头。用力过大,砂纸磨痕就会过深。打磨时应注意不能只打磨喷涂了中涂底漆的部位,旧涂膜与中涂漆层的交界区域也应进行打磨。用手工打磨垫块进行干式打磨(见图 12-13)时,应使用软磨头或橡胶块(砂纸粒度选 P320～P400 为宜),均匀地沿横向打磨。打磨过程中可配合使用炭粉作为指示剂，以便获得良好的打磨效果。干式打磨结束后，拆去遮蔽纸和遮蔽胶带，用吹尘枪进行清洁。

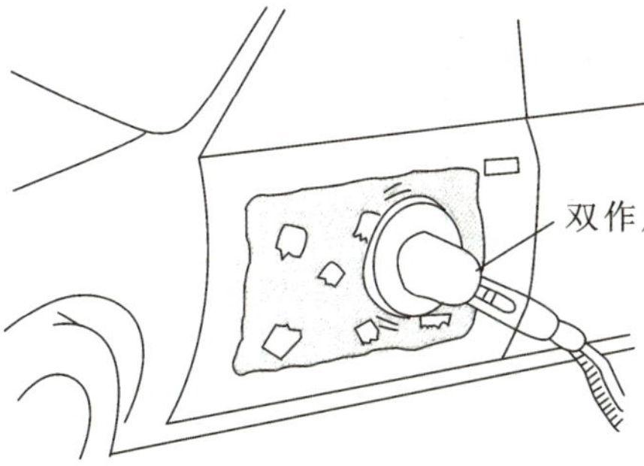

图 12-12　打磨机干磨

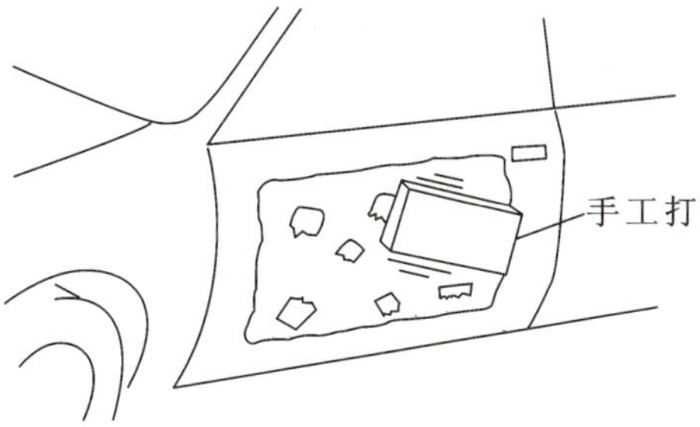

图 12-13　手工干磨

（2）湿式打磨。

湿式打磨一般采用 P320～P600 耐水砂纸。当面漆为金属闪光涂料时，可以采用 P400 砂纸；当面漆是硝基涂料时，要采用 P600 砂纸，若用 P400 砂纸，则涂膜表面往往会有较深的砂纸磨痕。当面漆为素色涂料时，可以采用 P320 砂纸，但如果是素色硝基涂料，则应采用 P400 以上砂纸。

打磨机湿磨操作如图 12-14 所示，手工湿磨操作如图 12-15 所示。

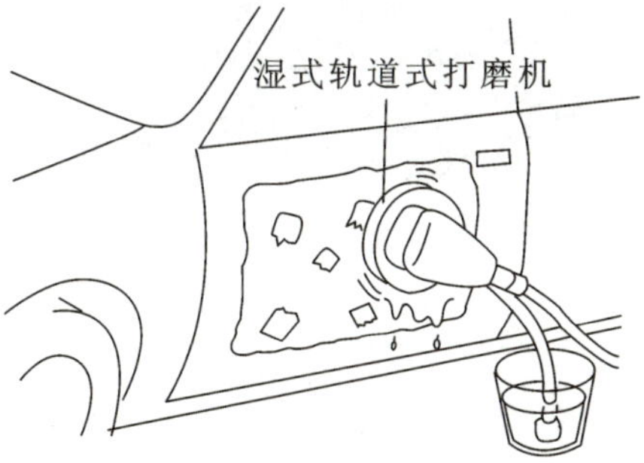

图 12-14　打磨机湿磨

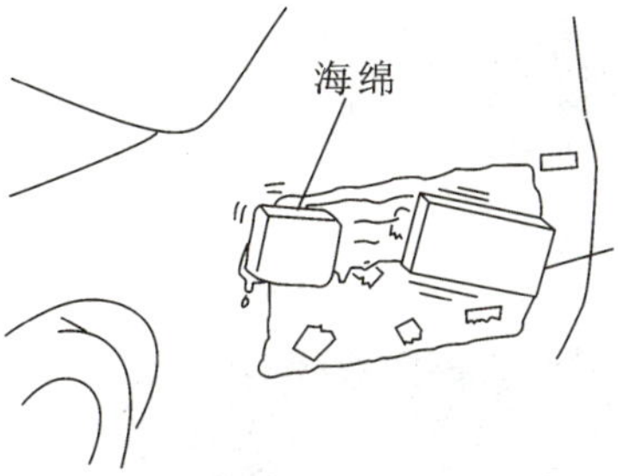

图 12-15　手工湿磨

二、收尾工作

若采用的是湿式打磨，就要用清水冲洗干净打磨部位，然后用红外线烤灯和热风加热器等对表面进行除湿干燥处理；若采用的是干式打磨，应用吸尘器将打磨粉尘彻底清除干净。如果是局部修补涂装，周围的旧漆膜要用粗颗粒的研磨膏进行研磨，以彻底清除污物和油分。

最后应仔细检查漆膜表面，不能遗漏未经打磨的部位。如果有未经打磨的部位，再用 P400～P600 砂纸进行打磨。

三、施工质量检查

中涂底漆施涂结束后，应达到下列要求。

(1) 打磨彻底。对于整板喷涂，打磨露底范围要控制在 20 mm×20 mm 范围内，并且露底情况应不明显。

(2) 打磨后表面光滑，无橘皮纹。

(3) 所有需要施涂的部位都要打磨到，不能有遗漏，尤其是窗口装饰条、板件边缘等部位更要打磨到。

技能训练　中涂底漆的调配

一、工作准备

1. 工具

完成本任务，需要用到的工具有搅拌棒(见图 12-16)、过滤漏斗(见图 12-17)、调漆杯(见图 12-18)、调漆尺(见图 12-19)、中涂底漆、固化剂、稀释剂等。

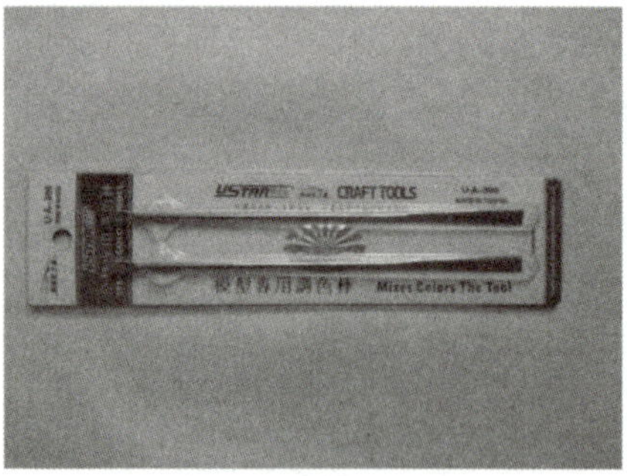

图 12-16　搅拌棒

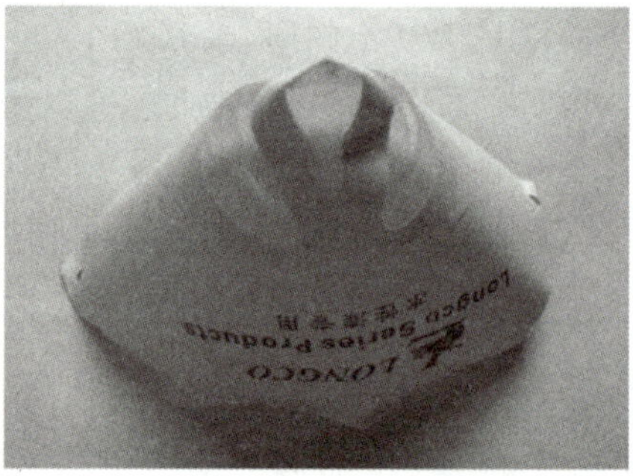

图 12-17　过滤漏斗

图 12-18　调漆杯

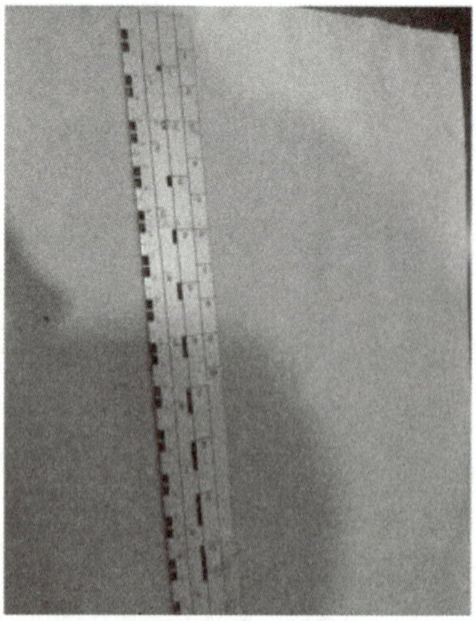

图 12-19　调漆尺

2. 劳保

在中涂底漆调配过程中，由于油漆中含有有毒物质，为了保证操作人员的人身安全，必须穿戴防毒面罩、安全防护眼镜、无硅乳胶手套、喷漆服和工作鞋。

二、注意事项

(1) 在选用中涂底漆时要注意中涂底漆应与底漆、原子灰和旧漆膜的类型相匹配，合理选用中涂底漆是避免涂装出现质量问题的关键。

(2) 如果中涂底漆属单组分型，用法是1份底漆加1～1.2份稀释剂，搅拌均匀过滤后即可喷涂。

(3) 如果中涂底漆属双组分型，调配比例为底漆：固化剂：稀释剂＝4：1：(10%～15%)，搅拌均匀过滤后即可喷涂。

三、调配步骤

(1) 开启搅拌机(见图12-20)，将所用的底漆搅拌均匀。

(2) 开启电子秤，将空的调漆杯放在电子秤上清零，如图12-21所示。

图12-20 开启搅拌机

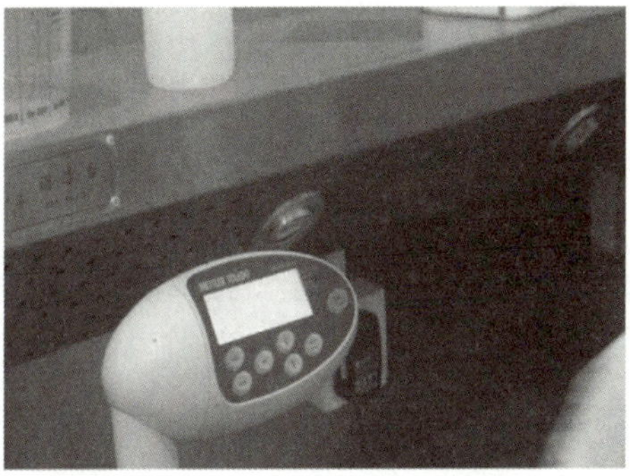

图12-21 开启电子秤并清零

(3) 从搅拌机上取下所用底漆，按比例添加固化剂和稀释剂，如图12-22、图12-23所示。

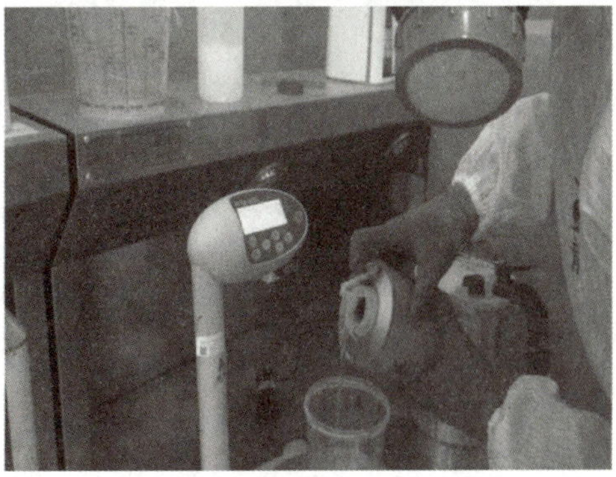

图12-22 添加固化剂

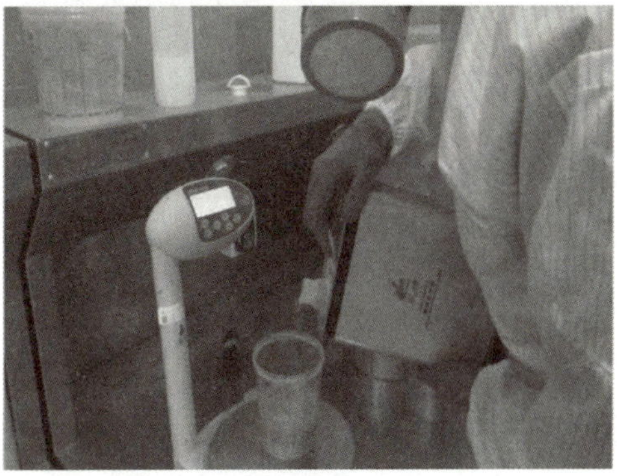

图12-23 添加稀释剂

(4) 搅拌(见图12-24)至均匀并用漏斗过滤(见图12-25)后，添加到空气喷枪涂料杯中即可。

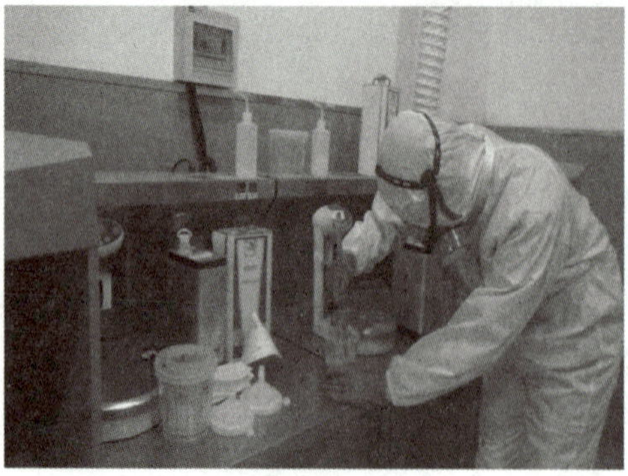

图 12-24　搅拌

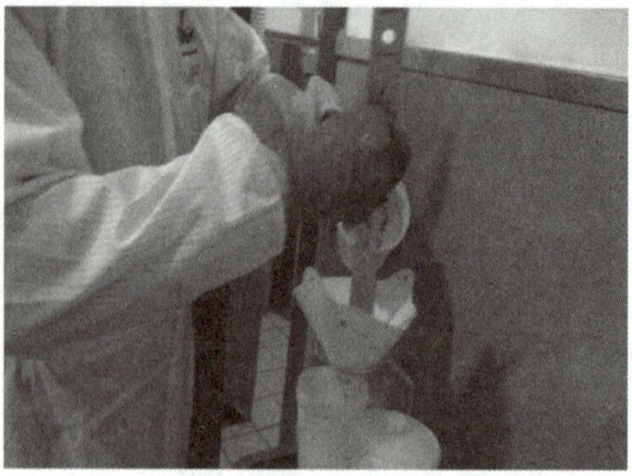

图 12-25　过滤

【课程思政】

工匠精神是现代社会文明进步的重要尺度，是中国制造前行的精神源泉，是企业竞争发展的品牌资本，是员工个人成长的道德指引。工匠精神就是追求卓越的创造精神、精益求精的品质精神、用户至上的服务精神。

大学生是朝气蓬勃的年轻人，青年兴则国家兴，青年强则国家强。青年一代有理想、有本领、有担当，国家就有前途，民族就有希望。书山有路勤为径，学海无涯苦作舟。希望大学生们不忘初心、牢记使命，注重品德与技能、知识与能力、综合素质与综合职业能力的培养。希望学习本课程的大学生们熟练掌握所学重点内容，注重细节，精益求精，执着专注，努力掌握一手过硬的钣喷基本功，为中国制造的强国梦做出自己的贡献。

【课后习题】

一、填空题

1. 空气喷枪的移动应保持与涂装面相垂直，空气喷枪距离涂装面________为最佳。
2. 要用________砂纸打磨原子灰填补区四周的旧涂膜，以提高中涂漆层的黏着力。
3. 湿式打磨一般采用________耐水砂纸。
4. 空气喷枪的移动速度与涂料的干燥速度、环境温度和涂料的黏度有关，一般移动速度为________m/s。
5. 底漆根据使用目的的不同可分为头道底漆、________、二道底漆、封闭底漆等。

二、简答题

1. 为什么要喷涂中涂底漆？
2. 为什么中涂底漆一次不能喷得太厚？
3. 中涂底漆打磨结束后的收尾工作有哪些？
4. 中涂底漆打磨结束后的质量检测有哪些要点？
5. 在原子灰表面喷中涂底漆时，为什么开始一定要在原子灰与旧漆膜交界处薄喷一周？

项目 13

面漆喷涂

项目任务

一辆大众轿车左前翼子板受损，中涂底漆喷涂作业已完成，下面要对该翼子板进行面漆喷涂。如何正确地喷涂面漆呢？

项目分析

当中涂底漆打磨完成，并进行必要的除油、清洁及遮蔽后，即可进行面漆的喷涂。在此之前应确认面漆的调色已经完成。由于面漆是整个涂层的最表层，因而对面漆的喷涂质量要求最高，以获得要求的涂层厚度、光泽和色彩。喷涂面漆是一项技术性很强的工作，要求喷漆技师有良好的喷涂技术和丰富的喷涂经验。

13.1 颜色调配

一、面漆基础知识

面漆喷涂前准备

1. 面漆的作用

面漆是涂覆在车辆表面最外层的漆膜，不但具有色泽艳丽、光亮丰满的装饰效果，还具有良好的保护作用，具有耐水、耐磨、耐油、耐化学腐蚀、防紫外线、防石击等性能。

面漆的主要作用是在对被涂物体起防护作用的同时，提高被涂物体表面的装饰效果。优良的面漆具备相当高的保护性能和装饰性能，使被涂物体在一定使用寿命时间内，能以颜色的光泽条件来衡量是否能保持它的装饰效果。

2. 面漆的类型

（1）面漆按照施工工序分为单工序面漆、双工序面漆和三工序面漆。单工序面漆指喷涂同一种涂料即形成完整的面漆涂层的喷涂系统；双工序面漆指喷涂两种不同的涂料才能形成完整的面漆涂层的喷涂系统，通常是先喷涂色漆或金属漆，然后再喷涂罩光清漆，两种涂层相结合才能形成有质量保证的、完整的面漆涂层；三工序面漆则更为复杂，如三工序珍珠漆通常是先喷一层打底色漆，然后再喷一层珍珠漆，最后喷清漆，三个涂层相结合才能形成完整的面漆涂层。一般珍珠漆及遮盖力较差的金属漆应该采用三工序方法施涂。

(2) 面漆按颜料成分及颜色效果可分为纯色漆、金属漆和珍珠漆。

① 纯色漆又称素色漆，是将各种颜色的颜料研磨得非常细小，均匀地分散在树脂基料中而制成的具有各种颜色的涂料。

纯色漆在涂装后具有良好的光泽度和鲜映性，在施工过程中整个车身面漆可以仅喷涂纯色漆层，如此形成的完整面漆称为单工序纯色漆。有时需要在纯色漆层之上再施涂一层清漆，以起到保护色漆层的作用，同时提高色彩的饱满度，我们将由这样的涂层结合起来形成的完整面漆称为双工序纯色漆。

② 金属漆是将金属粉颗粒和普通着色颜料混合加入树脂基料中而制成的。经过金属漆涂装后的工件表面看起来晶莹闪亮，而且在不同的角度下，整车外观造型看起来更丰富，更有层次感。

将细薄的铝粉加入涂料后，可以使得正、侧面颜色的深浅不同，形成闪闪发光的效果。金属漆中的着色颜料比一般纯色漆少，若不加入金属粉颗粒，光线会穿透涂膜而直达底层，涂膜的遮蔽能力就不能完全发挥。金属粉颗粒具有反射作用，使金属漆的遮蔽能力比一般纯色漆要高很多。金属粉颗粒的无序排列，使得调色比纯色漆困难许多，金属漆的调色需要一定的准确性，要求施工人员具备高水准的喷涂技术，这样金属漆才能在汽车修补作业中发挥出完美的效果。

③ 珍珠漆（见图 13-1）是根据天然珍珠的原理，在树脂中加入表面镀有金属氧化物的云母颗粒而制成的。由于云母颗粒除可以反射一定的光线外，还可以投射和折射部分光线，所以这种面漆可以使被涂物体表面产生类似珠光的光晕，有的从不同的角度观察，还可以得到不同色相的特殊效果。

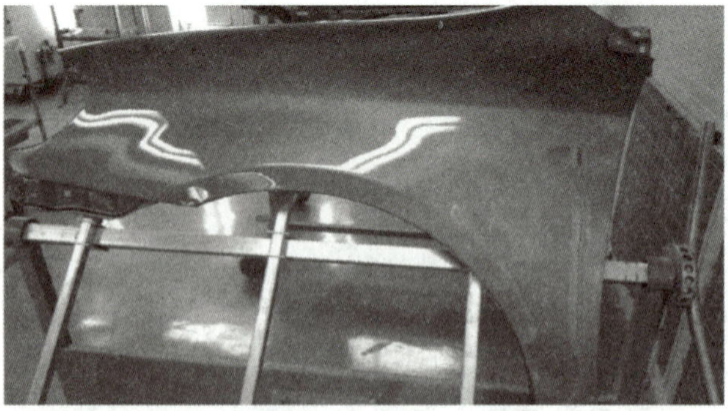

图 13-1　珍珠漆效果

二、色彩理论

色彩是光作用于物体的结果，是物体对光的反射、透射和吸收综合作用的结果，是光从物体反射到人的眼睛所引起的一种视觉心理感受。不同的物体在同一光源下有着不同的颜色，而同一物体在不同光源下的颜色也不同。通常所说的物体颜色是指在太阳光线作用下的颜色。物体可分为发光体和受光体两大类。发光体是光能的来源，有自然发光体和人造发光体之分，太阳和宇宙中的一些其他的发光星体都是自然发光体，电灯、燃烧的蜡烛都属于人造发光体。受光体不能发光，只是在一定程度上吸收和反射来自发光体的光线。

1. 色彩的属性

色彩的种类很多，但都有三个基本属性，即色相、明度和纯度，它们是分析、鉴别、比较色彩的基本因素。

(1) 色相。

色相(见图 13-2)即色彩的相貌，是色彩最基本的特征之一，也是区分颜色的基本手段。根据光的不同波长，颜色有七种基本的色相，分别为红、橙、黄、绿、青、蓝、紫。相邻的颜色相混合，加之混合的比例有所差异，可形成很多种颜色。

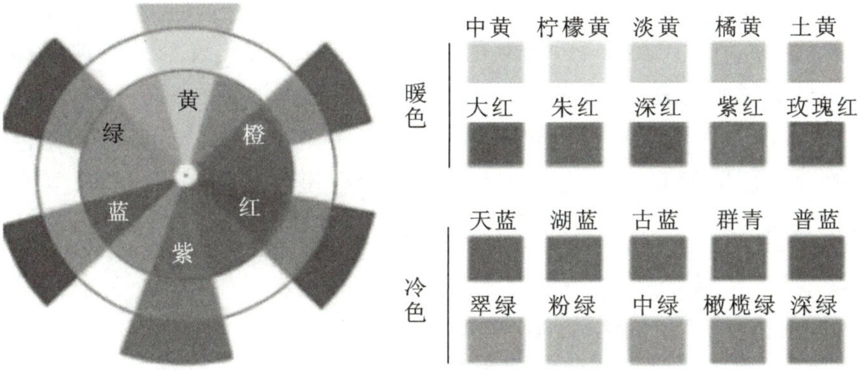

图 13-2　色相

(2) 明度。

明度(见图 13-3)也称为亮度，是指根据物体的表面反射光的程度强弱而产生使人眼所感受到的色彩的深浅、明暗。明度随光辐射强度的变化而变化，光源亮度越高，观察到的颜色明度也越高。

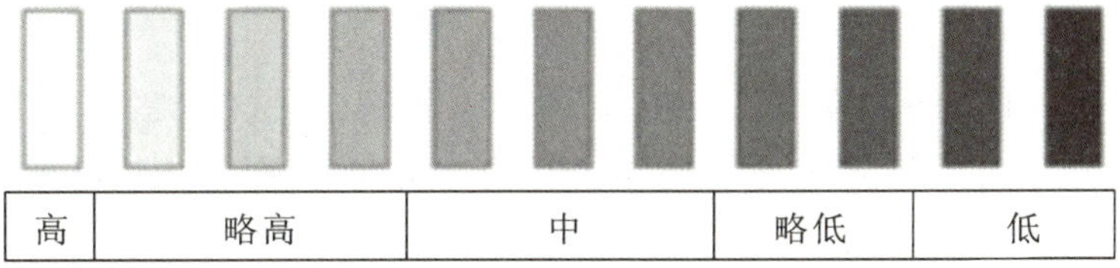

图 13-3　明度渐变

同一色相可以有不同的明度，相同色彩的物体表面的反射率越高，它的明度就越高，或者说各个色彩的物体越接近白色则明度越高，越接近黑色则明度越低。白色的反射率最高，在其他颜料中加入白色，可提高混合色的反射率，也就是提高了混合色的明度。加入白色越多，明度就越高。反之，在其他颜料中加入黑色，会降低反射率。加入的黑色越多，明度越低。

（3）纯度。

纯度（见图 13-4）也称饱和度、鲜艳度和彩度，表示彩色相对于非彩色的差别程度。它是指反射或透射光线接近光谱色标准的程度，或者表示某一颜色浓度所达到的饱和度。

图 13-4　纯度对比

普通色不如标准色鲜艳，是因为普通色中有其他杂质，颜料在反射光色的同时，杂质也在附带地反射光色，所以颜料的纯净度决定了颜色的鲜艳度。色彩的纯度与物体的表面结构有关。每一色调都有不同的纯度变化，标准色的纯度最高，黑、白、灰的纯度最低被定为零。

由于混合色中加入了其他颜色，使颜色的纯度降低了，因此混合色的纯度都低于单色。加入的不同品种的颜色越多，混合色的纯度越低，显得越浑浊。在调配时，如果某种色漆的含量多，则混合成的颜色就带有含量较多的这种原色的倾向。例如，黄色和蓝色相混合，黄色相对较多时混合色呈黄绿色，蓝色相对较多时混合色呈蓝绿色。

2. 颜色的感觉

（1）冷暖感。

在年龄、性别、爱好等不同因素的影响下，人感受到的颜色会有所差异。各种色光波长不同，对感觉器官产生的刺激不同，使得色彩的冷暖不同，进而导致给人的感觉也不同。暖色（见图 13-5）给人以温暖、兴奋、刺激感，而冷色（见图 13-6）则给人以清凉、沉静、安静的感觉。黄色为最暖色，青色为最冷色。

图 13-5　暖色

图 13-6　冷色

（2）轻重感。

不同的色彩在人们的视觉心理上也有不同的轻重感，这种轻重感主要由明度来决定，明度高、颜色浅显得轻，明度低、颜色深显得重。在同等明度下，冷色比暖色显得轻一些。

（3）胀缩感。

在一定的距离下观察大小完全相等的两块色块——一块暗底上的亮色块和一块亮底上的暗色块时，暗底上的亮色块比亮底上的暗色块大，这主要是因为亮色块的轮廓产生了扩张感，暗色块的轮廓相对产生了收缩感。一般情况下，亮色、暖色给人扩张和膨胀的感觉，冷色给人收缩感。

（4）远近感。

纯度高的红、黄、橙使人感到距离近；而蓝、绿、青使人感到距离远，有后退感。画家在画风景时巧妙地利用色彩的变化规律，能把景色画得十分逼真，使得远、中、近十分分明，使人看到后感觉身临其境。

（5）疲劳感。

在红色、黄色环境下生活、工作，人会感到疲劳，且这两种颜色刺激性强，又使人觉得时间过得慢；而天蓝色、浅绿色等冷色环境会给人以淡雅、清静、舒适的感觉，使人精神舒展、愉快，时间亦显得过得快，使人不易疲劳。

3. 色彩名词

（1）三原色（见图 13-7）。

在千变万化的色彩中，许许多多的色彩都是由红、黄、蓝三色相互混合变化而来的。红、黄、蓝三色都不能由另外两种颜色混合产生，它们是最基本的颜色，故称三原色。从三原色的原理来讲，任何颜色都可以由红、黄、蓝三色调出来。但实际上因为颜料成分不同，有些特殊的颜色，如青、玫瑰红等色，用三原色是配不出来的。

图 13-7　三原色

（2）间色。

两种原色相混合所得的色叫作间色。间色也只有三个：黄色和蓝色相混合得出绿色，黄色和红色相混合得出橙色，红色和蓝色相混合得出紫色。

（3）复色。

间色与间色或三原色相混合所得的色叫作复色。每一种复色都包含着三原色，只不过有一种颜色成分较多，如橙紫中红的成分较多，橙绿中黄的成分较多，绿紫中蓝的成分较多。

复色的混合有四种方法，第一种是间色互相混合，第二种是相对色适量地混合，第三种是原色或间色与黑色混合，第四种是原色或间色与复色混合。

（4）补色。

在色相环图上位置相对的颜色互相补充，这两种颜色称为补色。例如，红色与绿色互补，黄色与紫色互补，蓝色与橙色互补。当两种补色相混合时，便得到消色差的颜色，即灰色。当混合几种颜色时，有时添加一种消色差的颜色，以抵消太强的颜色。通过这种方法，可以调整颜色的纯度。

（5）消色。

原色或间色、复色调对不等量的白色，可以调配出许许多多的深浅不一的颜色。如果加入不同比例的黑色，则可以调配出很多灰色、暗色。白和黑起到消减作用，因此称为消色。

（6）调和色。

凡两种色相较接近，性质相差不远，放在一起使人们看起来较和谐的颜色均称为调和色。例如，色环中相邻近的两色为调和色，同类色和类似色都是调和色，如红与橙红、黄与黄绿、大红与浅红等。

三、颜色调配

随着时代的发展，汽车的种类和颜色层出不穷，甚至同一款车可能会有奇迹黄、卡丁金黄、雷霆灰、精灵紫、仙剑蓝、旋风橙等十余种颜色。这些成千上万的可移动的色彩点缀着我们的生活，而越来越多的颜色也给汽车维修行业带来了更大的挑战：怎么修复受损的颜色呢？

随着技术的发展，人们根据颜色理论和汽车涂料的特点，制造出一些色母，而把色母中的几种颜色混合就可以得到我们想要的颜色，不同量的不同色母混合就会得到不同的颜色。在理论上，色母的组合是无穷的，并可以组合出我们想要的任何一种颜色。这样我们只需要制造几十种基本色母，按照一定的用量比例，对现有颜色进行调配，即可得到我们期望的理想色彩。

颜色调配流程如图 13-8 所示。

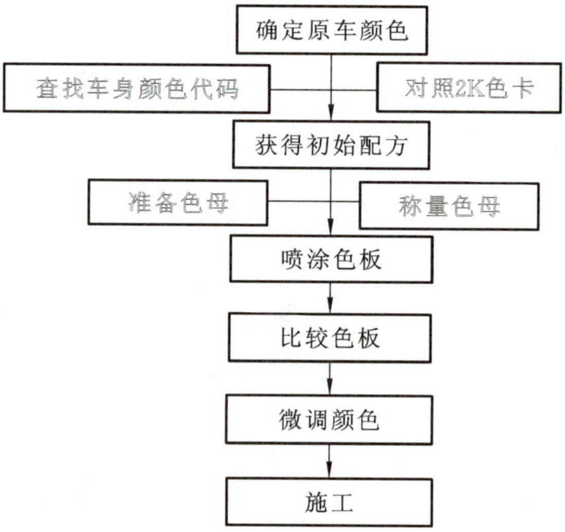

图 13-8　颜色调配流程

1. 确定原车颜色

(1) 查找车身颜色代码：车身上有原厂提供的标牌，可找出颜色代码。标牌一般为金属牌或贴纸，贴在车身某些位置。不同的厂商会将标牌贴在不同的位置。

(2) 对照色卡（见图 13-9）：如果汽车已经重新喷过漆，而且重新喷漆时没有按照颜色代码调色，或者颜色代码被不慎撕掉，则可以将色卡颜色与车身颜色进行比较，找出最接近的颜色，然后使用色卡上的色号信息。

2. 获得初始配方

从生产商提供的电脑软件中找到配方，通过配方计算出单个色母添加量。

3. 比较色板

将添加并搅拌均匀的涂料与调配的标准色板依次从色相、明度和纯度三个方面进行对比（见图 13-10）。对比方法有以下几种。

图 13-9 色卡

(1) 比较法:将调漆棒与车身直接进行对比。
(2) 点漆法:将漆点在车身上,待干燥后进行对比。
(3) 涂抹法:将漆均匀涂在车身上待干燥后进行对比。
(4) 喷涂法:将漆喷在试板上,干燥后与车身进行对比。

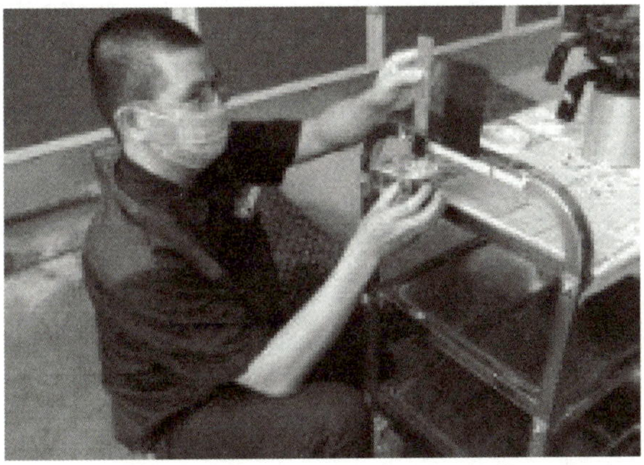

图 13-10 比较色板

比较法、点漆法、涂抹法速度快,但不太准确,要求做比较的人员有一定的经验;喷涂法速度慢,但较准确。若经对比发现颜色有差异,则要对颜色进行微调。

4. 微调颜色

微调颜色(见图 13-11)时,加入的色母尽可能是原配方中所用到的色母。如需加入配方外的色母,必须在不同光源下比较颜色,即除了自然日光,还应在较强亮度的白炽灯和荧光灯及其他冷白光光源下比较颜色,避免条件等色。

选择色母时,要充分利用色母指南和色环等调色工具。色母指南列出了每个色母的特性及这种色母加入涂料后所产生的效果;色环上会列出各个色母的位置,可以让我们正确地比较色母之间的差别,以选择合适的色母加入涂料内。

由于颜色由浑浊向鲜艳调整较为困难,因此除非为了将颜色调得更加浑浊,否则不要在微调时加入色环上色调与涂料中色调相对的色母。多次重复上述步骤,直到将颜色调配至可以喷涂为止。

图 13-11　颜色微调

13.2　面漆喷涂

一、喷涂前准备

1. 清洁防护

面漆喷涂及涂膜缺陷

(1) 喷涂操作应在专用的喷漆房中进行，以保证喷涂作业过程中尽可能无尘。在喷涂之前先对喷漆房进行清洁，清除内部灰尘和碎屑。清洁喷漆房之后，需要先抽风 10～20 min，再进行后续工作。

(2) 将车身外表面用脱脂剂擦拭干净，检查遮蔽纸是否有脱落现象。

(3) 用肥皂清洗手上可能沾有的油污，穿上喷漆防护服，戴上防毒面罩、安全防护眼镜和无硅乳胶手套，然后用吹尘枪清除黏附在衣服上的灰尘。

2. 涂料准备

(1) 调色。面漆很少有只使用某一种纯色母直接喷涂的，绝大多数面漆都是由多种色母相混合而呈现出需要的颜色。

(2) 调制涂料。向调好色的涂料中按照规定的比例添加稀释剂和固化剂，并搅拌均匀。

(3) 过滤及黏度调整。喷涂前涂料静置 5～10 min，如果需要调整涂料黏度，应添加配套的稀释剂。施工黏度一般调整至 16～20 s，具体值应参照涂料生产厂商的说明。

3. 空气喷枪调节

(1) 喷幅调整。喷幅调节旋钮用于控制喷涂漆雾的形状，漆料应该在板件表面上形成平滑的中湿涂层，不能出现流挂现象。

(2) 气压调整。气压调节旋钮用于调节空气压力，旋钮全拧进去可得到最小的圆形喷雾，旋钮全拧出来得到的雾形最大。空气压力太高，会因飞漆而浪费大量油漆；空气压力太低，会因溶剂保留过多而造成油漆干燥性能差，导致漆膜容易起泡和流挂。

(3) 出漆量调整。通过出漆量调节旋钮调整漆流量，旋钮拧出时漆流量增大，旋钮拧进时漆流量减小，在操作时应该按具体要求进行调整。

二、单工序纯色漆喷涂

(1) 清洁、除油。使用两块专用清洁布进行清洁：用一块专用清洁布沾湿清洁剂，擦拭工件表面；用另一块干专用清洁布擦干。或者使用耐溶剂的塑料喷壶将清洁剂喷涂到工件表面，然后用一块干专用清洁布擦干。使用清洁剂对工件表面进行清洁、除油后，使用粘尘布粘去车体表面上的灰尘、纤维等细小杂质，以减少面漆上的脏点。

(2) 调配空气喷枪。具体空气喷枪设定参数需参照涂料厂商产品资料及空气喷枪厂商产品使用资料，详见表 13-1，通常空气喷枪扇面调整至 20 cm 左右。

表 13-1　喷涂单工序纯色面漆时空气喷枪的气压设置

空气喷枪	枪尾气压/kPa
传统空气喷枪	300～400
低流量中气压空气喷枪	200～220
高流量低气压空气喷枪(HVLP)	180～200

(3) 喷涂。可先对中涂底漆部位喷涂 1～2 层，以预先遮盖中涂底漆。一般来说，大部分单工序纯色面漆喷涂 2 层即可达到所需的漆膜厚度。但有些颜色使用的颜料较为透明，遮盖力相对较差，可能需喷 3～4 层才能完全遮盖中涂底漆。每一层之间需要闪干，连续喷涂过厚会导致溶剂挥发时产生溶剂泡、针孔、失光等缺陷。

(4) 烘烤。完成喷涂后，将空气喷枪等工具、材料拿出烤漆房，闪干 10 min 左右后开始烘烤面漆。烤漆房由正常气温升至烘烤所需的 60～80 ℃需要一定的时间。一般烤干单工序纯色面漆需要工件表面达到 60 ℃后保持 30 min，故设定烤漆房时间时需考虑这一因素，设定的时间应包括升温所需时间和烘烤所需时间。

三、双工序金属漆喷涂

(1) 底色漆调配。按照底色漆调配比例要求，添加合适的稀释剂。搅拌均匀后，用专用过滤网过滤并加入空气喷枪。双工序金属漆一般使用口径为 1.3～1.4 mm 的上罐式面漆空气喷枪或口径为 1.4～1.6 mm 的下灌式面漆空气喷枪喷涂。

(2) 调配空气喷枪。按照产品要求正确调配空气喷枪。整板喷涂时，一般空气喷枪扇面调整为 20 cm 左右，空气喷枪气压设置见表 13-1。

(3) 喷涂。

① 先对中涂底漆部位喷涂 1～2 层，以预先遮盖中涂底漆。然后，整板喷涂 2 层底色漆，每一层之间需要闪干 5～10 min 后再喷涂下一层，也可以通过底色漆表面光泽判断，当表面光泽度降低至亚光时即可喷涂下一层。连续喷涂过厚会导致溶剂挥发时产生溶剂泡、针孔、失光等缺陷。

② 完全遮盖中涂底漆后，对于双工序金属漆，需薄喷一层雾喷层以调整金属粉颗粒的排列，使颜色与原厂漆类似。闪干 15～20 min 后喷涂清漆。闪干时间与喷涂厚度、气温、湿

度都有关系，喷涂厚度较厚，气温较低、湿度较大时，涂膜干燥速度减慢，须增加闪干时间。底色漆闪干时间不充足就喷涂清漆，会导致清漆中所含溶剂溶解底色漆而出现发花、起云现象。

③ 对于色漆漆膜中的脏点或者瑕疵，可在色漆完全闪干后，使用 P1000 精磨砂棉进行打磨处理，或使用 P1500～P2000 水磨砂纸进行湿磨处理，然后再补喷色漆遮盖打磨位置。

四、三工序珍珠漆喷涂

(1) 喷涂颜色层。颜色层必须完全遮盖中涂底漆，喷涂范围应逐层扩大，每一层喷涂之前须确保上一层已充分干燥。最后一层可添加 50%驳口稀释剂，由颜色层部位向外延伸喷涂，以得到一个平整光滑的晕色区域。

(2) 喷涂底层清漆。将底层清漆在修补范围内薄喷 1～2 次，以防晕色部位漆尘及静电导致云母颗粒排列不均匀。底层清漆调配需参照各厂商产品说明，一般使用双工序调和树脂 1∶1 添加稀释剂。

(3) 珍珠层浑浊喷涂。可根据情况决定是否实施此步骤。在珍珠层涂料中加入少量的颜色层涂料，在颜色层与珍珠层之间喷涂中间颜色层，使晕色部位模糊不清。珍珠层浑浊第 1 次比例为珍珠层(已稀释)∶颜色层(已稀释)＝9∶1，珍珠层浑浊第 2 次比例为珍珠层(已稀释)∶颜色层(已稀释)＝99∶1，喷涂范围逐层扩大。若发现向珍珠层涂料中添加颜色层涂料导致颜色改变较大，需减少颜色层涂料。

(4) 喷涂珍珠层。根据喷涂制作分色试色板时确定的需喷涂珍珠层数来喷涂，每一层珍珠层需做进一步延伸，以使颜色得到充分过渡，消除颜色差异。

(5) 清漆喷涂。确定三工序珍珠漆修补效果无误后喷涂清漆。清漆喷涂方法与其他双工序颜色相同，此处不再赘述。

13.3　常见涂装缺陷及抛光

面漆喷涂结束后，涂装的工作已经完成了大部分，仅需要进行最后的修整。涂膜的修整主要包括清除贴护、修理小范围内的故障和表面抛光等。

在汽车喷涂过程中，各种各样的原因会导致各种缺陷。了解这些缺陷的成因、预防措施及补救措施，有助于更好地适应和胜任这项工作。

一、常见缺陷及防治

1. 流挂

流挂(见图 13-12)是指漆层太厚或太湿所导致的漆膜从上向下流或下边缘增厚的现象，一般发生在垂直表面。当漆液黏度过低时，空气喷枪的涂料喷嘴直径过大、距离物件太近、喷涂速度过慢、重叠范围过多、环境湿度过大、涂膜干性太慢，都会导致流挂。

防治方法：在垂直表面上施工时，应由上而下涂漆；漆液黏度要适中；空气喷枪涂料喷嘴直径要略微小一点；距离工件宜为 15～20 cm；施工环境湿度不宜过高。

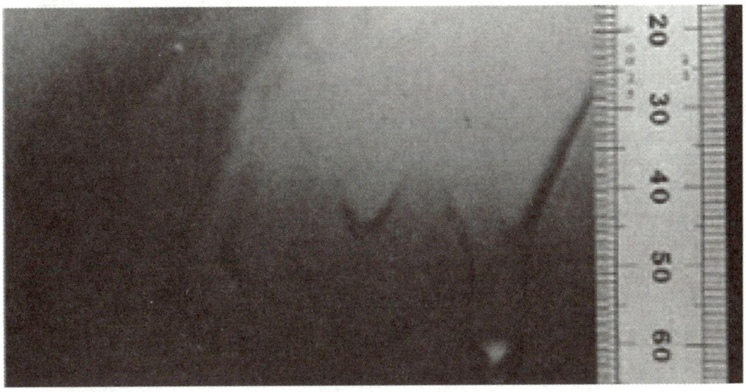

图 13-12　流挂

2. 咬底

咬底(见图 13-13)是指上层涂料中的溶剂导致底层涂料软化或者溶胀鼓起的现象。当涂膜较厚时，底层涂膜很容易被上层涂料的溶剂溶解，从而膨胀、鼓起。第一层漆未干时，再加涂一层同种漆液会发生咬底现象；底漆和面漆不配套、互不相容也会发生咬底现象。

防治方法：遵循推荐的闪干时间；进行溶剂测试；使用正确的施工工艺，保证正确的漆膜厚度；确保基底漆膜干燥固化。

图 13-13　咬底

3. 起泡

涂膜干结后，局部失去附着能力，形成直径不同的球形小泡向上鼓起，小泡内部包藏着液体或气体，这种现象称为起泡(见图 13-14)。工件表面经处理后，水分未彻底干燥，留有前处理残液，当涂膜干燥时，内部溶剂、水分或油污受热膨胀，将涂膜鼓起造成起泡；刚刚涂装的新涂料很快接受高温或受日光直射，由于表面已干燥成膜，而底层的稀释剂未挥发完，继续往外挥发，将涂膜顶起，造成起泡。

防治方法：彻底清理表面，排除表面凹坑或空洞内的水分、空气、油液等；避免涂膜接触高温及日光直接暴晒。若涂膜起泡，视起泡的大小决定是局部修补还是全部返工。

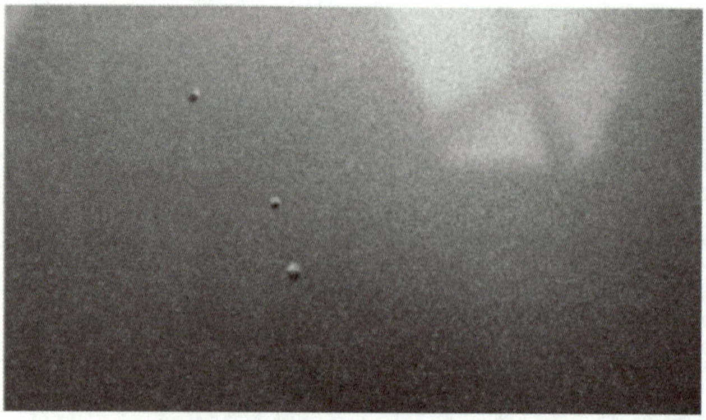

图 13-14　起泡

4. 渗色

渗色(见图 13-15)是指底漆层涂料上面覆盖面漆后,底层的颜色由于面漆溶剂的作用而渗透于表面,使面漆的颜色受污染。面漆是含强力溶剂的油漆,且面漆与底漆颜色不同时,易发生渗色现象;在渗色底漆上喷涂浅色漆时,易发生渗色现象。

防治方法:空气喷枪及储漆罐要及时清洗干净,喷涂时发现渗色应立即停止施工,已经喷涂上的涂膜经干燥打磨后,涂虫胶清漆加以隔离。

图 13-15　渗色

5. 橘皮

涂膜干燥后,表面上有许多凸起,形同橘子皮,这种现象称为橘皮(见图 13-16)。涂料黏度过大、喷涂涂层厚度不均匀,固化温度偏低,空气喷枪压力过高、涂料喷嘴太小、空气喷枪距工件太远,烘烤温度过高或过低,都会影响漆膜的流平性,导致容易产生橘皮现象。

防治方法:选择适当的涂装方法,调整空气喷枪气压,以获得良好的喷雾;确保涂料黏度合适;待色漆完全干燥后,用砂纸磨去橘皮,进行重新喷涂。

6. 失光

有光涂料成膜干燥后无光泽或光泽不足,称为失光(见图 13-17)。产生失光现象的原因

图 13-16 橘皮

有:固化时烘烤时间过长、温度过高;工件表面过于粗糙;稀释剂用量过多或选用不当;施工环境差。

防治方法:加强工件表面的光滑处理;稀释剂的加入要保证涂料黏度合适;施工场地应排除有害气体的影响。

图 13-17 失光

7. 针孔

涂膜上形状如针刺的小孔称为针孔(见图 13-18)。空气中含有异物,残留油污;空气喷枪与工件距离太近,造成涂膜被击穿;在刚结膜阶段,由于溶剂急剧回旋挥发,高温烘烤时,涂膜本身来不及补足空隙;稀释涂料时,温度太低或加稀释剂太快,形成溶剂泡,都会导致针孔。

防治方法:烘烤前的流平时间一定要保证在工艺范围之内,注意稀释剂的搭配使用;漆膜喷涂的厚度应在工艺范围之内;油漆搅拌后应静置一段时间,待气泡消失后再喷涂;底涂层为原子灰层时,一定要进行封闭处理,然后再喷涂面漆。

8. 鱼眼

仔细观察涂膜表面,缺陷大部分是空洞和凹坑,大凹坑单独出现,小凹坑以较小的密度

图 13-18　针孔

成片出现，在凹坑的中心又有小的杂质颗粒，说明此涂膜上产生了鱼眼缺陷(见图 13-19)。鱼眼产生的主要原因是涂料的表面张力发生变化，在被涂物体表面不能均匀附着。使涂料表面张力发生变化的物质有油、水、石蜡、硅酮等，这些异物存在于被涂物体表面、涂料和压缩空气中。

防治方法：在进行车身底涂层和中间涂层涂装以及面漆喷涂前，一定要用除蜡脱脂剂彻底清除底材表面上的污物；在涂装车间，无论是设备、工具还是生产用的辅助材料等，绝不能带有对涂料有害的物质，尤其是硅酮类物质；确保涂装环境清洁，禁止在喷漆房内使用含硅酮类的抛光剂，空气中应无油雾、飞漆；在旧涂层上喷漆时，要用砂纸充分打磨旧涂层并擦拭干净，喷涂前在空气喷枪的涂料杯中加入适量防鱼眼的走珠水。

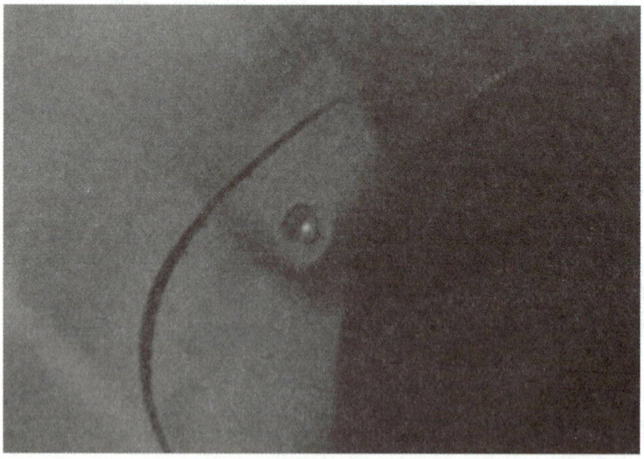

图 13-19　鱼眼

9. 色差

色差(见图 13-20)是指漆膜干燥后或在以后的一段时间内，其色相、明度、纯度与标准板或工件其他部分的颜色有差异的现象。出现色差的原因有：使用的材料不同或不配套；油漆混合不均匀；新喷涂油漆耐候性差；喷涂方法不当。

防治方法：在调色时把好色差关，确保颜色准确，尤其在调金属底色漆和珍珠漆时，要按照正确的方法调色，直到目视无色差为止；采用正确的喷涂方法，特别是喷珍珠漆时；使用厂家推荐的材料；保证油漆按比例充分混合。

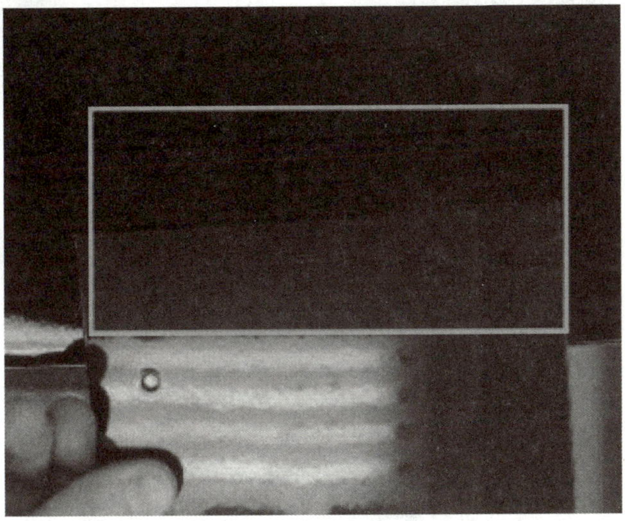

图 13-20 色差

二、抛光

抛光主要是为了增加漆膜的光泽度与平滑度，消除漆面上的颗粒、轻微流痕、橘皮、细微砂纸痕迹、划痕等漆膜表面细小的缺陷。抛光处理既适用于旧漆面翻新，也适用于新喷涂面漆。

打蜡与抛光不同，打蜡的目的是：蜡质在漆膜表面干燥后会形成一层薄的保护膜，该保护膜可以反射阳光中的紫外线，降低对漆膜的破坏。同时，蜡膜有一定的硬度，可减轻划伤漆膜的程度，并能提高漆膜的光泽度、丰满度。可见，打蜡的作用往往在于保护，而抛光的作用是去除缺陷及补救。

新喷漆面应在漆膜完全干燥后进行抛光，双组分涂料应在喷涂后经过 60 ℃烘烤 30 min，待漆面温度冷却后，手指压漆面而不会产生手指印或自然干燥 36 h 后进行抛光，具体需要根据相应的产品说明书确定。

1. 抛光前遮蔽

为了防止抛光前打磨及抛光时损伤相邻工件或者其他车身部件，需要进行遮蔽保护（见图 13-21）。可以尽量利用喷涂面漆时的遮蔽，即面漆完成后除去遮蔽时，对于可以保留的遮蔽材料可保留至抛光使用。

2. 细磨缺陷部位

具体打磨砂纸型号参照不同砂纸厂商要求选取。通常可以用半弹性垫块衬配合 P1200 水磨砂纸打磨缺陷部位，然后再用 P1500 水磨砂纸和 P2000 水磨砂纸打磨。也可以使用偏心距小于 3 mm 的双作用打磨机配合 P1000 干磨砂纸、P2000 干磨砂纸、P4000 干磨砂纸打磨缺陷，把流痕、脏粒、轻微划痕打磨平整，使缺陷部位达到无光的程度，但一定要注意不能

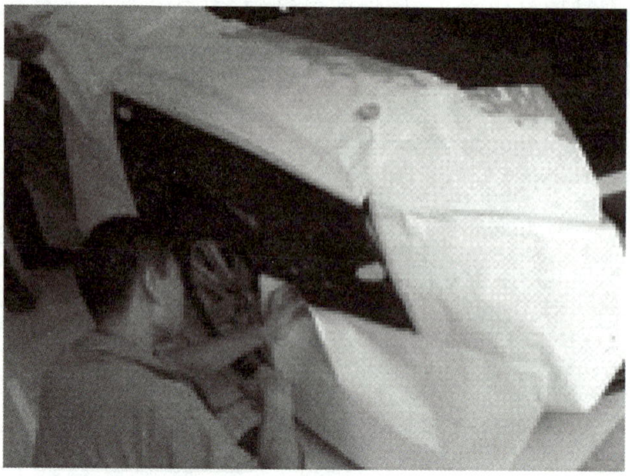

图 13-21　遮蔽

磨穿漆膜，否则需要重新喷涂。

由于车身表面存在弧度，且缺陷部位往往面积不大，因此使用小型打磨机（见图 13-22）及小型抛光机进行点打磨、点抛光是高效且低成本的方法。

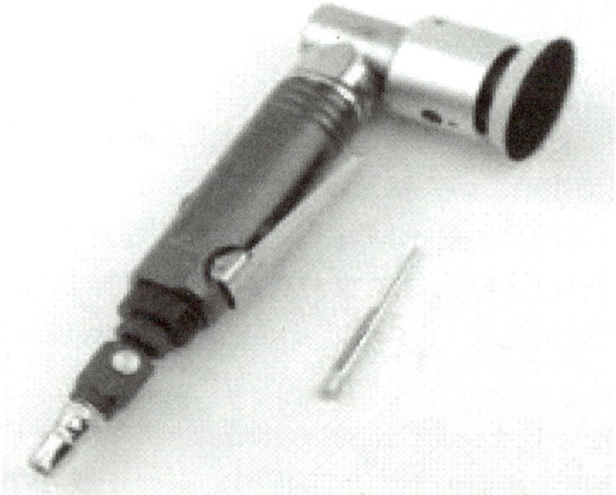

图 13-22　小型打磨机

3. 粗抛

整洁表面，将抛光机的转速调至 1000～1500 r/min，安装好白色羊毛轮。将粗抛光剂均匀涂于白色羊毛轮上，然后将抛光机的白色羊毛轮平放在漆面上后开动抛光机。抛光机在漆面上有规律地沿水平方向来回移动抛光，一次抛光面积不宜过大，抛光时要特别注意棱线、棱角及高出平面的造型，这些部位在抛光时触及机会较多，容易磨穿漆膜。粗抛操作如图 13-23 所示。

4. 细抛

当漆面用粗抛光剂完成粗抛后，漆面的打磨砂纸痕迹已经去除，漆面呈现部分光泽。此

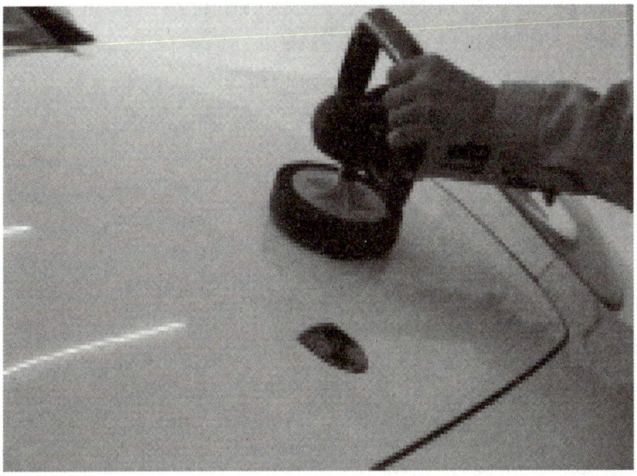

图 13-23 粗抛

时需要用细抛光剂消除粗抛所产生的细小痕迹，使漆面更平滑、光亮。用干净的软布擦净前道抛光残留物，摇匀细抛光剂，将细抛光剂均匀涂于海绵轮表面，此时应将抛光机转速调整到 1800 r/min 左右，按照与粗抛同样的方法均匀移动抛光机。对于抛光机难以进行抛光的部位，可以使用专用抛光软布进行手工抛光，直到漆面抛亮即可。完成抛光后，使用干净的软布擦净涂面。此时漆面外观亮度及丰满度应已经达到合格水平，只是在深色漆面还可以看出用细抛光剂抛光后抛光轮的转动痕迹，所以还需要继续使用抛光剂进行细抛。细抛操作如图 13-24 所示。

图 13-24 细抛

5. 局部修补区域抛光

对于局部修补区域，可在漆膜完全干燥后，对接口部位使用小型抛光机进行抛光。由于局部修补区域的边缘部位漆膜很薄，因此抛光需要非常小心。为了防止修补区域边缘产生线形痕迹，通常无须打磨，直接用细抛光剂抛光，且也要从新喷区域向旧漆面部位单向抛光。

抛光力度不宜过大，抛光程度不宜过深。对于较难用抛光机抛光的表面，可采用手工抛光，将少量抛光剂倒在软布上，在修补接口处，从新喷区域向旧漆面单向抛光。

技能训练　珍珠漆喷涂

一、工作准备

完成本任务，需提前准备好喷烤漆房、多角度钣喷架、空气喷枪、免洗枪壶、油漆、沾尘布、喷漆服、工作鞋、无硅乳胶手套、安全防护眼镜、防毒面罩。

二、注意事项

(1) 必须按照规范操作，注意人身安全。

(2) 工作完毕应及时清理作业现场，做好 5S 工作。

三、工艺流程

1. 板件清洁

喷涂前用粘尘布擦去沾在涂装表面上的线头和灰尘，将粘尘布完全展开后反折，形成疏松的状态，折成手掌大的形状，再用粘尘布从上到下依次对板件除尘。

2. 空气喷枪调节

(1) 喷幅调节：根据损伤面积确定喷幅。

(2) 气压调节：将气压调节到 0.2 MPa。

3. 试喷

(1) 将空气喷枪风帽转至垂直，距离试喷板 15 cm，紧握手动扳机 1～2 s，喷至产生流挂现象。

(2) 将空气喷枪风帽转至平行，距离试喷板 15 cm，紧握手动扳机 1～2 s，喷至产生流挂现象，并确保喷幅完全垂直。

试喷效果如图 13-25 所示。

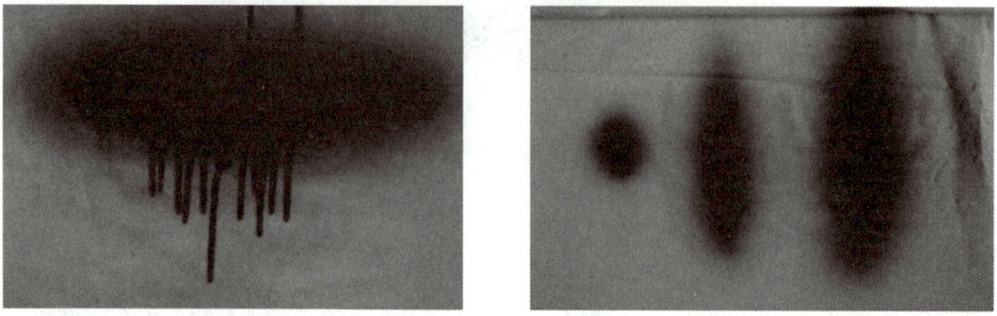

图 13-25　试喷效果

4. 喷涂底色漆

(1) 薄喷(见图 13-26)。第一层喷涂应当减少漆流量、提高走枪速度,喷涂距离为 10～15 cm,气压为 0.2 MPa。薄喷面漆,以得到覆盖率为 50%～70%半透明状的涂层为准,使板件上有一层薄薄的雾的感觉,可提高涂料与旧漆膜的附着力。

(2) 湿喷(见图 13-27)。第二层喷涂出漆量要大、减慢走枪速度,使漆膜达到一定的厚度,喷涂距离为 10～15 cm,气压为 0.2 MPa,喷幅的重叠幅度为 75%。该层要尽可能喷厚一点,以 100%的覆盖率湿喷,但注意不能出现流挂。

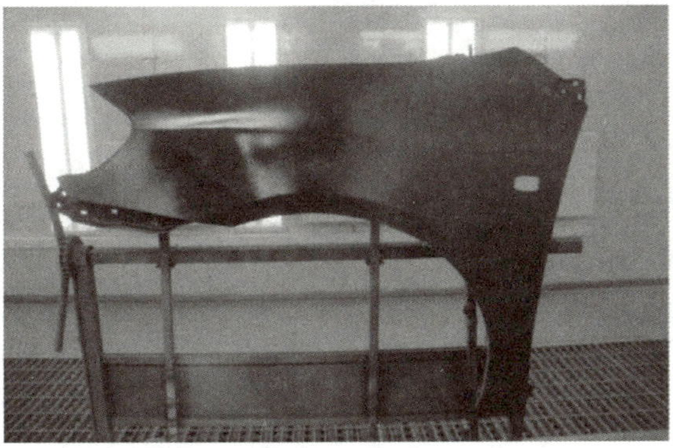

图 13-26 底色漆薄喷

图 13-27 底色漆湿喷

(3) 湿碰湿。第三层喷涂的距离为 10～15 cm,气压为 0.2 MPa,以 100%的覆盖率得到饱满涂层,调整涂膜,形成光泽。

5. 喷涂珍珠漆

(1) 薄喷(见图 13-28)。第一层喷涂应当减少漆流量、提高走枪速度,喷涂距离为 10～15 cm,气压为 0.2 MPa。薄喷面漆,以得到覆盖率为 50%～70%半透明状的涂层为准,使板件上有一层薄薄的雾的感觉,可提高涂料对旧漆膜的附着能力。

图 13-28 珍珠漆薄喷

(2) 湿喷(见图 13-29)。第二层喷涂出漆量要大、减慢走枪速度,使漆膜达到一定的厚度，喷涂距离为 10～15 cm，气压为 0.2 MPa，喷幅的重叠幅度为 75%。该层要尽可能喷厚一点，以 100%的覆盖率湿喷，但注意不能出现流挂。

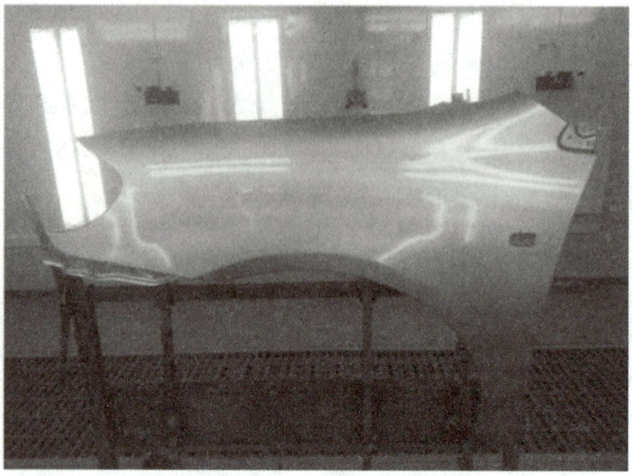

图 13-29　珍珠漆湿喷

（3）干喷（见图 13-30）。第三层喷涂的距离为 25～30 cm，气压为 0.25 MPa，干喷面漆，使云母颗粒均匀地排列。

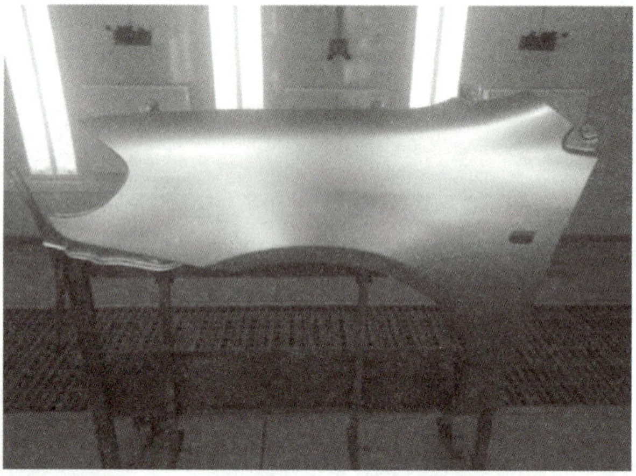

图 13-30　珍珠漆干喷

6. 清漆喷涂准备

珍珠漆确认完全闪干，装好清漆喷枪。清漆喷枪调节的方法和喷涂测试均与底色漆相同。

7. 清漆喷涂

（1）薄喷（见图 13-31）。第一遍喷涂时，以 50%～70%的覆盖率为准，喷涂距离为 10～15 cm，气压为 0.2 MPa。

（2）湿喷（见图 13-32）。第二遍喷涂时，以 100%的覆盖率为准，达到有光泽、饱满的效果，喷涂距离为 10～15 cm，气压为 0.2 MPa。

图 13-31　清漆薄喷

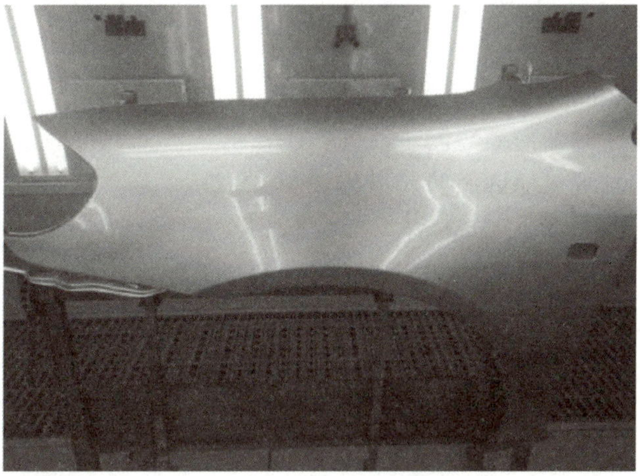

图 13-32　清漆湿喷

8. 干燥

使用短波红外线烤灯进行烘烤，烘烤时间为 30 min，烘烤距离为 65～80 cm。喷涂结束后保持烤房抽风 30 min。

9. 清洗工具

喷涂结束后，应将剩余的漆料倒入调漆杯固化，将空气喷枪风帽、喷头、漆流量调节按钮和顶针卸下，用香蕉水逐个清洗。最后做 5S 工作，整理场地。

【课程思政】

以习近平新时代中国特色社会主义思想为指导，坚持知识传授与价值引领相结合，全面提高大学生缘事析理、明辨是非的能力，让大学生通过学习，掌握事物发展规律，通晓天下道理，丰富学识，增长见识，塑造品格，不断提高思想道德素养，提高服务国家、服务人民的社会责任感，成长为德智体美劳全面发展、堪当民族复兴大任的社会主义建设者和接班人。

【课后习题】

一、选择题

1. 下列(　　)不是色彩的三个属性之一。

A.色相　　B.光谱　　C.明度　　D.纯度

2. 下列(　　)不是三原色之一。

A.绿色　　B.红色　　C.蓝色　　D.黄色

3. 下列(　　)的明度最高。

A.红色　　B.紫色　　C.蓝色　　D.黄色

4. 整板喷涂时,一般喷枪扇面调整为(　　) cm 左右。

A.10　　B.20　　C.30　　D.40

5. 对于色漆涂膜中的脏点或者微小瑕疵,可在色漆完全闪干后,使用(　　)精磨砂棉进行打磨处理。

A.P600　　B.P800　　C.P1000　　D.P1200

二、简答题

1. 简述色相、明度和彩度的含义。

2. 多工序面漆喷涂时如何缩短闪干时间?

3. 简述流挂缺陷的形成原因及防止措施。

4. 简述抛光的主要步骤。

5. 鱼眼是由什么原因造成的?如何进行防治和修补?

参考文献 CANKAOWENXIAN

[1] 黄靖淋，石岩，朱胜平.汽车车身钣金修复技术[M].沈阳：东北大学出版社，2014.
[2] 郑炫君，郑国贤，赵胜利.汽车涂装[M].上海：上海科学普及出版社，2019.
[3] 庹洪川，黑金鹏，柳渊.汽车钣金技术（微课版）[M].成都：电子科技大学出版社，2021.
[4] 李起振，孟永帅.汽车车身维修基础[M].北京：高等教育出版社，2018.
[5] 徐峰.汽车车身修复与涂装技术[M].北京：机械工业出版社，2019.
[6] 吴兴敏，宋孟辉，郭大民.汽车修复涂装技术[M].2版.北京：高等教育出版社，2017.
[7] 刘友林，刘德文，杨敦华.汽车钣金与涂装[M].天津：天津科学技术出版社，2016.
[8] 李庆军.汽车车身修复及涂装技术[M].2版.北京：机械工业出版社，2016.